JN160835

オスマン朝宮殿の建築史

A History of Ottoman Palatial Architecture

川本智史

東京大学出版会

A History of Ottoman Palatial Architecture
Satoshi Kawamoto
University of Tokyo Press, 2016
ISBN 978-4-13-066856-9

オスマン朝宮殿の建築史◆目　次

凡 例

・オスマン語のアラビア文字のラテン文字転写は、原則として『岩波イスラーム辞典』による方法を採用した。人名に関しては現代トルコ語の表記に従った。また口蓋化の有無を区別するために kâ と kā のように長音記号を使い分けた個所もある。以下の文字については次のように表記する。

s̱	ḥ	ḫ	ẕ	ṣ	ḍ/z	ṭ/d	ẓ	ġ/ğ	ḳ	g/k/ñ
ث	ح	خ	ذ	ص	ض	ط	ظ	غ	ق	ك

・アラビア語およびペルシア語のラテン文字転写も、原則として『岩波イスラーム辞典』による方法を採用した。

・固有名詞のカナ表記については、日本語での慣習的な表記がある場合にはそれに従った。判断が難しい場合は、状況に応じてもっとも自然と思われる表記を採用した。

・引用史料中の著者による補足は大括弧［ ］を用いた。

・年月日についてはグレゴリオ暦のあとに括弧（ ）でヒジュラ暦を表記した。なおヨーロッパ語史料のうちユリウス暦を使用するものについては、そのまま記載しその旨を表記した。

略号表

DBİA：*Dünden Bugüne İstanbul Ansiklopedisi*. 8 vols. Edited by Tarih Vakfi, İstanbul, 1993–1995.（『過去から現在までのイスタンブル百科事典』）

DİA：*Türkiye Diyanet Vakfi İslam Ansiklopedisi*. 44 vols. Edited by Türkiye Diyanet Vakfi İslâm Ansiklopedisi Genel Müdürlüğü, İstanbul, 1988–2013.（『トルコ宗教財団イスラーム百科事典』）

*EI*² ： *Encyclopaedia of Islam*. New ed. 12 vols. Edited by H. A. R. Gibb *et al*., Leiden, 1960–2002.

序　章　帝国・帝都・宮殿——オスマン朝の権力と空間

1　本書のねらい

オスマン朝の帝都イスタンブルは地中海世界有数の大都市として、三三〇年のローマ帝国皇帝コンスタンティヌス一世の創建以来繁栄を誇ってきた。トルコ共和国になって首都がアンカラに定められたのちも、文化・経済の中心都市としての地位は失われなかった。また市内各所にはビザンツやオスマン時代からの建造物や遺跡が数多く残され、近年には多くの日本人も観光で訪れるようになっている。

スルタン・アフメト・モスク（通称ブルーモスク）やハギアソフィアなど、一大観光都市イスタンブルの見所は数多あれども、誰もが一度は足を運ぶのが旧市街地の半島部先端にあるトプカプ宮殿である。ハギアソフィアの横を抜けると巨大な「帝王門（bâb-ı hümâyûn）」が偉容を誇り、ここをくぐれば宮殿の第一中庭へと至る。トプカプ宮殿は今日では博物館となっていて、中にはオスマン王家が数百年にわたって収集した宝石類や工芸品、聖遺物、陶磁器などが展示されている。スルタンと家族が生活したハレムの区画もまた、人気の見学先となっている。

トプカプ宮殿がオスマン朝の政治と文化の中枢であったことについては多言を要しないだろう。一四五三年にメフメト二世がコンスタンティノープルを征服すると、この都市にはイスタンブルの名が新たに与えられて、新首都として復興が進んだ。トプカプ宮殿も一四五〇年代末から建設が開始され、メフメト二世とその宮廷は旧都エディルネから移ってここに居を定めたのである。ようやく一九世紀になって宮廷がボスポラス海峡に面するドルマバフチェ宮殿へと居を移すまで、トプカプ宮殿はおよそ四〇〇年にもわたって、世界帝国へと成長したオスマン朝の政治・行政・儀礼の中心であり続けた。

ところが、権力の館ともいうべきオスマン朝の宮殿について、実はわたしたちは多くを知らない。一九世紀以降、帝国の近代化が進む中で建設されたドルマバフチェ宮殿のような西洋風の宮殿は現存例も多く、今日観光客として訪れることが可能である。ところが、それ以前に建設された多くの宮殿は、そのほとんどが破壊・破却・改造の運命をたどり、完全な姿で残されているものはトプカプ宮殿以外にないのである。そのため前近代オスマン朝の宮殿通史の記述にあたって、研究者はたったひとつ現存するトプカプ宮殿から全体像を提示しなければならないという困難に直面してきた。結果として、トプカプ宮殿の空間の独自性と、宮殿の創建者にしてコンスタンティノープルの征服者として名高いメフメト二世の関与には過剰なほどの評価が与えられ、前近代オスマン朝の宮殿像はトプカプ宮殿のみによって形作られてきたといってよい。

だが、本書が議論の中心とする一五世紀から一六世紀にかけてオスマン朝には、首都だったイスタンブルやエディルネ、ブルサはもちろんのこと、王子たちが政治修行のために派遣されて小宮廷を営んだマニサやアマスヤなどの地方都市にも、大小さまざまな宮殿が存在していたことが文献史料などから明らかとなっている。エディルネの宮殿を除けば、これらはいずれも現存せず、空間についての詳細な分析はない。これらの宮殿は単に建築史上の重要な作例であるにとどまらず、オスマン朝の歴史において担った政治・文化的な役割の大きさを考えれば、群として存在していたはずの諸宮殿をまったく無視して宮殿史を構築してしまうことは大きな問題であるといえる。

古今東西、宮殿とはさまざまな機能や象徴性を包含する建築類型である。一義には、宮殿とは君主が家族とともに住まう住居であるが、同時に機能面では君主に付随する宮廷や政府が内政・外交・教育等をおこない、物理的な建造物としては権力の象徴となる多義的な建築であった。そのため宮殿建築とは、様式や装飾の変遷、あるいは建築家やパトロン個人の思惑のみならず、その成立した時代の政治・外交・社会的状況が如実に投影された存在であるといえる。オスマン朝は、一六世紀にはバルカン半島からエジプトを含む東地中海地域を中核とする広大な領域を支配下におさめ、世界史上まれにみる多民族多宗教の大帝国を建設した。二〇世紀に入って帝国が解体された後も、その痕跡や影響はトルコ共和国内のみならず、かつて支配者として影響力を行使した各地においてみうけることができる。その宮殿の成り立ちと性格を知ることは、建築史という一研究領域を超えて、政治史や社会史などさまざまな分野とのつながりを有しているといえる。

以上のような今日までの研究における問題を背景に、本書はいわゆるオスマン朝の古典期を中心とした一五世紀から一七世紀初頭までの時代を対象として、この時期に建設されたオスマン朝の宮殿群の考察をおこなう。具体的には、次の二点を課題としたい。

第一点目は、オスマン朝にとって最も重要な宮殿となったトプカプ宮殿の理解を深めることである。トプカプ宮殿建設以前に存在した諸宮殿の検討をとおしてトプカプ宮殿の祖型を追究し、そしてトプカプ宮殿創建後の展開過程を分析するプロセスが必要となる。この内容は、本書前半の第1章と第2章に相当する。周囲を外壁で囲まれたトプカプ宮殿の内部は、複雑に分節されて大小の建造物が建ち並んでおり、一見してその構造と中心を把握するのは困難である。実は全体の核となっていたのは玉座の間のような建物や部屋ではなく、二〇〇メートル四方にも満たない第二中庭という屋外の空間であった（図序-1）。ここはスルタンの即位式をはじめとする重要な宮廷儀礼がおこなわれる

図序–1　トプカプ宮殿の第二中庭と至福門（筆者撮影）

場であり、その様子は一五世紀後半からここを訪れた多くの人びとが記録している。上奏の間や閣議の間など、その他の宮廷儀礼がおこなわれる場はその周辺に展開しており、配置計画全体を展望しても第二中庭は宮殿の中心を占めた。このような中庭を中心としたオスマン朝の宮殿建築の様式はいつ生まれ、どのように発展してきたのであろうか。これは後述するように、イスラーム世界の宮殿建築を俯瞰する上でも重要な設問である。オスマン朝の主宮殿となったトプカプ宮殿の空間構造の起源をまず問うことによって、今日まで突出して研究がおこなわれてきたトプカプ宮殿の性格が相対化され、宮殿群の全貌を把握することが可能になるであろう。

続いて、トプカプ宮殿以外の宮殿群の分析をおこなう。これは本書後半の第3章、第4章、第5章に相当する。結論を先取りしてのべてしまうと、トプカプ宮殿のような都市内部にあって儀礼用中庭を核とし政治的に用いられた主宮殿とは、オスマン朝の宮殿群においては一類型に過ぎず、それ以外の機能と形態を有した宮殿が首都イスタンブルの内外だけではなくオスマン領の各地に存在していたことが明らかとされる。むしろこれらの宮殿は、儀礼用の中庭をもつ宮殿類型が誕生する前からオスマン朝とその周辺の地域に存在していたものであり、宮廷活動の実態を示すとともに王権を表象する都市儀礼とも大きなかかわりをもっていたことが論じられる。

後述するように、オスマン朝の宮殿建築をめぐっては、トルコ民族の「遊牧性」、ビザンツからの影響、イスラーム建築の伝統性など、多様な観点からいささか根拠を欠いた議論が展開されてきた。トプカプ宮殿だけではなくその周辺にも目をむけることで、宮殿群の起源と性格を提示することが本書の目的である。西北アナトリアの一侯国だったオスマン朝が世界帝国へと成長を遂げて統治システムを構築していく中で、これに対応する宮殿建築群と儀礼が生み出されていく様子が明らかとなるであろう。

2 歴史的背景

本題に入る前に、いったん本書が扱う時代の前後におけるオスマン朝の歴史的な背景を整理しておきたい。

伝説の上では、オスマン朝の始祖オスマンの系譜はテュルク系オグズ族を経て、旧約聖書に現れるノアまで遡ることができるとされるが、史実として確定できるのは、一三世紀末にアナトリア北西部のビティニア地方で小集団を形成したオスマンの父エルトゥールルまでである(1)。一三世紀のアナトリアの大部分は、コンヤを拠点とするテュルク系のルーム・セルジューク朝が支配したものの、一二四三年にモンゴル系のイルハン朝に敗れたのちはその隷下におかれて統治は名目的なものになり、中小の勢力が入り乱れる混沌たる状況にあった。

そのうちのひとつであるオスマン集団は、一四世紀よりアナトリアとバルカンで聖戦の戦士(ガーズィー gh̄āzī)として周囲のキリスト教勢力や同じテュルク系ムスリム勢力に対して積極的な軍事征服をおこなった。とくに一三二六年のブルサ征服はひとつの画期となった。ブルサはオスマン朝が手中に収めた最初の大都市で、ここにはワクフ(宗教的寄進）制度を積極的に活用することでモスクや君主の墓廟、商業施設などが集中的に建設されて、後の都市開発手法の源流となった。また一四世紀後半からは新たに獲得した海軍力を背景に、ダーダネルス海峡を渡ってヨーロッパ側への進出も果たした。とくに一三六二年に即位したムラト一世（在位一三六二―一三八九）の活躍はめざましく、バルカン半島におけるオスマン朝の拠点となったエディルネの征服をはじめとして、当時権力の空白地帯となっていたバルカンの広い地域がオスマン朝の支配下に入った。またムラト一世の頃には常備軍の中核となるイェニチェリ軍団が創設された。

ムラト一世の子で軍事的な天才だったバヤズィト一世（在位一三八九―一四〇二）の時代に、さらに支配領域はヨーロッパ側ではドナウ川以南、アジア側では東部アナトリアへと拡大した。バヤズィト一世の時代にはオスマン朝は西のハンガリー王国やエジプトのマムルーク朝にも比肩しうる新興の勢力としての地位を確立する。だが急成長したオスマン朝の支配は脆く、一四〇二年に中央アジアから来襲したティムールにアンカラの戦いで大敗して捕虜となったバヤズィト一世は程なく死去したため、スルタン位をめぐってオスマン家は分裂することとなった。

およそ一〇年の空位期を経てオスマン朝を再統一したのがメフメト一世（在位一四一三―一四二一）で、その跡はムラト二世（在位一四二一―一四四四、一四四六―一四五一）が継いだ。ムラト二世はバヤズィト一世の征服地を回復するとともに、内政の充実にも努めて宰相制度などの行政制度の整備も進んだ［今澤 2013］。宰相制度は一四世紀からオスマン朝の組織づくりの要となったもので、アッバース朝以降イスラーム世界の支配組織では君主の補佐者である宰相がその中核を担った［鈴木 1993: 7］。当初オスマン朝の宰相職はウラマー階層によって占められていたが、メフメト一世時代にはここにテュルク系の軍人が抜擢され、さらにムラト二世時代になると宮廷奴隷出身者が登用されるようになるなど、宰相制度の性格は漸次変革されていた［今澤 2013: 79］。統治機構の拡充は、オスマン政府の執政の場となる宮殿空間の変遷とも大きなかかわりを有する。

ムラト二世の死後即位したのがメフメト二世（在位一四四四—一四四六、一四五一—一四八一）で、彼の手によってついに一四五三年、ビザンツ帝国の帝都コンスタンティノープルが征服された。ムスリム勢力の悲願だったコンスタンティノープル征服によって、メフメト二世の威信は高まり、オスマン朝は「帝国」とよばれるにふさわしい政権となった。これ以降もメフメト二世は自ら軍を率いて繰り返し出征し、ヨーロッパ側ではヴェネツィア共和国が拠点を有するギリシアや、セルビア、ボスニアに進み、アジア側ではトレビゾンド王国やカラマン侯国、アクコユンル朝と戦って中央アナトリアまで支配域を広げた。

メフメト二世の時代には中央集権国家としてのオスマン朝の組織の原型がほぼ成立したといわれる。かつて小集団の第一人者的な存在だったリーダーが、スルタンの称号を帯びた専制君主となってスルタン個人へと権力が集中した。これによって支配組織の中枢へと進出したのが宮廷奴隷出身者で、以降第一宰相である大宰相職もほぼ彼らによって独占されるようになった［鈴木 1993: 11–12］。またスルタンに権力が集中するのにしたがい、スルタン個人が宮廷儀礼に稀にしか姿をみせなくなる「孤絶化（seclusion）」が進んだというのが従来の見解である［Necipoğlu 1991: 15–21］。

また、この時期の都市史・建築史の観点から重要なのが新首都イスタンブルの再建である。征服直後から、イスタンブルには大小のモスクをはじめとして、都市生活に不可欠な水道と浴場、活発な交易活動を支える市場や隊商宿などの商業施設、司法・行政機構を担うウラマーら知識人を養成する学校であるマドラサ（madrasa）などがワクフ制度によって次々と建設された。とくに征服者メフメト二世の名を冠したファーティヒ（征服者）・モスク（Fatih Camii）や、一六世紀になってスレイマン一世が寄進したスレイマニエ・モスク（Süleymaniye Camii）などの大モスクは、各種の施設が付属され、複合体＝キュッリイェ（külliye）として市内の要地を占め、都市生活での中心となった。ブルサやエディルネで培われたワクフ制度に基づく都市開発の手法が、イスタンブルでも存分に活用されたのである。

最終的にはイタリア半島への遠征をも企図していたといわれるメフメト二世が一四八一年に死去すると、その後継を巡ってジェムとバヤズィト二世が争ったが、イェニチェリらの支持を集めた後者がバヤズィト二世（在位一四八一―一五一二）として即位した。敗れたジェムは一四九五年に死ぬまで、ヨーロッパ諸国家の庇護下におかれるという非常事態もあって、バヤズィト二世の外交政策は慎重で、基本的にメフメト二世期に疲弊した国力の立て直しに主眼が置かれていた。そのため一六世紀初頭からアナトリアの遊牧民を中心にシーア派のサファヴィー教団の影響が広まって反乱が勃発しても、有効な対策を打ち出すことができなかった。混乱が続く中、末子のセリム一世（在位一五一二―一五二〇）がイェニチェリの支持を受けて即位し、バヤズィト二世は退位後隠居所に向かう途中でおそらく毒殺された。

セリム一世はその短い治世の間に東方ではサファヴィー朝をチャルディラーンの戦いで破り、エジプトのマムルーク朝を征服することで一時にオスマン朝の支配領域を拡大した。とくにマムルーク朝を打倒することでオスマン朝はシリア・エジプトというイスラーム世界の中心地を手に入れるとともに、アラビア半島の聖都であるマッカ（メッカ）とマディーナ（メディナ）の守護者という立場にも立つことになった。

その跡を継いだのが「立法者」として知られるスレイマン一世（在位一五二〇―一五六六）で、その四六年の長い治世の前半では、ヨーロッパ側ではベオグラードを攻略しハンガリーまでを支配下におさめ、東方ではサファヴィー朝に勝利するなど軍事的な成功があった。後半期では領土的な獲得は少なくオスマン朝の征服の勢いがついに限界に達した一方で、諸法が体系化されて官僚制が確立し、中央集権体制が完成したのもこの時代であったといえる。トプカプ宮殿でもスレイマン一世の時代に外廷・内廷・ハレムという区分が完成し、一九世紀に至るまでこの構造は維持された。

スレイマン一世の死後、オスマン朝は新たなフェーズに入る。専制君主であったスルタンの役割は相対的に低下し、これに代わって大宰相を筆頭とするオスマン官人による支配に、ウラマー層、イェニチェリ軍団、皇太后を筆頭とするハレムなど、多様な有力者・集団が意思表示し干渉する政治的均衡状態が生み出された。スルタンの廃立や反乱など、一見すればオスマン朝の「衰退」の表徴とされる出来事は、近年オスマン近世史研究者のテズジャンによって「王権」を掣肘《せいちゅう》するプロト民主主義の政治的プロセスであったという再評価がおこなわれている［佐々木 2014: 7; Tezcan 2010］。本書が考察する宮殿建築のありかたも、このようなオスマン朝の政治構造の変革とは無縁たりえず、第5章で検討するようにトプカプ宮殿の政治的機能の低下や郊外の離宮周辺でおこなわれた都市儀礼なども一六世紀後半以降の政治的状況と密接に関連していたと考えられる。

3　オスマン朝の宮殿とイスラーム世界の宮殿

以上のように、一五世紀から一七世紀初頭にかけてのオスマン朝の政体や社会はきわめて起伏に富んだ歴史をたどってきた。その結果生み出された宮殿建築も、情勢の変化に対しその都度変更を迫られ、その空間と機能は静的・画一的なものではありえなかった。一五世紀後半に造営されたトプカプ宮殿が、前近代宮殿史のほぼすべてを占める研究の実情がいかに不完全なものであるかが理解されるだろう。

ここでいったん、オスマン朝の宮殿に関する既往研究を紹介するとともに、西アジアを中心としたいわゆるイスラーム世界の宮殿の歴史を整理して、その中でのオスマン朝の宮殿の位置づけを確認する。

オスマン建築史研究における宮殿建築の位置づけと既往研究

オスマン建築史・都市史研究において、モスクなど宗教建築や隊商宿など商業施設に比べると、宮殿建築は副次的な地位に置かれてきた。たとえば近年のオスマン建築史の動向をよく示すクバンの研究でも、前近代の宮殿建築に関しては五七章のうちわずかに一章が割り当てられているに過ぎない［Kuban 2007: 181-188］。主宮殿だったトプカプ宮殿単体についてはさらに一章、一七—一八世紀以降の宮殿群に関してはさらに二章分が当てられているものの、とくに前近代の宮殿に関する記述は少ない。

その原因として第一に、前近代とりわけ一六世紀以前の宮殿建築がほとんど現存しておらず、発掘調査もおこなわれていないという現状を挙げることができる。そのため建物や遺構の実測と図面作製に基づく研究をおこなうことが不可能であった。ほぼ唯一残ったトプカプ宮殿にしても、後世の大幅な改築・増築を経ており、創建当初の姿を復元することは相当困難である。

また設計図や絵画史料など、他地域・他時代においては建築空間を復元するのに有効な手立てとなる史料群も、そもそも作成されなかったかほとんど残存していない。修復に関連する台帳類は一六世紀から存在するものの、基本的に材料費や工賃などの支出項目が列挙された財政文書であるという史料の性格上、ここから特定の宮殿全体を復元することも難しい。

またオスマン建築全体を見渡せば、帝国の威信をかけて建設されたオスマン朝最盛期の雄大なモスク建築と比較すれば、宮殿建築は荘厳さに欠ける。トプカプ宮殿研究の第一人者であるネジプオールも指摘するように、豪華絢爛たる宮廷生活が展開されたはずのトプカプ宮殿ですら、一見すると中庭の周りに控え目な建造物群がでたらめに配置された象徴性や幾何学性を欠くものである。スレイマニエ・モスクのような巨大なモスク建築に比べると、このような慎ましやかな世俗の宮殿建築のありかたには、スルタンの敬神の念が現れているとしばしば解釈されてきた［Necipoğlu 1991: xi］。ほとんど実態がわからず見た目も地味な宮殿を脇に置いて、オスマン朝建築の研究者たちの関心は、多くの場合モスクやマドラサ、そしてバザールなどの商業施設にむかいがちであった。

そのためオスマン朝の宮殿建築研究はあったとしてもその多くは、建物が現存しなおかつ見た目も西洋風なベイレルベイ宮殿やドルマバフチェ宮殿など、一九世紀以降の宮殿建築の個別研究に集中している。近代の宮殿研究にあたっては、膨大な文字・非文字資料が存在し、研究が容易であるということもこの傾向に拍車をかける。

そのため、所見の限りでは前近代におけるオスマン朝の宮殿建築全体を俯瞰する通史的研究とよべるものは、次にのべるタンイェリとセチュキンの二つだけであり、ここに先述のクバンの概説やいくつかの事典の項目を加えることができる程度である。(2) しかもいずれも、結局のところトプカプ宮殿を中心とした記述にならざるをえない点は、それ以外の宮殿研究の不在を露呈するものである。

タンイェリの論文「アナトリア・トルコ宮殿建築の発展に関する考察(一二―一六世紀)」("Anadolu-Türk Saray Mimarlığının Evrimi Üzerine Gözlemler (12.-16. Yüzyıl)")はそのタイトルが示すように前近代オスマン朝の宮殿建築の通時的な考察に取り組んだものである。ここではルーム・セルジューク朝期から初期オスマン朝期の宮殿が論考の対象とされた[Tanyeli 1988]。該当期は、一、セルジューク期(一一〇〇―一三〇〇)、二、暗黒期(一三〇〇―一四五〇)、三、移行期(一四五〇―一五五〇)、の三時代に分類のうえで性格づけがされている。タンイェリはルーム・セルジューク朝期の建築・都市史を研究上の出発点としており[Tanyeli 1987]、当論文においてもルーム・セルジューク朝期とオスマン朝期を一連の流れにあるものとして記述している。

タンイェリの試みは大きな時間軸を設定して、宮殿建築の発展を考察した点で先駆的であったといえよう。ここではルーム・セルジューク朝期にアナトリアで萌芽的に現れた「トルコの宮殿」が、比較的建設が不活発な暗黒期を経て、メフメト二世のトプカプ宮殿によって画期を迎えたとする見解が示されている。だが事例として取り上げられる宮殿にはいずれも概観的な検討しか加えられていないため、その構想の壮大さに比べれば論考は非実証的であり、また大枠でみればルーム・セルジューク朝からオスマン朝に宮殿様式が受け継がれ、トプカプ宮殿において完成するという平凡な結論に達しただけであった。

もう一方のセチュキンの研究『トプカプ宮殿形成の主要因である歴史的計画に関する研究（一四五三―一七五五）』（*Topkapı Sarayının Biçimlenmesine Egemen Olan Tasarım Gelenekleri üzerine bir Araştırma*（*1453–1755*））は、そのタイトルが示すとおりトプカプ宮殿の各建造物の起源を探求するものである［Seçkin 1998］。前述したタンイェリ、あるいは大半のオスマン建築史研究者の見解とは異なり、トプカプ宮殿の空間がメフメト二世一人の創意によるものではなく、それ以前からの伝統のうえに成立したとする当初のべられた研究の見通しについては大いに評価できる。ただし残念ながら、実際の考察の内容はきわめて問題が多いもので、古今東西の宮殿と名のつくものを列挙してそこから建築的に類似するものを指摘するという実証性に欠ける手法がとられている。

クバンの概説にも触れておこう［Kuban 2007: 181–188］。クバンはまず、オスマン朝の宮殿とは、個別の用途に対応する単一空間であるパヴィリオンが複数あつまる集合体であり、ヴェルサイユ宮殿のように単体の建造物を宮殿とするヨーロッパの宮殿文化とは根本的に異なるものだとしている。さらにここから時代を遡ると「トルコ語を話す集団」には、定住社会と遊牧社会の時代に対応して二種類の権力者の住居があったとする。第一のタイプが天幕で、日常生活においても庭園などに設営して使われていたものであった。だがオスマン朝では君主の巨大な天幕は存在せず、また一六世紀オスマン朝のスルタンはもはや遊牧民意識をもっていなかった。そのため夏期には庭園で天幕に滞在するような例があったとしても、天幕型の宮殿文化はオスマン朝にはなかったとする。第二のタイプは後述するようにアッバース朝の宮殿を祖型とし、中央アジアのテュルク系王朝が受け継いだ宮殿類型で、これは中庭を核とし、ここにむかって半開放のイーワーンの部屋が開くものであった。これもまたオスマン朝の宮殿建築の空間には継承されなかった。だが、クバンによれば、トプカプ宮殿の空間はイスラーム世界、中央アジア、ローマにもその類型をみいだすことができないものであり、メフメト二世の創意によって新たな宮殿が生み出されたとされる。

ここで紹介したタンイェリとセチュキン、クバンの研究からは、つまるところ前近代オスマン朝の宮殿研究は、トプカプ宮殿の分析に行き着いてしまうことが理解されるだろう。そしてその起源をめぐっては、おおまかに三つのアプローチをみいだすことができる。

第一のアプローチは、「トルコ性」を強調するものである。これはタンイェリ論文に根強くみられる見解で、天幕での生活を送った遊牧民たちの空間形態が、常設の宮殿建築の空間にもちこまれたとの主張がなされる。たとえばトプカプ宮殿の庭園に点在するパヴィリオンは、遊牧君主たちが庭園に設営した天幕になぞらえられ、ドーム天井への志向は天幕への憧憬だと解釈されるのである。ここでの指摘を完全に切り捨ててしまうこともできないが、あまりに民族主義的な建築史観を厳密な検証抜きにそのまま採用することもできない。

第二のアプローチは、第一のものを拡張して周辺地域からの影響関係を重視するもので、セチュキンの研究がこれにあたる。ただしこの方針をとると、セチュキンの研究が陥ったように、さまざまな宮殿を列挙してそこから見かけ上の類似点を指摘するという非実証的なものになりがちであり、十分な分析が必要であることはいうまでもない。

最後のアプローチが、創建者メフメト二世の創意を強調するものである。第一と第二のアプローチを否定するクバンの見解がこれに相当する。コンスタンティノープル征服とこれに続くイスタンブル再建は、オスマン朝にとってだけでなく、当時のヨーロッパ世界に深刻な衝撃を与えた世界史上の一大事件であった。そしてメフメト二世は偉大な征服者であったと同時に、第2章で検討するような宮廷儀礼や宮廷組織を組織した改革者としても名高い。そのため、トプカプ宮殿の空間にもまた、宮廷儀礼の内容に沿うようにメフメト二世の意向が反映されていたというのが通説となっている。またタンイェリの論文のように、このアプローチはメフメト二世の宮殿建築を「トルコ性」の最終形とみなすことで、第一のアプローチとも親和性をもつ。新首都に新たな性格の宮殿が建設されたとする見解は一見妥当なように思われるが、ここでは歴史上の出来事と君主像がそのままトプカプ宮殿に投影されて解釈がおこなわれ、その枠外にあるその他の宮殿建築はほぼ完全に研究対象から抛擲されているのである。

このように、前近代オスマン朝の宮殿に関する包括的な研究はごくわずかで、あってもさまざまな問題を含んだものである。その一方で、個別の宮殿に関してはいくつかの先駆的業績があり、以下それらを簡単に紹介する(3)。

オスマン朝の宮殿建築研究の一到達点を示すのが、前にも言及したネジプオールによるトプカプ宮殿に関する研究である［Necipoğlu 1991］。ネジプオールは一五—一六世紀当時のトプカプ宮殿に関する各国語の史料を丹念に収集・分析することで、当時の空間の構成と用いられかた、その形成過程を明らかとし、今日に至るまで広く受け入れられるトプカプ宮殿研究の定番となった。

ここではトプカプ宮殿の起源に、先述の三つのアプローチを混淆した立場が採用されている。ネジプオールはまず、メフメト二世のカーヌーンナーメ（法令集成）を主な根拠として、トプカプ宮殿は先行する宮殿とはプランとコンセプトの点でまったく異なった、純粋にメフメト二世の創意による新式の宮殿であるとした［Necipoğlu 1991: 242］。この考えは基本的にクバン説と同様である。ところが同時に、トプカプ宮殿はローマと初期イスラームの宮殿の系譜上に位置づけられ、また中庭と独立した建造物の配置はオスマン朝の軍営を模したものであるとのべられる［Necipoğlu 1991: 248］。西方のローマ、初期イスラーム、ビザンツ、そして「遊牧王権」の天幕群というまったく異なる要素が混じり合ってトプカプ宮殿ができあがったとする見解は、一見するとオスマン朝の融通無碍なありかたを反映しているようである。だが結局のところ、トプカプ宮殿の空間は伝統か革新かという二項対立の中で両論を併記しただけのものであり、メフメト二世の革新性が重視されつつも、最終的な結論は与えられていない。

芸術家を支援したヨーロッパのルネサンス君主にメフメト二世をなぞらえ、その時代のオスマン朝においてもパトロン—建築家の関係を想定するネジプオールにとって、パトロンの意向こそが一義的要素であって、宮殿の歴史性や周囲からの影響関係はあくまでも副次的要素でしかない。ネジプオールの研究は、宮殿内の個々の建造物・空間に関するヨーロッパ人らの記録を網羅的に紹介・分析したトプカプ宮殿論の金字塔であるが、これを宮殿史全体に位置づけてその総体を把握するという視座には欠けているのである。

トプカプ宮殿については、ネジプオールに先立って、建築家としても名高いエルデムとアクオザンによる詳細な図面を含む研究がある［Eldem and Akozan 1982］。さらにエルデムは、トプカプ宮殿内にあるパヴィリオンに主眼をおいた研究もおこなっている［Eldem: 1967–73］。とくに後者では一八世紀末からの修復関係の史料を用いた復元図が提示されている点で重要であり、他にはエディルネ新宮殿の建造物も含まれている。ただしエルデムは建物単体に対する考察をおこなっただけであり、宮殿全体がどのようにプログラムされていたか、あるいは空間がいかに利用されていたかという点に関してはあまり関心を払っていない。また用いられた史料の出典が不明瞭であるなど、学術的にみた場合問題も多く、その復元の内容については今後の検討が待たれる。

アイヴェルディは一四八一年までの初期オスマン建築の網羅的な研究をおこない、この中には宮殿も含まれている［Ayverdi 1966, 1972, 1973–74］。ただし総覧的な研究の性格上、残念ながら個々の宮殿についての詳細な考察はみられない。

エディルネ出身で一九世紀末から二〇世紀初頭にかけて軍医として活躍したオスマンは、エディルネにかつて存在したエディルネ新宮殿に興味を抱き著述をおこなった［Osman 1956］。エディルネ新宮殿は一五世紀半ばに建設された宮殿で、一七世紀後半に宮廷がイスタンブルを離れてエディルネに長期滞在した折にはトプカプ宮殿に代わる主宮殿となった点できわめて重要な宮殿である。オスマンのものを除けばまとまった考察は今日までほとんどおこなわれておらず、オスマン朝の宮殿建築史研究上の画期的な成果であったといえる。ただし、主要史料中には戦火で焼失したものが含まれるなど、その内容の再検証が不可能であるうえ、史料の扱われかたなどにも疑問点が残る。なお現在エディルネ新宮殿ではオゼルによる発掘調査が継続しておりその成果も小冊子として出版されているものの［Özer 2014］、全体的な宮殿像を提示するには至っていない。

イスラーム世界の宮殿類型とオスマン朝の位置づけ

続いて、イスラーム世界における宮殿建築の展開を俯瞰しておきたい。オスマン朝の宮殿の起源をめぐっては諸説あるものの、さしあたり最も影響の大きいイスラーム世界の宮殿類型から説き起こされるべきであろう。

ところでイスラーム世界の都市や建築では、「イスラーム建築」のように宗教名を冠した名称が一般的に用いられるにもかかわらず、具象的な装飾の忌避など一部デザインに関連するものを除けば、宗教的な規範や理念、宇宙観のような要素はほとんどといってよいほど存在しない。聖典であるクルアーンや預言者ムハンマドの言行を記録したハディースは、都市住宅におけるプライバシーの重視など、きわめて具体的な規範を定めるものであり、(4) 空間の理念型を規定するものではない。(5) 最もイスラームの宗教的な理念が投影されるはずの礼拝空間である集会モスクも、聖地マッカの方角を指し示すミフラーブと説教壇であるミンバル、それに信徒が礼拝するに足る空間さえ確保されていれば事足り、平面形態や架構方法も地域と時代によってまちまちであった。

イスラーム誕生後の最初の宮殿というべきものは、マディーナにあった「預言者の家」で、ここは預言者ムハンマドと家族、さらには信徒集団が暮らし、祈り、諸事を討議するために集う場所であった。その当初の姿は中央に大きな中庭を配置し、南側に屋根で覆われた強烈な日差しを防ぐ半開放の空間、東側に小部屋が並ぶ程度の質素なものであったという。ここにもイスラームという宗教に由来する理念をみてとることは難しく、この当時アラビア半島に一般的だった住居の形式をそのまま踏襲していたと考えられる。

アラビア半島に興ったイスラーム勢力が急速に拡大を続け、シリアのダマスカスを拠点とするウマイヤ朝が六六一年に誕生すると、ようやく「宮殿」と認識しうる規模・装飾の建造物が登場する。以降各地には宮殿が次々と建設されることになったが、オスマン朝同様、モスクなど宗教建築に比べるとイスラーム世界の宮殿研究はさまざまな障壁

表序-1　イスラーム世界の宮殿類型

類　型	時代（王朝）	特　徴	代表的宮殿（現在の国名）
第1類型	7世紀～（ウマイヤ朝～アッバース朝）	都市内部に宮殿を建設しモスクを並置．主要部には「天のドーム」を架ける．郊外の離宮タイプのものもある．	バグダードの宮殿（イラク） ヒルバト・アル＝マフジャル（ヨルダン）
第2類型	9世紀～（アッバース朝，ガズナ朝，ファーティマ朝，後ウマイヤ朝）	大きな中庭と背後の謁見空間．巨大な官僚組織と複雑な宮廷儀礼が現れたことによる宮殿の巨大化．	サーマッラーの宮殿（イラク） ラシュカリ・バーザールの宮殿（アフガニスタン）
第3類型	12世紀～（アイユーブ朝，ザンギー朝）	都市に隣接あるいは内包される城塞の中に宮殿や行政施設が建設される．	アレッポ城（シリア） カイロ（エジプト）
第4類型	13世紀後半～（イルハン朝，ティムール朝，オスマン朝，ムガル朝，サファヴィー朝）	都市内部の宮殿と郊外の庭園という2種類の宮殿が存在．「遊牧王権的」な宮殿のありかたを示す．	タフテ・スレイマン宮殿（イラン） トプカプ宮殿（トルコ） アグラ城（インド） チェヘル・ソトゥーン宮殿（イラン）

に突き当たり、包括的な研究は少ない。ヒレンブラントはこの理由を、そもそも宮殿はほとんど残存せず、歴史の空隙を埋めようにも文献に現れる宮殿の記述は誇張に満ちた詩的な表現ばかりで復元の参考にならないことに求める。永続性を求められるモスクやマドラサなど公共建築に比べると、君主のすまいであるはずの宮殿は安価な材料で拙速に建てられたため、またたくまに瓦壊していったのである［Hillenbrand 2000: 377–378］。

このような研究上の困難を乗り越えて、イスラーム世界の宮殿の類型化を試みたのは、歴史研究者のバカラックで、彼はイスラームが誕生した七世紀からオスマン朝がヘゲモニーを握る一六世紀までの宮殿を三つの類型に区分した［Bacharach 1991］。さらにここに第四類型として一三世紀のモンゴル侵入を契機としてイスラーム世界にもたらされた「遊牧王権」の宮殿を付け加えて拡張したのが、先述したトプカプ宮殿研究で知られるネジプオールであった［Necipoğlu 1993a］（表序–1）。

両者の分類によれば、第一類型にはイスラーム初期のものがあてはまる。これはウマイヤ朝からアッバース朝の首都バグダードに建設された宮殿までを含み、都市内部に宮殿を建設しこれに隣接してモスクを並置する点に特徴があった。ここでいう「宮殿」とはアラビア語でdār al-ʻimārāとよばれる建物で、支配者の邸宅であるだけではなく、行政機関ともなるものであった。シリアやイラクなど東方地域では宮殿の様式にはさらなる規範が存在していたとバカラックは推測しており、宮殿の横幅がモスクの横幅の二倍であること、モスクの礼拝方向であるキブラ壁のすぐ後ろに宮殿があったこと、そして宮殿の主要部には「天のドーム(qubbat al-khaḍrā')」が架けられていたことを指摘している。(6) イスラーム勢力が急速に各地を征服する過程で、一定の共通性をもった宮殿様式が拡散していった結果であると考えられる。征服者であるアラブムスリムたちは、非ムスリム・非アラブの住民が大多数である征服地においては圧倒的な少数派であり、信仰と統治の核を都市内に建設してその周辺に集住していたのである。宮殿は地中海世界に現れたイスラーム初期のあらゆる建築同様に、中央に中庭をもつものであった[Bacharach 1991: 119]。

さらにウマイヤ朝では都市郊外に現在も建築遺構が残る離宮が多数建設されており、現存しない都市内部の宮殿とは違って、こちらは平面計画の分析が容易である。離宮とはいってもこれらの施設周辺からは灌漑施設が発見されており、地中海世界におけるキリスト教修道院の農園経営にならった、荘園経営の拠点であったらしい。このようにローマ文化とも深いつながりをもつ離宮には、玉座の間とともに浴場が併設されていた。矩形の壁体の内部には大きな中庭が配置され、これに面してバシリカ式の三廊構成の玉座の間が存在した[深見 2013: 47–50]。

このような地中海世界の建築文化からの影響に加えて、ウマイヤ朝の宮殿の謁見空間には東方のサーサーン朝の宮殿建築からの強い影響も認めることができる[Bier 1993: 61]。クテシフォンのターキ・キスラー宮殿には、幅二三メートルの巨大なアーチをかけたイーワーンがありその前面の広場とともに謁見空間をなした[深見 2013: 9–11; Bier 1993: 58]。また、フィールーザバードの宮殿では、ドーム架構の三連の部屋が存在する。さらに、五世紀頃に建設されたサーサーン朝君主のために建設されたハヴァルナク(Khawarnaq)宮殿は、天上を模したといわれるドーム架構の建築で、後世に至るまで宮殿の理想として詩などに謳われた［Massignon 1978; Necipoğlu 1993a: 4–5］。ただしイスラーム初期の君主や建築家は古代の宮殿建築を客観的に分析してモデルとすることはなく、あくまで詩やメタファーのレベルにおいて影響は及んだものと考えられる［Bier 1993: 62］。建築に加えて庭園思想も宮殿のありかたに大きな影響を及ぼした。「パラダイス」の語源がペルシア語であることからもわかるように、オリエント世界では地上の楽園は天国のイメージとも結びつき、水を引き込みさまざまな花木を茂らせた庭園は宮殿に不可欠な要素となった［深見 2013: 54–57］。

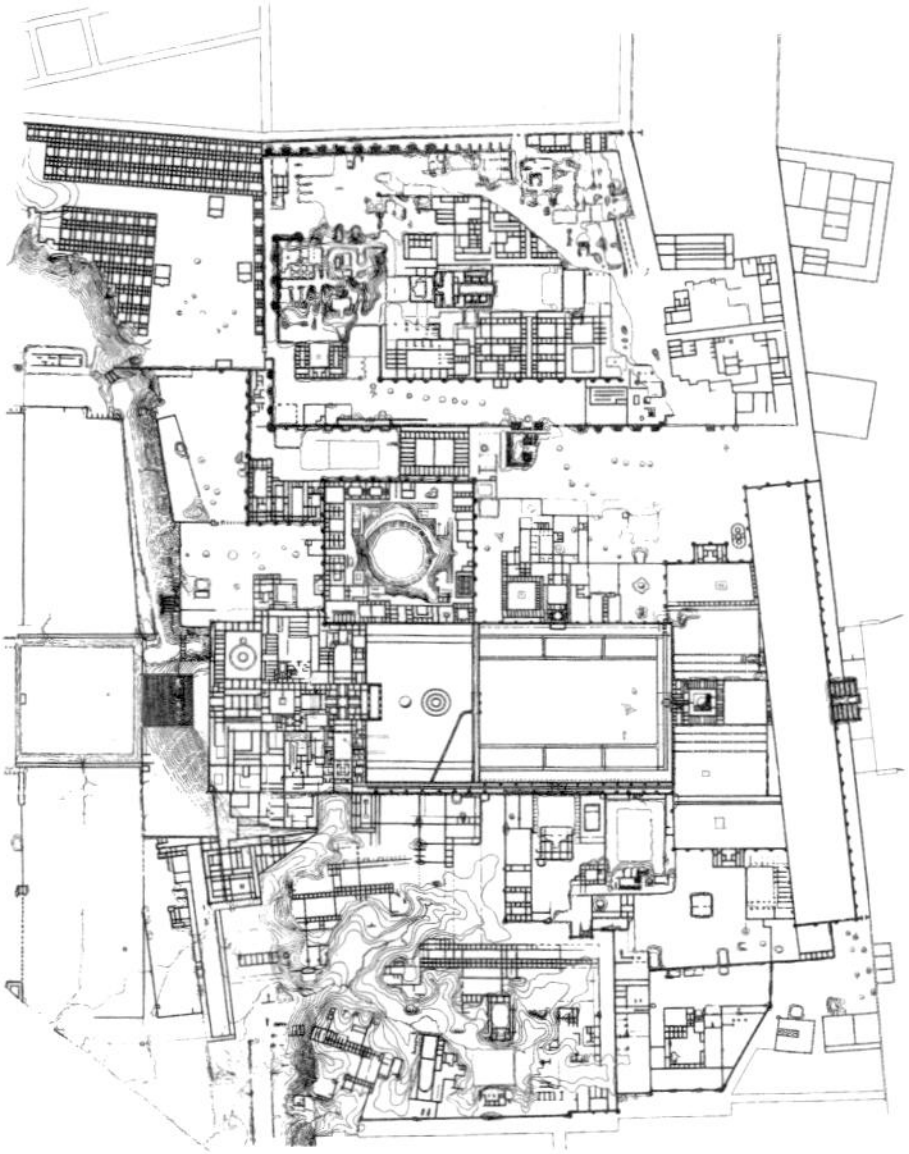

図序-2　サーマッラー宮殿平面図（Northedge 1993: 160）

九世紀に入ると第二類型が登場する。九―一〇世紀にバグダードを離れたアッバース朝は、新都サーマッラーに巨大な宮殿複合体を建設し新たな宮殿様式が誕生した。この時期アッバース朝カリフは孤絶化し、かつてのウマイヤ朝でみられたような部族主義にもとづく政権に代わって、神聖なる絶対君主という古代オリエントの王権のありようが復古したとネジプオールは強調する(7)［Necipoğlu 1993a: 6］。その過程で宮廷儀礼は複雑化し、これに同期して宮殿も巨大化したとするのである（図序-2）。同時にこの宮殿複合体は市街地から遠く離れた郊外に建設されて周囲は壁で取り囲まれ、カリフとその政府は物理的にムスリム民衆から切り離されたのであった。同様に郊外に巨大な宮殿を築いたケースとして、ファーティマ朝のカイロや後ウマイヤ朝のコルドバが挙げられる。

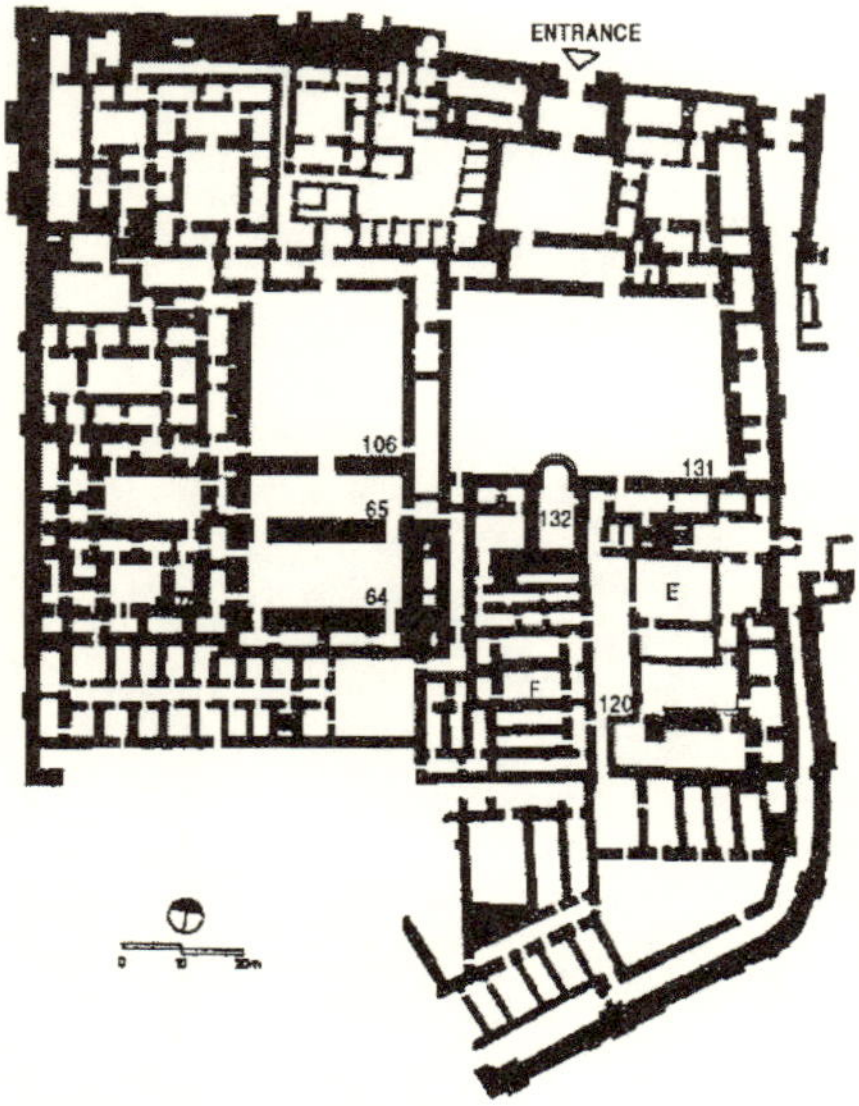

図序−3　マリの宮殿平面図（Winter 1993: 50）

この時期の宮殿の最大の特徴は、大きな中庭とその背後の謁見空間というセットが明確な形で現れたことである。イスラーム誕生のはるか以前より、中庭が全体の核となる建築類型はメソポタミアを中心とする地域で宮殿として用いられていた。最古の例のひとつがマリ（Mari）から出土した紀元前二〇〇〇年紀初頭の宮殿遺構で、主門から中に入ると大きな中庭へと至るものであった。またそれに隣接して、別の中庭と玉座の間がひとまとまりの謁見空間を構成しており、のちのアッバース朝宮殿などにもみられる空間構成の原理が、既にこの頃より存在していたことは明らかである［Winter 1993］（図序−3）。多数の廷臣が集合できるだけの大きな空間を宮殿に建設しようとした場合、良質な木材を手に入れることが難しい中近東地域では大ドームのホールを作るか、あるいは降雨が少ないという利点を生かして中庭のような屋外空間を用いるか、の二択となる。ネジプオールが指摘するように、アッバース朝などで中央集権体制が確立してそれを維持する巨大な官僚機構と複雑な宮廷儀礼が現れたことにより、かつての空間形態がリバイバルしたのである。ブルームは第一類型の宮殿を特徴づける「天のドーム」に象徴される権力者の垂直性への志向がこの時期、水平方向への広がりに取って代わられたとする［Bloom 1993: 137］。権力のシンボルがドームのような仰ぎ見られるものから、複雑かつ広大な宮殿建築を通り抜けて最終的に君主の鎮座する謁見室へと至るプロセスが重視されるようになったというのである。イスラーム世界の諸王朝における諸制度の根幹となったのがアッバース朝の創出した諸制度であり、同様に、その宮殿建築とそこでおこなわれる儀礼も後世に大きな影響を与えた。とくに君主が配下を諮問し国事をとりおこなう「ディーワーン（dīwān）」は、参加者や式次第にはヴァリエーションがあるものの各地の政権で同様の行為がおこなわれていた。中庭型宮殿の代表的なものには、テュルク系王朝であるガズナ朝が現在のアフガニスタンに建設したラシュカリ・バーザールの宮殿があり、川に沿って配置された宮殿の図面からは複数の中庭とその周囲に付属する部屋の配置計画が読み取れる（図1–11参照）。

　ところが程なくして、いったんは絶大な権力を集約したこれらの王朝は衰退し、各地に中小政権が乱立する「帝国衰退期」へと移行した。新たに生まれたのが宮殿の第三類型で、政治的な混乱と戦乱のため、維持困難な大規模宮殿は放棄されて、城塞型の宮殿へと移行していった［Necipoğlu 1993a: 12］（図序–4）。テュルク系の大セルジューク朝が衰退して以降、バグダードには名目的な権威を保つアッバース朝カリフが依然として存在する一方で、各地にはアイユーブ朝やザンギー朝など短命な地方政権が乱立した。その過程で生まれたのが、都市に隣接あるいは内包される城塞の中に、宮殿やその他の行政施設を建設する類型であった。都市と一体になる城塞はイスラーム誕生以前から中東世界に存在したものだったが、ここに宮殿を構えるようになるのは第三類型が現れる一二世紀以降である。中央集権体制と強大な常備軍団を維持できない情勢において生み出された新たな宮殿形態は、エジプトのマムルーク朝のように、数百年にわたって存続した王朝でも受容されることとなった。

図序–4　アレッポ城（筆者撮影）

　そして最後の第四類型は、モンゴルとその後継者による新たな宮殿類型である。ここでは都市内部の宮殿と、郊外の庭園という二種類の宮殿が存在し、いわゆる「遊牧王権的」な宮殿のありかたが誕生した［Necipoğlu 1993a: 15］（図

1-12参照）。この類型は一三世紀後半にイルハン朝によって生み出され、ティムール朝において発展し、前近代イスラーム世界の三大王朝であるオスマン朝・サファヴィー朝・ムガル朝の宮殿へと受け継がれたとされる。遊牧民が政権の中枢を担ったテュルク・モンゴル系の政権が、それまでの定住民主体の王権とは明らかに異なる居住のありかたと都市とのかかわりかたを示したことは、たとえば羽田正が詳細な事例にもとづいて指摘している［羽田 1990］。市街地の外縁部には牧地（バーグ）が存在し、もともと遊牧民だった支配者層はここに天幕を張って生活したのである。当然ながらここには、巨大な常設建造物群としての宮殿は存在せず、建物があったとしてもごく小規模な楼閣程度であって、謁見や祝宴時には天幕群が出現してこれに対応した。近年では、テュルク・モンゴル系君主とその行動を無条件に遊牧民の心性に基づくものとする従来の主張は否定されつつあるものの［川口 2012: 1-3; Babaie 2008: 21, 42］、都市とその郊外とのかかわりという観点から鑑みれば、それ以前とは異なる権力と宮殿をはじめとする建築の関係性が出現していたことは自明であろう。

以上の四類型は、イスラーム世界の宮殿建築の歴史を俯瞰するシンプルで非常に魅力的な見取り図であるといえよう。しかしながら同時に、このように単純な図式であるがゆえに、各時代における宮殿建築の多様性は等閑視されてしまっている。たとえばウマイヤ朝の宮殿は都市内部にあるものと郊外の離宮では性格が異なる。またバーバーイーは同じサファヴィー朝の一六世紀の首都タブリーズと一七世紀の首都イスファハーンでは、政治・文化的環境が異なっており、後者の宮殿は第四類型に容易にあてはまらないことを指摘する［Babaie 2008: 21-22］。イスラーム世界の宮殿四類型は概念図としては優れているが、個別の王朝や時代に着目すれば、大きな枠組みの中にあてはまる典型的な宮殿のみが代表例として採用され、宮殿群がもっていた複雑性を十分に把握しきれていないのである。四類型は、本格的なイスラーム世界の宮殿史研究が緒に就いたばかりの一九九〇年代であれば有効な議論の枠組みであったものの、二〇年以上を経た今日では、バーバーイーのようにケーススタディーを積み重ねることで新たな宮殿像を提唱していく必要に迫られている。

そこで第四類型をオスマン朝の宮殿群にあてはめて考えてみると、トプカプ宮殿が都市内部の宮殿に対応し、イスタンブル近郊に多数建設された庭園や離宮は「遊牧的」な庭園文化という異なる系譜上にある宮殿という対比が示される。だがその他の都市内部の宮殿については、先述のように現存する宮殿がトプカプ宮殿以外存在せず、文献史料の制約もあるためここではほとんど考慮されていない。また、そもそもメフメト二世によって「創出」された新式宮殿のはずであるトプカプ宮殿が、ネジプオール本人によってムガル朝やサファヴィー朝とともに第四類型に分類されてしまうのは矛盾をはらむものである。

さらに、本書の分析から明らかになるように、スルタンと宮廷は首都イスタンブルではトプカプ宮殿に常時滞在していたわけではなく、加えてイスタンブルを離れることもしばしばだったのである。オスマン宮廷の活動全体においては、主宮殿であったとはいえトプカプ宮殿がはたしたオスマン朝宮殿群全体の中での役割はかなり限定的なものになる。

さらに、都市郊外の庭園の性格についても注意を払わなければならない。先述のバーバーイーの研究や、ファーティマ朝カイロに関するサンダースの研究では、宮殿内部だけではなく、首都空間全体を宮廷が儀礼空間として活用されていた事例が明らかとされた［Babaie 2008; Sanders 1994］。オスマン朝に目をむけても、トプカプ宮殿は洗練された宮廷儀礼の中心的な舞台ではあったが、同時に首都イスタンブルでも、民衆に対して王権の権威を誇示し、民衆も意思表示をおこなう双方向の都市儀礼が頻繁に開催されていた。王権儀礼の中心にはトプカプ宮殿があったが、この他の宮殿群も宮廷活動の舞台となり、さらに都市儀礼の空間は首都とその外縁部に広がっていたのである。イスタンブルの市内外に数多くの宮殿や庭園が建設された背景には都市儀礼とのかかわりを読み取る必要があり、トプカプ宮殿のみを考察対象とすると、オスマン宮廷の活動の全体像を見失ってしまうだろう。

4　本書の課題と構成

以上のような既往研究における課題に対して、本書は次のような観点にもとづいて一五―一七世紀オスマン朝の宮殿群の分析をおこなう。

第一に、トプカプ宮殿成立以前の宮殿建築を分析し、あらためてトプカプ宮殿の位置づけをおこなう必要がある。ここでは先述した伝統か革新かという議論を深化させなくてはならない。第1章ではまず、ルーム・セルジューク朝と一四世紀アナトリアにおける宮殿建築の空間の特色を明らかとして、トプカプ宮殿の中庭を中心とした空間との対比をおこなう。両者の空間の間には明白な差異があるが、実はトプカプ宮殿には、エディルネ旧宮殿という一五世紀初頭に建設された祖型があったことが史料の分析から浮かび上がる。中庭の儀礼空間は、中庭の四辺に四つのイーワーンを配するイランの四イーワーン形式の影響を受けたティムール朝の宮殿をおそらく経由して、一五世紀前半のオスマン朝宮殿建築に導入されたものであった。

さらに第2章では、トプカプ宮殿そのものの発展過程に目をむける。トプカプ宮殿の空間の大枠は、メフメト二世の創意が強調されるあまり、一五世紀半ばの創建時に完成されたものが不変であったかのような印象が与えられてきた。だが儀礼用の中庭という中核は保持されつつも、その周辺には謁見や会食などの儀礼行為が整備・再編される過程で新たに建造物が増築されていった。オスマン朝の宮殿は決して静的な建築類型ではなく、時代の要請に応じて柔軟に変貌していたのである。

第二の課題として本書後半部分では、トプカプ宮殿以外の宮殿群へと目をむける。先述したように、トプカプ宮殿は多数存在したオスマン宮廷の活動の舞台のひとつでしかなかった。トプカプ宮殿という「正史」だけを考究したのでは、宮殿群の性格が見失われてしまうのである。

第3章では、「首都」という観点からオスマン宮廷の動向を分析する。今日まで「遊牧王権」の特徴は宮廷が特定の都市に滞在せず天幕などで儀礼をおこなっていたことであると指摘されてきた。一五世紀後半以降のオスマン朝宮廷は、それ以前の王朝に比べれば明らかに首都のイスタンブルに滞在する期間が長くなっていたが、旧都エディルネでの滞在も長期に及び、さらにしばしば都市内部の宮殿を離れて首都郊外の牧地に滞在していたことが論じられる。

第4章ではトプカプ宮殿建設の直前に、新首都イスタンブルに建設されたイスタンブル旧宮殿の分析をおこなう。考察の結果、イスタンブル旧宮殿は宮廷儀礼のおこなわれたトプカプ宮殿とは異なる空間と機能を有していたことが明らかとなる。前者は一五世紀以前のアナトリア各地に存在していた小規模な宮殿の系譜に連なるもので、スルタンと家族の滞在用に作られたものであり、後者は一五世紀に導入された儀礼用の大規模な宮殿の発展型だった。

また第5章では、少し時代の下った一六世紀末から一七世紀初頭にかけてのユスキュダル宮殿とダウト・パシャ宮殿を題材に、イスタンブル郊外に造営された離宮とその機能を論じる。両者はスルタンのリクリエーションの場となるほかに、周辺の平原で都市儀礼がおこなわれる際の拠点となっていた。一六世紀以降、イスタンブルでは皇子の割礼式をはじめとするさまざまな都市儀礼が挙行され、その舞台のひとつに郊外の平原があった。郊外に建設された離宮は、都市統治とのかかわりの中で大きな役割をはたしていたことが明らかになる。

また、本書の最後に掲載される補論は、オスマン朝を中心としたトルコ建築史・都市史の既往研究を整理し、今後の研究への展開を論じるものである。

（1）オスマン朝の系譜に関する議論については［小笠原 2014］を参考。

（2）たとえばユルゲンのものや［Ülgen 1999］、セヴィンのものがあるが［Sevin 2002］、いずれも各時代の宮殿を列挙したもので、宮殿史全体を俯瞰したものではない。トルコ共和国における宮殿建築史研究のリストとして、カンチャル＝フェラーリの研究紹介がある［Kançal-Ferrari 2009］。

（3）ここでの「宮殿」は王族が暮らすすまいに限定して議論を進めている。だが、オスマン語あるいは現代トルコ語の「宮殿（saray）」という言葉は、日本語の宮殿よりもかなり広い範囲の建造物を指し示す。この語は、君主・王族のすまい以外にも、高官の邸宅、裁判所のような公的機関によって用いられる建物、さらにはキャラバン隊が滞在するキャラバンサライまでもその範囲に含む。日本語にすれば「立派な建物」というのが最もニュアンスとして近いものであろう。「サライ」のうち、高官の邸宅は王族の宮殿との類似点も指摘できるため、ここでその研究についても触れておきたい。

このうち最も有名なものが、イスタンブル中心部にあるイブラヒム・パシャ宮殿（İbrahim Paşa Sarayı）であろう。この「宮殿」は、ビザンツ時代には競技場ヒッポドロームとよばれ、オスマン期には「馬の広場（At Meydanı）」と名付けられた広場に隣接する位置にあった。この宮殿は、実にさまざまな用途に用いられてきた。美術史家のアタソイは、一六世紀末の細密画の描写をきっかけとして、一五世紀末から一六世紀前半に建設されたと考えられるイブラヒム・パシャ宮殿の研究をおこなった［Atasoy 1972］。宮殿の前身となった建物の当初の用途は不明であり、スレイマン一世の寵臣にして大宰相として活躍したイブラヒム・パシャが皇妹のハティジェと結婚した折に下賜された。のちに彼が処刑されると、これは他の娘婿の大宰相宅となり、最終的に建物は小姓たちが居住し教育を受ける機関となった。

同じく「サライ」を扱った研究には、やや時代が下って一七世紀の大宰相邸宅に関するアルタンの論考がある［Artan 2012］。この時期には大宰相の政治的権限が拡大してトプカプ宮殿と並んで大宰相邸宅が執政空間としての重要性を増していった。

（4）ハキームは北アフリカの都市を事例として、都市空間における諸規定の考察をおこなった［ハキーム 1990］。

（5）たとえばヒンドゥー教では、その宇宙観は縮図としてのマンダラに投影されており、儀礼空間、寺院空間、さらには都市空間に至るすべての空間がこれに従って構築され、宇宙的秩序を表現していた［小倉 1999: 106; 布野 2006］。中華世界にもコスモロジーにもとづく都城思想があり、たとえば『周礼』では中央に宮城を置く方形の概念的な都市像が示された［布野 2003: 200–201］。また皇帝が座す宮殿は、体系化された中国全土の建築物の頂点に立つもので、建物の高さから部材の寸法に至るまで規格が与えられていた［楼 2008: 8, 56–58］。

（6）「天のドーム」に関する詳細な議論については次の論考を参照［Bloom 1993］。

（7）ネジプオールが主張するアッバース朝カリフの「孤絶化」「絶対化」と宮殿様式の変化には、メフメト二世の主導によるオスマン朝スルタンが関与する儀礼様式の変更とトプカプ宮殿創建の姿が重ね合わせられているのはいうまでもない。

第1章　エディルネ旧宮殿の成立

本章では一五世紀前半にオスマン朝の首都だったエディルネに造営された宮殿（エディルネ旧宮殿）の考察をおこなう。

前近代オスマン朝の宮殿形式は、一四五〇年代末より新首都イスタンブルにおいてメフメト二世によって建設が始められたトプカプ宮殿において、いったんの完成をみたとされる。トプカプ宮殿研究の泰斗ネジプオールの見解によれば、オスマン朝が辺境の小国から帝国へと成長する過程で、メフメト二世がカーヌーンナーメ（法令集成 ḳānûn-nâme）を通して宮殿における儀礼様式を定め、それに適ったかたちでトプカプ宮殿は建設された［Necipoğlu 1991: 250］。

オスマン朝の主宮殿となったトプカプ宮殿の最大の特徴は、市街地と宮殿敷地が外壁によって隔てられ、さまざまな儀礼がおこなわれた広大な第二中庭が中核となって複数の区画と庭園が存在していた点である。はたしてこのような宮殿空間がそれ以前のオスマン朝の宮殿から継承されたものなのか、あるいはネジプオールが主張するようにトプカプ宮殿において初めて出現したものなのかは、オスマン朝の宮殿建築史を考察するうえで重要な設問であるといえる。

ところが残念ながら、既往研究ではトプカプ宮殿以前に存在したオスマン朝の宮殿についてはほとんど言及されてこなかった。一四世紀から一五世紀前半までにオスマン朝版図内ではブルサ、マニサ、エディルネなど諸都市に宮殿が建設されたが、いずれもほとんど原形を留めていない。そのため、一九世紀まで宮廷が利用し比較的遺構も残るエディルネ新宮殿を除けば、発掘調査もおこなわれていないため、今日までこれら宮殿に関する研究の蓄積もわずかである(1)。また、現存するオスマン朝の豊富な文書史料群も、そのほとんどが一六世紀以降になって作成されたものであり、図面等の具体的な空間を描写した史料も伝世していないため、一五世紀以前の宮殿の姿を知ることは大変困難である。

では、トプカプ宮殿以前の宮殿の空間は、まったく復元不可能なのであろうか。本章で検討するエディルネ旧宮殿は、オスマン語とギリシア語年代記での記述に加えて、不十分であるとはいえ一五世紀前半にヨーロッパ人訪問者による記録が残された貴重な実例である。宮殿区画そのものは、一六世紀後半に建築家スィナーンの傑作として名高いセリミエ・モスク建設の際ほとんどが破却されてしまい、遺構はまったく現存しないため、考古学的・建築学的な手法を用いてこれを分析することはできない。だが後述するように、ブルゴーニュ公の宮廷に仕えるベルトランドン・ドゥ・ラ・ブロキエールと、アンコーナ出身の商人のチリアコ・ダンコーナという二人の観察者の記録を通して、宮殿の空間構成とそこでの謁見儀礼の概要をある程度復元することが可能である。

実のところ、エディルネ旧宮殿に関するこれら史料は、古くから知られるものであった。初期オスマン朝の宮殿儀礼研究をおこなったディルガーや、メフメト二世の研究をおこなったバービンガーをはじめ、オスマン史研究の大家であるウズンチャルシュルも宮廷組織と儀礼に関する研究の中で先述の史料を参照している [Dilger 1967; Babinger 1978; Uzunçarşılı 1988b]。ネジプオールもトプカプ宮殿研究の中で、トプカプ宮殿建設の前史としてこれに言及している [Necipoğlu 1991]。近年では、オスマン朝とエジプトのマムルーク朝の外交史研究をおこなったムスルが、エディルネ旧宮殿での謁見儀礼の紹介をおこなった［Muslu 2014］。ところがいずれの研究も、エディルネ旧宮殿の空間とそこでの儀礼を十分に検討しているとはいいがたく、オスマン朝の宮殿群におけるその位置づけも不明瞭である。

結論を先取りしてのべると、オスマン朝のスルタンと宮廷が一五世紀初頭にアナトリア側のブルサからバルカン側のエディルネへと所在地を変える過程で建設されたエディルネ旧宮殿には、宮廷にとって最重要な国事行為である謁見がおこなわれる儀礼用の中庭が既に存在していた。すなわち、一四五三年のメフメト二世のコンスタンティノープル征服以前に、トプカプ宮殿の祖型となる宮殿が既に旧都エディルネにおいて出現していたのである。オスマン朝の宮殿史上、エディルネ旧宮殿はひとつの画期となった建造物であり、新たな宮廷儀礼がおこなわれる舞台となったのである。

1 エディルネ遷都の時期——アナトリアからバルカンへ

まず宮殿に関する議論に先立って、旧都ブルサからエディルネへの遷都の時期を検討しておきたい。ムラト一世によるエディルネ（旧名アドリアノープル）の征服時期は史料によって多少の差異はあるものの、ムラト一世の即位後一三六〇年代であることは間違いない。しかしながら歴史学の諸研究者が認めるように、征服後すぐにアナトリア側のブルサからヨーロッパ側のエディルネへの遷都がおこなわれたわけではなく［Gökbilgin 2001: 116］、これは各種年代記の記述からも裏付けられる(2)。エディルネはオスマン朝が初めて手に入れたヨーロッパ側の大都市ではあったが、征服直後はバルカン半島方面への遠征時に出撃拠点となる程度であって、宮廷の主体は依然ブルサに留まっていたものと思われる。

これを裏付ける証拠のひとつが、一四世紀末におけるオスマン宮廷でのキリスト教徒捕虜の扱われかたである。一三六九年のニコポリスの戦いにハンガリー軍の一員として参加し、オスマン軍の捕虜となったバイエルン出身のシルトベルガーによれば、彼ら捕虜はまずエディルネに一五日間留めおかれたのち、ダーダネルス海峡に臨むゲリボルにあった塔に二か月間幽閉された。ここから海峡をアナトリア側へと渡った捕虜たちは、ブルサに連行され、シルトベルガー本人はここのスルタンの宮殿で使役されたのである［Schiltberger 1879: 6–7］。つまりこの時期、オスマン宮廷が本拠地としていたのは依然ブルサであり、バルカン側のエディルネではなかった。

ブルサを首都とする状況に明らかな変化が生まれるのは、一四〇二年から一四一三年までのオスマン朝空位時代以降のことである(3)。一四世紀後半から中央アジア・西アジアを破竹の勢いで征服したティムールは、一三九三年にはシリア・東部アナトリアへの進出を目論んで、マムルーク朝やスィヴァスのブルハーヌッディーンらと交戦した［今澤1990］。当初ティムールにはバルカンと西部アナトリアを拠点とするオスマン朝と敵対する意図はなかったが、最終的に一四〇二年中部アナトリアへと進軍した。オスマン軍とティムール軍はアンカラ近郊で会戦し、オスマン軍は傘下にいた旧アナトリア諸君侯国の旧臣らの裏切りもあって大敗、スルタンのバヤズィト一世本人も捕虜となった。バヤズィト一世がサマルカンドまで連行されたのちに憤死すると、オスマン朝のスルタン位を巡って彼の子や兄弟が相争う事態となった。また戦勝後西アナトリア方面に進軍したティムール軍によって、首都ブルサは一時的であれその支配下におかれ、ブルサにあった宮殿は略奪されたことが知られている(4)。同時にここにあったバヤズィト一世のハレムもティムールの手に落ち、女性たちは中央アジア方面に連れ去られた。

周辺諸王朝の思惑が複雑に絡み合う混乱の中で、兄弟たちを破って最終的に勝者となったのはメフメトであった。メフメトはムーサー・チェレビーを破ったのちにその拠点となっていたエディルネに入市してここでメフメト一世として即位した。これ以降メフメト一世はブルサではなくエディルネを根拠地とし、また一四二一年に逝去したのもエディルネであったため、空位時代を契機としてオスマン朝の首都はブルサからエディルネに移ったものと考えられる。

遷都を裏付ける史料が、作者不詳の年代記『オスマン王家の歴史』である。[5] ここにはメフメト一世がエディルネに宮殿を建設させて遷都し、エディルネの市域が拡大したという次のような記述がみられる。

まずエディルネではかの宮殿を［建設を］始められ、整備され、それからのちスルタンたちはエディルネに留まるようになられた。主だった長たち（ilerü gelen beğler）はブルサに留まった。その当時エディルネの市壁の外には家々はなかった。それ以降城外もみなまち（şehir）となった。［Giese 1922: 55; Azamat 1992: 59］

ここからは、メフメト一世が宮殿を建設させてエディルネに滞在するようになったこと、同時に市壁外にも市街地が広がる都市化が進展したことが明らかである。同様にビザンツ人ドゥカスの年代記にも、メフメト一世によるエディルネの首都化の痕跡が確認される。これによればメフメト一世はエディルネ郊外で猪狩りの最中に発作にみまわれた後、「自らが建てた宮殿」に運ばれて亡くなっているのである［Doukas 1975: 127］。さきの作者不詳のオスマン語年代記の記述とあわせれば、メフメト一世がエディルネに宮殿——確実にこれは本章で考察するエディルネ旧宮殿のことであろう——を建設しエディルネへ遷都したことが自明である。[6]

また米林仁は、ブルサからエディルネへの遷都とアナトリア地方の軍団を管轄するアナドル・ベイレルベイの設置が時期を同じくしていたことを指摘している［米林 1982: 165–167］。つまり従来アナトリア側のブルサで軍事指揮権を掌握していたスルタンがバルカン側のエディルネに移ってしまったため、これに代わる官職が新たに設けられたのである。首都の移転と政治・軍事機構の変化が一致する点で非常に説得力を有する議論であるといえる。

その後、メフメト一世の跡を継いだムラト二世は、エディルネの首都化をさらに推進する。一六世紀初頭にオルチュによって書かれた年代記記述を分析するとその傾向はいっそう明らかである。スルタンの所在地を抽出すると、わずかにブルサで即位した例を除けば、[7] ムラト二世がここに滞在した記録はない［Oruç Beğ 2008: 53–77］。またエディルネには大規模なモスクやマドラサが寄進されて都市インフラの面でも整備が進んだうえ、エディルネ旧宮殿では一四三一—一四三二年（ヒジュラ暦八三五年）に二棟のキョシュク（楼閣）が建設されたとの記述があり、宮殿の拡充もおこなわれたと考えられる［Oruç Beğ 2008: 58］。

以上の考察より、一五世紀前半のメフメト一世からムラト二世の治世下にかけて、エディルネがオスマン朝の首都とされ、スルタンの居所としてエディルネ旧宮殿が整備されていったことが明らかになった。

2　一五世紀以前のアナトリアにおける宮殿建築

スルタンと宮廷がエディルネへと移ったのち、ここにはエディルネ旧宮殿が建設されたことを前節でのべた。ではこれはどのような宮殿だったのであろうか。具体的な検討に入る前に、ここでいったん一五世紀以前のアナトリアに存在した宮殿建築を整理しておきたい。

モスクやマドラサと違って、世俗建築である宮殿は継続的に使用されて現代まで建物が継承されるのは困難である。とくにひとたび王朝が断絶してしまえば、ほとんどの場合宮殿建築は失われる。そのためここまで再三のべたように、トプカプ宮殿以前のオスマン朝の宮殿建築や、その他のアナトリアを拠点とした王朝の宮殿建築研究は依然手つかずといっても過言ではない状況にある。

本節ではルーム・セルジューク朝の宮殿遺構と、イブン・バットゥータの旅行記にあらわれる宮殿と謁見の記録から、オスマン朝勃興以前のアナトリアにおける宮殿建築を点描し、その特色を明らかとする。さらに一四世紀オスマン朝の古都ブルサにあった宮殿についても若干の言及をおこないたい。

ルーム・セルジューク朝の宮殿

オスマン朝に先だって一二世紀から一四世紀にアナトリア中部を統治したルーム・セルジューク朝は、コンヤを首都とする一方で、内陸のカイセリやスィヴァス、地中海岸のアランヤなどの都市も重要な拠点として用いた。そのため各地に宮殿が建設され、現在まで一〇例を超える遺構が確認されている。ルーム・セルジューク朝の宮殿は、第一に都市内部の小規模な敷地に高層の楼閣などモニュメンタルな建造物を配するタイプ、第二に都市外部の広大な庭園に中小の建造物を点在させるタイプ、に二分することができる(8)。

第一の都市内部型宮殿の代表的なものとしては、首都コンヤの中心部にあった宮殿跡が挙げられ、今日でもキョシュクと呼ばれる楼閣建築の遺構が残っている［Sarre 1989］（図1-1、図1-2）。この建物は地上一〇メートルのところに三方に向かって開かれたギャラリーがあり、中には謁見の間があったと考えられる［Erdmann 1959: 77］。他には宮廷が冬営したアランヤの城塞内にも、壁に囲まれた小規模な宮殿があったことが判明している［Redford 2000; Arık 2002: 256–257］。序章でのべたように、都市内部に防御施設を施した宮殿を建設する伝統は、古くはウマイヤ朝まで遡る。さらに時代が下って大セルジューク朝の衰退後、すなわちバカラックの分類する第三期になると、各地の地方政権は都市内部、あるいはこれに隣接する城塞内に宮殿を築いた。ルーム・セルジューク朝の都市内部型宮殿も、このグループの中に位置づけることができる。

一方で、都市を離れた場所にも宮殿は建設され、むしろ現存する遺構の数では前者を圧倒している。都市郊外の庭園や丘陵地には、ごく小規模な単層ないし二階建ての石造建築物が建てられていた。第3章でみるように、ルーム・セルジューク朝の君主は都市外に滞在するときには、天幕を用いることを好んだから、巨大な宮殿複合体を造営する必要はなかったのである。たとえば、ルーム・セルジューク朝の第二首都ともいうべきカイセリの郊外の平地には、カイクバード一世によって造営されたと伝えられるケイクバーディーイェ宮殿があり、今日でも一部の小規模な遺構を目にすることができる（図1-3）。その規模から考えてもこの建物だけでは宮殿とはなりえず、宮廷が滞在した際には敷地内に天幕を設営していたと考えるのが妥当である。同じくテュルク系王朝であっても一一世紀ガズナ朝が、アフガニスタンに建設したラシュカリ・バーザール宮殿は巨大な矩形の壁の中に部屋と中庭が密に並ぶ構造をとっており、一三世紀ルーム・セルジューク朝の宮殿とはかなり対照的である。

また、同じくカイセリ郊外にある離宮でも、エルキリトにある楼閣はより規模が大きくケイクバーディーイェの遺

図 1-1　コンヤ宮殿の楼閣跡（筆者撮影）

図 1-2　19 世紀コンヤ宮殿の楼閣跡（Sarre 1989: 111）

構とは性格を異にする（図1-4）。広大な敷地を有するケイクバーディィーイェは、天幕を設営して宮廷や軍勢が集結するのに適した宮殿である一方、平原を見下ろす山頂に建てられたエルキリトの楼閣は、あくまで君主らが狩猟などのために少人数で訪れる離宮であったと考えられる。

都市外部にある宮殿のうち、例外的に複数の建造物が存在するのが、冬の離宮だったベイシェヒル湖畔のクーバーダバード宮殿である［Arık 2000］。ここでは広大な敷地にいくつかの建造物が配置される形式がとられてはいるものの、やはり個別の建物の規模は小さく、これだけでは十分に宮殿の役割をはたしうるとはいいがたい（図1-5）。クーバーダバード宮殿でも、建造物の周辺に天幕が設営されて、宮廷活動の場として用いられたと考えられる。

図1-3　カイセリ郊外・ケイクバーディィーイェの楼閣跡（筆者撮影）

図1-4　カイセリ郊外・エルキリトの楼閣（筆者撮影）

これらの例より、ルーム・セルジューク朝の二タイプの宮殿建築の特徴は明らかである。ひとつは都市内部に建設された、よりコンパクトな宮殿で、シンボリックな高層建造物を有していた。もう一方の宮殿は都市外部に建設されるもので、平野部にあれば小規模な建造物群と天幕を設営することができる牧地や庭園がセットとなり、あるいは離宮として

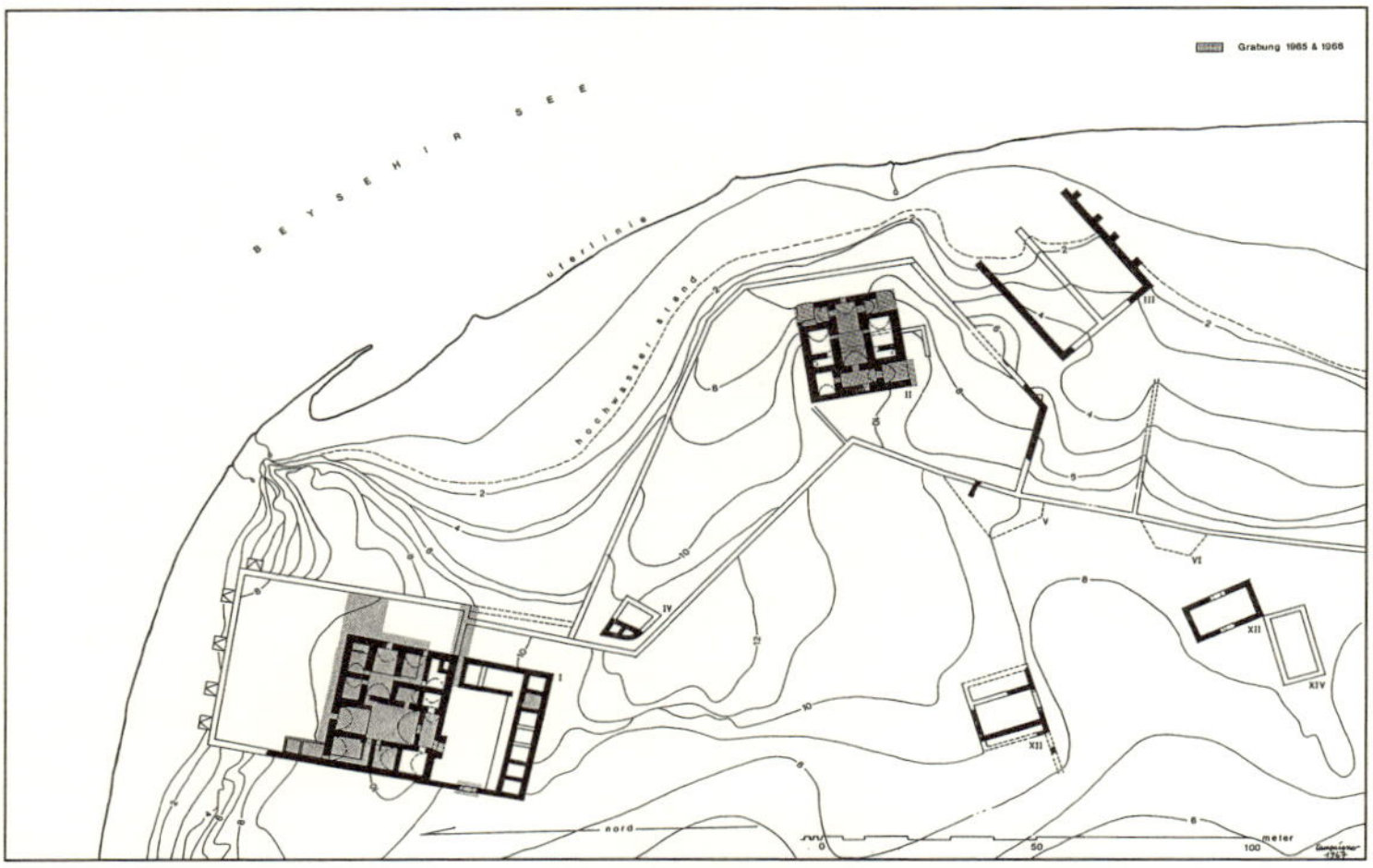

図1-5　クーバーダバード宮殿配置図（Otto-Dorn 1969: 172）

用いられるものは単独の建造物であった。いずれにおいても、アッバース朝やのちのトプカプ宮殿のように、儀礼をおこなうことのできる巨大な中庭の痕跡は確認できない。

イブン・バットゥータの記述からみる一四世紀前半のアナトリア君侯国の宮殿

一三世紀後半にルーム・セルジューク朝が衰退すると、アナトリア西部にはオスマン朝を含む中小の地方政権が数多く誕生した。当時の建築や都市に関する情報は年代記等の形では残念ながらほとんど伝世していない。そのため一四世紀前半にアナトリア西部を旅行したモロッコ出身の大旅行者イブン・バットゥータの旅行記は、貴重な情報を含む史料であるといえる。彼は各地の都市を巡って現地の君主たちによる歓待を受け、その場所や宴会の様子などを仔細に伝えている（表1-1、図1-6）。

第一に明らかとなるのが、地方政権の権力者たちが都市を離れる機会が頻繁にあり、イブン・バットゥータのような外国からの訪問者とも都市外部で面会していた事実である。アランヤでは、カラマン侯国のユースフ・ベクとまちから一〇マイル離れたところにある丘陵で謁見しており、ここでは建物があったとの記述は

表 1-1　イブン・バットゥータの訪問都市と君主との謁見場所（筆者作成）

都市	支配者	スルタン（あるいはまちの支配者）との謁見場所
アランヤ	カラマン侯国	まちから離れた丘の上
アンタリア	テケ侯国	まちのなかの邸宅
エィルディル	ハミド侯国	宮殿で会食
ラーディク	ゲルミヤン侯国	郊外の果樹園 イードの礼拝後にスルタンの邸宅で会食
ミラス	メンテシェ侯国	まちから少し離れたところ
ビルギ	アイドゥン侯国	まちの近くの川のほとり，天幕設営 まちのなかの居館のキョシュクの上
イズミル	アイドゥン侯国	要塞の中
ベルガマ	カラスィ侯国	夏営地
ブルサ	オスマン朝	スルタンは領国内を巡行していて不在
カスタモヌ	チャンダル侯国	謁見の間で食事

あらわれない［イブン・バットゥータ 1998: 268］。同様にビルギでもアイドゥン侯国のスルタン・ムハンマドと都市郊外の天幕が設営された園地で会った［イブン・バットゥータ 1998: 297］。ベルガマでは、カラスィ侯国のヤフシー・ハーンと会ったが、彼もやはり夏営地にいて都市には滞在していなかった［イブン・バットゥータ 1998: 308］。ルーム・セルジューク朝でもみられた、都市外部の空間を宮廷活動の場として用いる慣習が、当時のアナトリア西部にも存在していたことを読み取ることができる。

一方で、宮殿建築での謁見風景も描写されている。ビルギでは、アイドゥン侯国の君主メフメトの居館内の楼閣で歓待を受けた様子が次のように詳細に記述されている（図1-7）。

　スルタンは［町に］入城し、その時、われわれも彼に付き従った。スルタンが彼の居館の入り口で馬を降りた時、私は教授と一緒に高等学院の方向に行こうとすると、スルタンはわれわれを呼び、彼と一緒に彼の居館に入るよう命じた。われわれがその館の玄関ホールに着くと、そこに彼の召使たち二〇人ほどが控えているのを、われわれは見た。（……）われわれは、スルタンと一緒に多くの階段を登って、壮麗な客間に辿り着いた。その中央には水をたたえた貯水池があり、そこの柱ごとに一頭の青銅の獅子像が置かれ、その口か

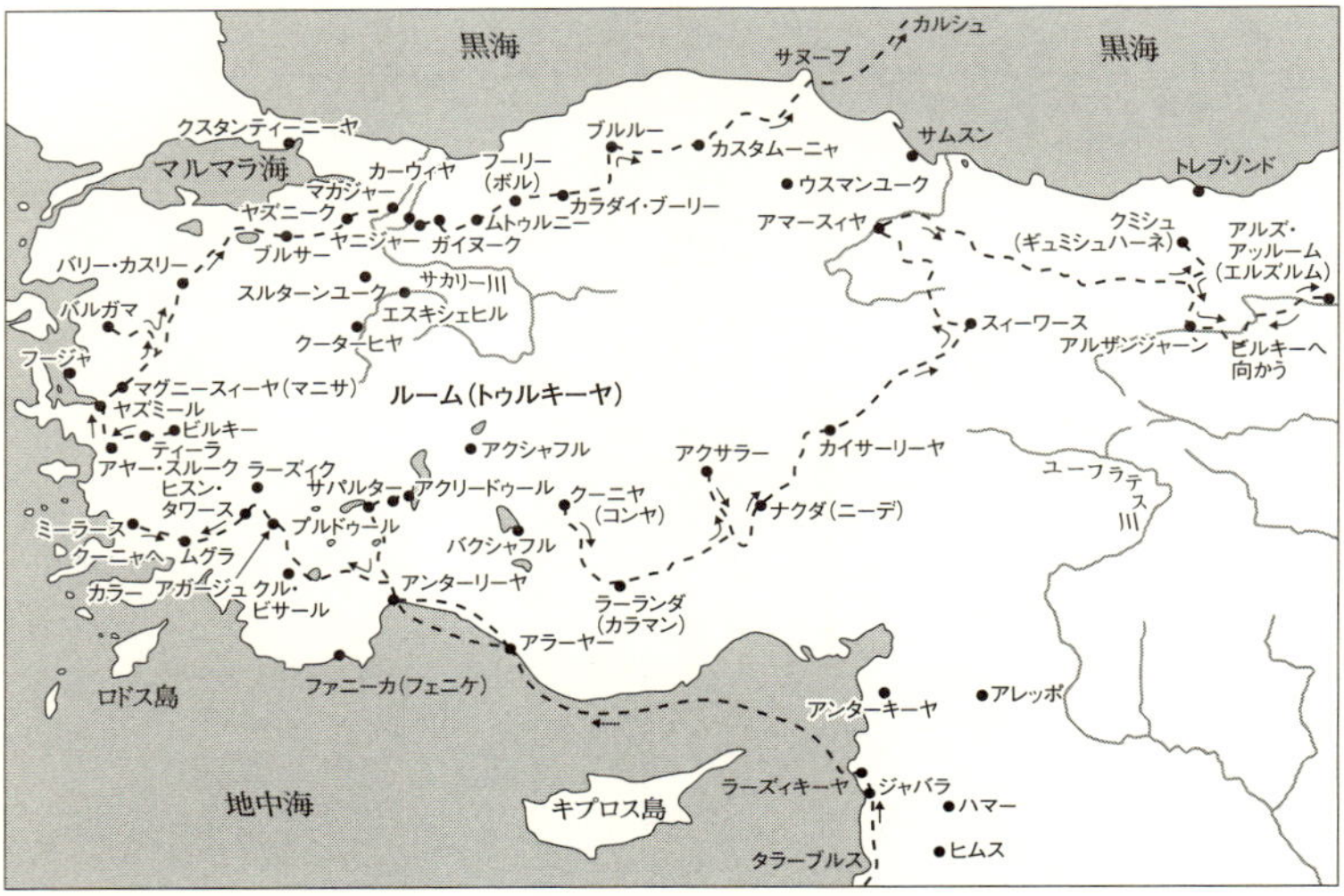

図1-6　イブン・バットゥータのアナトリアでの旅程（イブン・バットゥータ 1998 をもとに筆者作成）

ら水が噴き出ていた。この客間を巡って、絨毯を敷きつめた幾つもの高壇があり、その一つの上に、スルタンのクッションが置かれていた。われわれがその高壇のもとに達すると、スルタンは手で自分のクッションを取り除け、われわれと一緒に絨毯の上に座った。法学者はスルタンの右側に、法官は法学者の隣に、私については法官の隣に座った。コーランの朗唱者たちは一番低い壇に座った。コーランの朗唱者たちは、スルタンの引見の場所には何処でも、常に離れずに付き従っているからである。

［イブン・バットゥータ 1998: 299–300］

さらに同じく都市内の居館での謁見の様子として、カスタモヌを支配するチャンダル家のスレイマン・パシャとの謁見と、毎日開催される饗宴の内容が記述される。

私が謁見の間にいる彼のもとに入ると、彼は自分の隣の席に私を座らせた。（……）このスルタンの慣行の一つとして、以下のことがある。彼は、毎日、午後の礼拝の後に自分の謁見の間に座して［人々と会い］、その際に料理が準備され、そこの［すべての］入口は開かれて、都会の人であっても、あるいは遊牧民、外国人や旅人であっても誰でも飲食することが妨げられない。また日中の初めに、彼は彼の私室にいる時には、［最初に］彼の一人の子息がやって来て彼の手に接吻し、自分の部屋に出て行く。そして大臣たちが来て、彼のもとで食事をとり、退去するのが［毎日の］習わしである。［イブン・バットゥータ 1998: 328–329］

他にもアンタリアやエィルディルでも都市内部の居館で君主と謁見をおこなっている。これはコンヤやアランヤの宮殿と同様の都市内部型の宮殿が、一四世紀前半のアナトリア西部で広くみられたことの証左となる。

とりわけ興味深いのがビルギにあった楼閣の記述で、「われわれは、スルタンと一緒に多くの階段を登って、壮麗な客間に辿り着いた」とあるから、これは高層の建造物であったことが容易に理解されるのである。するとルーム・セルジューク朝の宮殿の二分類がこの時期にも存在しており、建築の形態にも大きな変化はなかったと推測される。

またカスタモヌでの謁見と君主も参加する饗宴の様子は、のちに検討するオスマン朝エディルネ旧宮殿との比較の観点から重要である。君主が臣下に食事を振る舞うことは、その寛大さを象徴する重要な儀礼行為であり、これが謁見と一体化して毎日の午後、屋内空間である謁見の間で開催されていたことがイブン・バットゥータの記述から読み取れる。

その一方で、いずれのまちでも屋外空間である宮殿の中庭に関する記述はな

図 1–7　ビルギ遠景（筆者撮影）

い。都市内部の宮殿では、謁見がおこなわれるのは高層の楼閣など建物の中であり、この点においてもルーム・セルジューク朝の宮殿と性格は共通している。

一四世紀オスマン朝の宮殿

最後に一四世紀オスマン朝の宮殿を確認しておこう。イブン・バットゥータはアナトリア旅行中に、当時オスマン朝の首都だったブルサを訪れたが、残念ながらスルタンのオルハンは領内を巡検中で、謁見することは叶わなかった。ブルサ宮殿以外の宮殿は、文字史料からも存在は確認できず、発掘調査等もおこなわれていないため詳細は不明である。

ブルサ宮殿に関しては、二つの同時代史料を確認できる。一人目が、一三九二年にバヤズィト一世に対するマムルーク朝のスルタン・バルクークの使節団に参加した、外科医のイブン・アルスガイルである。これによればバヤズィト一世は毎朝高くて広い場所に座り、下に集まった民衆は遠くから彼に嘆願をおこなったという［Ibn Hâcer 1948: 192］。これを裏付けるのが一六世紀オスマン朝の知識人タシュキョプリュザーデの記述で、やはりバヤズィト一世がブルサ宮殿のキョシュクにおいて毎日臣民からの嘆願を受けて裁可を下していたことを伝える［Ṭaşköprüzâde 1287: 34］。

また二人目が、やや時代が下って一四三二年にブルサを訪れ、本章後半で検討するエディルネ旧宮殿に関する記録も残したドゥ・ラ・ブロキエールである。一五世紀に入ってからの記述とはいえ、トプカプ宮殿以前の宮殿の貴重な証言であるといえる。彼はブルサ宮殿の中には入ることができず、伝聞情報として、ここにはスルタンのハレムの女性たちが五〇人暮らしており、庭と舟遊び用の小さな池があることを伝える。建物に関する記述はあらわれない［De la Broquière 1892: 136］。

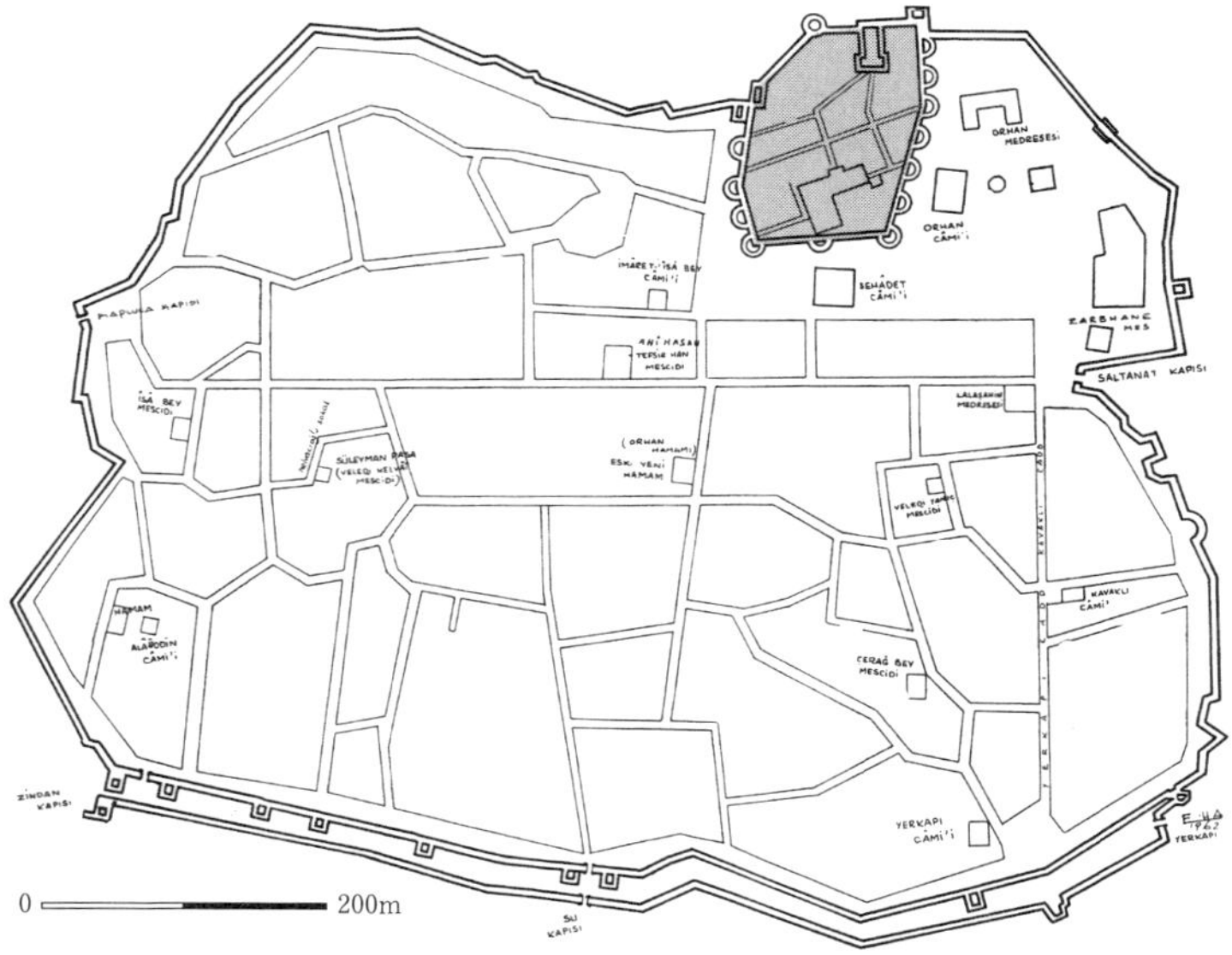

図 1–8　ブルサ城内図（グレーの部分が宮殿）（Ayverdi 1966: 60）

ブルサの宮殿があったのは今日のブルサ中心部を見下ろす位置にある城壁内の一角で、ごく狭い敷地であったと考えられる（図1–8）。先のルーム・セルジューク朝の宮殿分類に当てはめれば、都市内部にある高層建造物を備えたタイプに該当し、これを謁見に用いたというイブン・アルスガイルとタシュキョプリュザーデの記述は、イブン・バットゥータがのべるビルギにあった高層の建物とも共通する。そしてやはり中庭に関する記述はあらわれず、城壁内の狭小敷地にあったという点を考慮しても、のちのトプカプ宮殿との関連性をみいだすことはできない。

以上で検討した内容より、一五世紀以前のアナトリアでは比較的小規模な宮殿が志向されていたことが明らかである。一三世紀のルーム・セルジューク朝は、各地で活発な建設活動をおこなうだけの経済的基盤を有したが、トプカプ宮殿のような大規模な宮殿は建設されなかった。都市内部には高層建造物を備えた宮殿を建てた一方で、宮廷は好んで都市の外に滞在し、各地に離宮を造営した。ここでは庭園や牧地の中にやはり小規模な建造物が散在する形式がとられた。

そして、都市内部と都市外部に拠点を形成する手法は、ルーム・セルジューク朝の衰退後小政権が乱立した一四世紀アナトリアにおいても継承されていた。アナトリアの諸都市を訪問したイブン・バットゥータの記述によれば、君主との謁見は都市内部では謁見の間、都市外部では郊外の庭園や夏営地でおこなわれていたのである。これは一四世紀末のオスマン朝のブルサ宮殿でも同様であった。

3　エディルネ旧宮殿の概要と成立時期

では一五世紀初頭、オスマン朝の新首都になったエディルネにはどのような宮殿が建設されたのだろうか。エディルネに建てられた最初の宮殿は、一六世紀宮廷建築家スィナーンの最高傑作として有名な、現在セリミエ・モスクが建つ位置に存在していたと推測される。一五世紀半ばには、これとは別にエディルネで宮殿が建設されたため、区別のため前者を「エディルネ旧宮殿」、後者を「エディルネ新宮殿」とよぶ。エディルネ旧宮殿はエディルネ新宮殿の建設までの間、オスマン朝の主宮殿として機能したが、一六世紀後半にセリミエ・モスクが建設された際に大部分が破却され、今日ではまったくその痕跡をみることはできない。宮殿の建設時敷地は市壁の外にあったが、一六世紀以降エディルネの市域が拡大する過程で、敷地は都市域に包含されてしまっている。

一七世紀の大旅行家エヴリヤ・チェレビーの以下の記述によれば、エディルネ旧宮殿はエディルネを征服したムラト一世によって、ギリシア人領主の宮殿があった場所に建設された。一五世紀初頭には、皇位継承の争いにおいてメフメト一世に先行してエディルネに入ったムーサー・チェレビーがこれを拡張したという。

エディルネの征服者、ガーズィー・ヒュダーヴェンディギャール［ムラト一世］による征服後最初の建物である。異教徒の王はマニヤス門地区に住んでいたという。後にこの旧宮殿をユルドゥルム［バヤズィト一世］の子、ムーサー・チェレビーが拡張し、城塞のような塔と胸壁はない、素晴らしい石造の城壁が宮殿を飾ったのであった。周囲は長さ五〇〇〇歩［約四キロメートル］である。正方形よりやや長いスルタンのお住まいである。城壁の高さは二〇ズィーラー［約一五メートル］である。北側には厳かなる帝王門（bâb-ı hümâyûn）がある。［Evliyâ Çelebi 1999, vol. 3: 255］

エディルネ旧宮殿に関する既往研究はエヴリヤ・チェレビーの記述を参照したため、おおむねこれに依拠した内容となっている。(9) しかしながら、エヴリヤ・チェレビーはさまざまな伝承・虚構・誇張を旅行記中にちりばめ、その記述には信憑性の疑わしい部分が多々あるため検討と裏付けが必要となる。たとえば外壁の全周が五〇〇〇歩だという数字は、今日のセリミエ・モスクの規模から考えてもかなりの誇張が含まれるものである。一方で、宮殿に長方形の外壁があったこと、そして北側に主門があったという宮殿の構造については事実として認めうるであろう。なぜなら宮殿の周囲に壁を築く事例は、共に一四世紀のブルサ宮殿、そして一五世紀に建設されたイスタンブル旧宮殿やトプカプ宮殿にも共通するからである。

さらに宮殿の創建者に関する記述にも注意が必要である。第1節で紹介したオスマン語とギリシア語の年代記史料は、いずれも創建者はメフメト一世であったと伝えている。両者ともに一六世紀初頭以前に記述された史料である点を考えれば、一七世紀半ばのエヴリヤ・チェレビーに比べて、信頼するに足るものであるといえるだろう。(10) 両者の整合性を図るのであれば、一四世紀後半のムラト一世によって既に何らかの建物が築かれていた宮殿で、一五世紀初頭になってムーサー・チェレビーないしメフメト一世が増改築をおこなったとも考えられる。ムーサー・チェレビーはエディルネ入城直後にはメフメト一世と戦って敗死したため宮殿拡張の完成を見届けることができず、後からやってきたメフメト一世が宮殿創建者とされて年代記に反映されたとするのが最も合理的な説明であろう。そのため仮に何らかの建造物が一四世紀に建設されていたとしても、エディルネ旧宮殿の概要が完成したのは一四一三年から一四二一年にかけてのメフメト一世の時代であったと結論づけることができる。

以上の内容を整理すると次のようになる。現在セリミエ・モスクがある場所に存在したエディルネ旧宮殿は、メフメト一世によって一四二〇年頃までにアウトラインが固まり、敷地周辺に壁をもつ宮殿であった。次節では旅行記の分析を通して、さらにエディルネ旧宮殿とそこでの儀礼について検討をおこなう。

4　エディルネ旧宮殿の空間と謁見儀礼

エディルネ旧宮殿に関するオスマン語の記述からは、前節までに検討した程度の情報しか得ることができず、到底十分なものではない。実は一五世紀のオスマン朝の宮殿については、旅行者あるいは外交使節として宮廷を訪れたヨーロッパ人たちの方が詳しい報告をしている(11)。この時代のオスマン朝では、ようやく王朝の正統性への意識から年代記の編纂が始められた程度であり、建築空間に関する詳細な情報は記録されなかった。また一六世紀以降飛躍的に増加する行政・財務関連のものを中心とする文書史料も、一五世紀のものはごくわずかしか現存せず、宮殿建築の分析に用いることはできない。その一方で、宮廷で繰り広げられる儀礼は外国人にとっては目新しい風習であり、その内容は同朋に広く伝えるためわざわざ筆を取って記録するに足るものだった。エディルネ旧宮殿の儀礼と空間分析にあたっては、まずこれら史料を用いて検討をおこなう必要がある。

ドゥ・ラ・ブロキエールの記述

エディルネ旧宮殿に関して最も詳細な記述を残したのが、ブルゴーニュ公フィリップ三世（善良公）によって中東方面に派遣されたベルトランドン・ドゥ・ラ・ブロキエールである。彼は一四三三年にエディルネのオスマン宮廷をミラノ公の使者ベネディクト・デ・フォルリーノと共に三度訪れて、エディルネ旧宮殿でスルタンと廷臣が参加する儀礼に参加した。第一回目の参内の様子は以下に引用する旅行記の中に詳しくのべられている。(12)

スルタンの宮殿前に来るとおびただしい数の人馬に行きあたった。第一の門から中へと入った。大きく開け放たれた門には優に二〇から三〇人の棒を携えた奴隷がおり、ここを警護していた。現れて［無理矢理］入ろうとする者があると一度だけ下がるよう警告し、二度目は棒で打擲し［て外へと追い出し］た。このスルタンの奴隷たちには一人の長がおり、長はこれらの者たちを管轄し指揮する。大使が中に入ると、門番たちは彼を門の傍らに座らせ、そこも人で混み合っていた。彼らはスルタンが部屋から出て、慣例に従って「御門をする（faire porte）」のを待っていた。実のところスルタンは大使が来訪すると毎回「御門をして」、［スルタンがエディルネにいる時は］これはほとんど毎日おこなわれる。ここでは、われわれがフランスで王が儀礼をおこない宮廷の開催を望む時にいうのと同じ意味で、「御門をする」という。先述したように多くの異なった点はあるものの、［宮廷のことを］フランスでは「王の庭（la Court du Roy）」というかわりに、彼らは「スルタンの御門（la Porte du Seigneur）」というのである。

皆がそろって、すなわち三人のパシャ［宰相］とルメリ・ベイレルベイと他の貴紳たるものたちが来ると、スルタンは居室（sa chambre）より出る。ここから非常に大きな中庭（une moult grant court）に面したこの部屋の門までは、傍らにはお付きの小姓たちだけが付き従う。門ではルメリ・ベイレルベイが待っており、居室からは矮人、道化の少年二人だけが、スルタンに付き従う。そして門を過ぎると、一団は素早く進み、彼らが通り抜けてきた門の側にある回廊（galerie）に至り、この広い場所の端を通り過ぎる。ここで深紅のサテンのトルコ風のローブと、そして彼らがいつもそうするように、マントに似た黒貂の毛皮で裏打ちされた緑のサテンのローブも着る。

回廊にはスルタンが座る場所がしつらえられていた。ベルベットで覆われた椅子風のものが見受けられ、四、五段上ったところにスルタンはトルコ風に座る。これはお針子が縫物をする時のような座り方である。スルタンが着席するとすぐさま、先述した回廊のそばの場所にいたパシャたちも、急いでスルタンのもとへとやってくる。彼らが回廊の中へと入ると、いつも中庭に入る者たちは、そのようにして、おのおの自らの場所につく（Et quant ilz furent dedans ladite galerie, adoncques chascun qui a accoustumé d'entrer en la court y entra et s'en ala en sa place)。彼らが座るのは、［中庭を囲う］壁沿いか、先述の回廊まわりの壁面に沿ったところで、可能な限りスルタンから十分に離れた位置である（c'est assavoir selon les murz ou parois qui estoient autour de ladite galerie, le plus loing bonnement du seigneur qu'il se puelt faire)。[De la Broquière 1892: 187–189]

以上の内容を整理すると、次の三点が指摘できる。

① 宮殿入り口には第一の門があり、厳重に警備されていた。つまり宮殿の敷地全体は壁によって囲繞されていたことをうかがわせる。これは先に紹介したエヴリヤ・チェレビーの外壁があったとする記述を裏付けるものでもある。

② 宮殿にはスルタン個人の居室があり、スルタンはここから出て門を通って回廊を備えた中庭へと移動した。謁見儀礼はこの中庭でおこなわれた。

③　回廊にはスルタンの玉座が据えられ、謁見に臨席する者たちもまた回廊の壁に沿って着座した。

これをもとにエディルネ旧宮殿の内部空間を模式的に表したものが図1-9の復元配置図である。全体の位置関係に関しては検討の余地は残るものの、全体に囲壁を有し、儀礼用の回廊式中庭とそれに隣接してスルタン個人の領域=内廷があるなど、図1-10の配置図にみられる一五世紀後半のトプカプ宮殿との空間的・機能的共通点は多い[13]。

続いて中庭では、謁見と饗宴がおこなわれる。

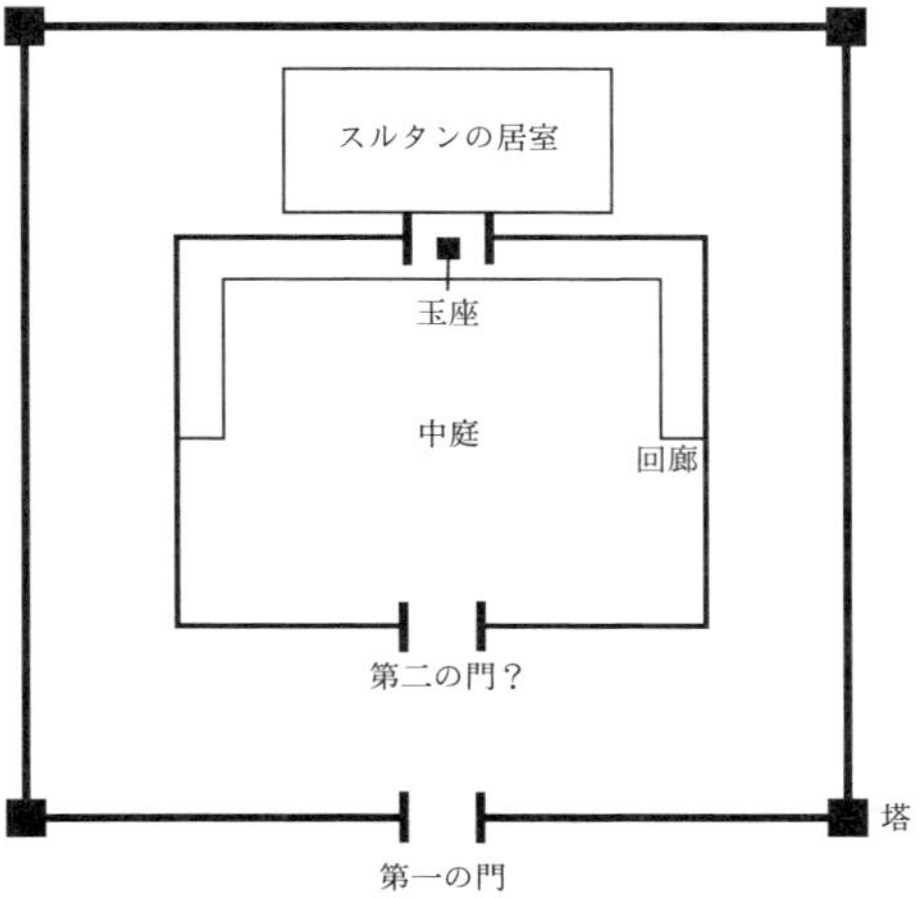

図1-9　エディルネ旧宮殿復元模式図（筆者作成）

おのおのの者たちが位置に付くと、ボスニアの公が招き入れられた。彼はスルタンのところに従属を誓いに来ており、連れてこられるとパシャたちとともに先述した回廊に座らされた。公はボスニア王に対して［戦う際に］スルタンからの援助を要請しにきており、王国は自分のものだと主張していた。それからおよそ二〇人のワラキアの貴族たちが、彼らはワラキア国の人質なのであるが、スルタンと対面するかたちで先述の回廊の前に座らされた。スルタンがいらっしゃる前には、［中庭の］真ん中にそれぞれに羊肉と米を盛った、一〇〇以上の錫の大鉢が置かれた。スルタンがお座りになり、パシャたちもおそばへ来ると、ミラノの大使がスルタンの方へ招かれ、贈り物を前へ運ばせた。そこは先述の肉の鉢が置かれた場所で、贈り物をもってスルタンがご覧になれるだけ高くかかげることになっている者たちともう一人がいて［そ

図 1-10　トプカプ宮殿配置図（Eldem and Akozan 1982: Plate 4 をもとに筆者作成）

のようにした］。大使はずっと前を進み、一人の貴族がこれを先導して、贈り物はスルタンのいる回廊のところに置かれた。大使はそこで被り物を脱がずにお辞儀をし、スルタンが座った台のちょうど前まで進んだ。そこで大使は深々とお辞儀をした。スルタンは立ちあがって、台の端までおよそ二歩進まれ、そこで大使の手を取られた。大使はスルタンの手に接吻することを望んだが、スルタンはミラノ公の名誉のためにそれを許されなかった。スルタンは彼の兄弟にして隣人であるミラノ公の健康について尋ねられた。［大使は］とてもよいです、と答えた。スルタンは大使の言ったことを理解されなかったので、傍らにはスルタンの側近の中でも大きな権力を持ったユダヤ人がいて、会話を一語一句、トルコ語とイタリア語の間を通訳した。私はこの会話を聞くことができなかったので、これは後から教えてもらったことである。そして、大使はスルタンに顔を向けながら後ろに下がったが、これは慣習であるとのことである。スルタンは大使が定められた場所に座るまで立っていらした。大使はボスニア公の隣に座らされた。それからスルタンはお座りになり、するとおのおのの者たちも地面に座った。大使を中庭まで先導した者が、私たちを座らせ私たちは彼にしたがい［これは］ボスニア公のそばであった。スルタンが座られるや否や食べ物が彼のところに運ばれ、前に絹のナプキンのような敷物を置いて敷いた。さらに完全な円形をしている赤い革で縁がきれいに処理されたものをテーブルクロスの代わりに置いた。慣習では、そのような革のナプキンの上でしか食事をしないからである。それからスルタンの前に肉を盛った金製の大皿二つが運ばれた。これが給仕されるとすぐに、先述した他の鉢も給仕係となっている者たちが運んでくる。給仕たちは鉢をそこに持ってきて、その場にいる者たちにそれを給仕し、四人につき一鉢が渡される。中にはまっ白な米とひと切れの羊肉が入っている。［他には］パンも飲み物もない。ある者は食べ、ある者は食べないが、配膳が終わらないうちから給仕はさっさと片付けを始めこれは極めて迅速である。スルタンは必ずお一人で食事を取られるので、スルタンが食べたり飲んだりすることを見た者や、話すのを聞いた者はほとんどいない（Car aussi le seigneur ne menge nulle fois que en son privé et sont peu de gens qui l'ayent veu boire, ne mengier, ne ouyr parler）。

その場所の端には高い配膳台があり、そこで飲み物を飲んでいる者たちをみた。それがワインだったのか水だったのかはわからない。その配膳台は段状になっていて食器はほとんど置かれておらず、下には聖杯のようなかたちをしたとても大きな銀の甕があった。配膳台の横には吟遊詩人がいて、スルタンが部屋から出る時には、音楽を奏でて歌を歌った。これは祖先たちがおこなっていたものだと私は説明を受けた。吟遊詩人たちが人びとを喜ばせるようなことを語って聞かせると、幾人かは彼らのやり方で叫び声を上げた。これを聞くと、私は去勢馬のいななきを思い起こしてしまった。というのもその様子をじかにみることができなかったからである。私が中庭にいた時、吟遊詩人たちがとても大きな弦楽器を弾いているのをみた。人びとが食事を始めるまで音楽は続いた。食べ物が下げられるとすぐに、おのおのは立ちあがり、かの大使はこの時は慣習であるため外交的なことをまったく話さず、宿所へと戻った。［De la Broquière 1892: 189–193］

ここでは謁見と饗宴が一体となった儀礼の次第が記述される。全員が所定の位置につくと中庭に食事が運ばれてくるが、食事はすぐには始められない。スルタンの玉座がある回廊まで贈り物が届けられたのち、ミラノ公の使節はスルタンに挨拶するため進み出る。スルタンは敬意を表するために起立して通訳を通じて言葉を交わした。その後スルタンの前に食事が運ばれて会食が始まるが、スルタンは一人で食事を取るということであるから、この場では何も食べなかったと考えられる。一同が素早く食事をすませたあとは散会となる。

上述の謁見ではミラノ公の使節はまったく用向きを伝える機会を与えられなかったから、具体的な外交交渉は二回目と三回目の宮殿参内の際におこなわれることになる。二回目の様子も以下に引用する。

そして三日目に大使は話したかった［用件を］申し上げて、これを聴聞するために召喚された。彼はすぐに宮廷に行き、私も同行した。［到着すると］スルタンは既に宮廷を開催してしまっていて、既に部屋にお戻りになられていた。そこにはパシャたちとギリシアの公であるベイレルベイ［ルメリ・ベイレルベイ］がいて、大使の言上しようとしていた内容を聞いた。

門のところに着くと、スルタンの居る先述の回廊の外に四人［三人のパシャとルメリ・ベイレルベイ］がいて、そこにある木製の［台の］上に座っていた。そして大使を彼らの前に来させて、その場所に絨毯を敷き、裁判を受ける者のような、低い体勢で彼らの前に座らせた。その広い場所［中庭］には再び大勢の人が座っていた。大使が彼が負った任務の内容を話すと、パシャたちは今のところスルタンと彼らも話すことができず、これは慣習であると大使に告げた。なぜならスルタンは大変お忙しいから、とのことである。しかしパシャたちはスルタンがお暇になった時を調べてあげよう［といった］。［使節が直接スルタンと話せないのは］セルビアの使節がスルタンの祖父［ムラト一世］を弑せ奉って以来、いかなる使節もスルタンとはお話しできないのが慣習だからである。［De la Broquière 1892: 193–194]

この内容から、参内一回目の挨拶を除けば、スルタンは直接使節と言葉を交わさず、宰相とルメリ・ベイレルベイが仲介して外交交渉がおこなわれていたこと、そして使節と宰相たちは玉座の置かれた回廊外側の、中庭に台と絨毯を敷いて面会していたことがわかる。これは完全に屋外の空間であり、やはり中庭が宮廷儀礼の舞台として用いられていたことが理解される。

ここで比較のため、ドゥ・ラ・ブロキエールが訪れた他の宮廷での謁見もみてみよう。彼はオスマン朝以外にも、当時アナトリア中部の一大勢力であったカラマン侯国のコンヤにあった宮殿をキプロス王国の使節とともに訪れている。コンヤの宮殿はルーム・セルジューク朝が宮殿を築いた場所と同じであったと考えられるが、一四三二年当時これはかなり荒廃していたという［De la Broquière 1892: 110］。宮殿の入口で下馬した一行は、三〇〇人ほどを収容することができる大きなホール（une grand salle）を通り抜け、君主の待つ「部屋（une chambre）」で謁見をおこなった。謁見の場所となったのは、エディルネ旧宮殿のように中庭とそれに面する回廊ではなく室内であった。さらにコンヤの宮殿では饗宴は開催されず、一行は謁見後そのまま宮殿を後にしたという［De la Broquière 1892: 111–113］。屋内空間を謁見の場として用いるのは、ルーム・セルジューク朝以来のアナトリアの宮殿で一般的なものであり、カラマン侯国の宮殿もこの様式を継承していたとみて間違いないであろう。

すると、エディルネ旧宮殿の空間と儀礼の特殊性がますます浮き彫りとなる。儀式の参加者が集合するのは屋外である宮殿の中庭であり、スルタンの玉座が置かれるのはこれに面した半屋外の回廊下であった。ムラト二世の子メフメト二世によって制定されたと伝えられるカーヌーンナーメでは、祝祭時に「閣議の広場（meydân-ı divân）」に玉座を据えスルタンが出御するよう定められており、これは今日のトプカプ宮殿第二中庭のことを指す［Özcan 2003: 16］。

同様の儀礼に用いられる中庭が、既にムラト二世の時代のエディルネ旧宮殿において登場していたことは明らかである。

チリアコ・ダンコーナの記述

さらにもう一人エディルネ旧宮殿を訪れた人物として、イタリア人商人のチリアコ・ダンコーナがいる。(14) 一四三一年と一四四四年にここを訪れたチリアコは、各地の友人たちにその様子をラテン語の手紙で書き送っていた。一四三一年に商用でエディルネに滞在したチリアコは、宮殿参内の様子を以下のように物語っている。ドゥ・ラ・ブロキエールの報告と同じく、ムラト二世は中庭で宮廷を開催し、謁見の儀礼をおこなっていたことがわかる。

> チリアコは内陸のトラキアの町アドリアノープルに向けて出発し、そこでタラゴナのファン・リマトレスの仲介を得て、トルコの王ムラト・ベイ［ムラト二世］が中庭（aula）において宮廷を開催する場を訪れた。［Scalamonti 996: 57］

また一四四四年にエディルネ旧宮殿を訪れた際の以下の記述もある。

> ［チリアコと他の友人たちは］スルタンにして長のムラト・ベイの宮廷に参上した。門を抜けてきわめて大きな王の中庭（aula）に至ると、そこは途方もない壮麗で豪華な場所で、スルタンは絨毯が敷かれた玉座に異国風な素晴らしさで座った。廷臣たちと卓越した部将たちがおり、スルタンの隣には息子のチェレビー［後のメフメト二世］が壮麗で異国風なやりかたで着席した。［D'Ancona 2003: 34］

いずれも中庭の一隅に玉座を据えて、周りに廷臣や王子を従えて謁見をおこなったというドゥ・ラ・ブロキエールの記述とも一致する内容である。エディルネ旧宮殿にあった中庭が一五世紀前半に謁見や会食などの儀礼に用いられていたことが裏付けられている。

ただしチリアコの手紙を史料として用いる際には、宮殿の空間を表現する〝aula〟の訳し方に留意する必要がある。ラテン語の aula はもともとギリシア語で中庭を意味する aule を起源とするが、原義の「中庭」に加えて「部屋」や「大広間」の意味も持つようになった語であり、チリアコも厳密な使い分けをしていない。そのためエディルネ旧宮殿の aula が屋外の中庭であったか、室内の大広間であったかに関しては検討が必要となる。

実は、先のドゥ・ラ・ブロキエールの記述で謁見がおこなわれたとされる〝galerie〟についても、同様の曖昧さが存在する。この語は「回廊」以外にもやはり「大広間」を意味し、こちらの解釈に従えば、ムラト二世の謁見空間はまったく異なるものとして立ち現れる。すなわち、謁見の場となったのは中庭とそれに面する回廊ではなく、ヨーロッパやカラマン侯国の宮殿にあったような広間だったということになる。

この解釈に従ったのがオスマン朝とマムルーク朝の外交を論じたムスルで、ここではムラト二世の接見は広間でおこなわれたとされ、マムルーク朝宮廷との関連が示唆されている［Muslu 2014］。ムスルがエディルネ旧宮殿の空間を論じるうえで依拠したのは、ドゥ・ラ・ブロキエール旅行記の現代トルコ語訳であり、ここでもやはり galerie は「閣議の間（divanhane）」とかなり飛躍した訳語が与えられているからであろう［De la Broquière 2001: 244］。一方で、ネジプオールはこれを「回廊」と解釈しており、中庭と回廊がセットになったエディルネ旧宮殿像を描いている［Necipoğlu 1991: 17］。したがって、galerie あるいは aula という単語ひとつの意味に応じて、宮殿と儀礼のイメージがまったく異なってしまうのである。

そこでチリアコが一四四六年に一時期マニサにて隠居していたムラト二世の宮殿を訪れた際の以下の記述を精査してみると、エディルネ旧宮殿での aula とは中庭を指すことがわかるのである。

かのアジアの偉大な支配者［ムラト二世］は宮廷の門を開いて、内外の使節を接見するのが慣習でありいつもの atrium には出ずに、代わりに私たち［一行］のフランチェスコを別の離れた内々の aula に招き入れた。これはいかなるよそ者も敷居に足をかけることのできない場所である。［D'Ancona 2003: 246–248］

ここでいう atrium とは常に「中庭」を指示する語である。チリアコはいかにして中庭での謁見が「慣習でいつもの（mos et solitus）」ことであることを知りえたのだろうか。明らかに彼はかつてエディルネ旧宮殿で中庭において謁見したことを思い起こして記述したのであり、前述した二つの史料中にみられるエディルネ旧宮殿の aula とは、中庭を意味していたことが理解される。逆にチリアコの同行者フランチェスコが招き入れられたマニサ宮殿の「内々（secretam）」の aula は中庭ではない場所、「部屋」を意味するのであろう。

こうしてみると、ドゥ・ラ・ブロキエールのいう galerie も、ムスルらが考える大広間ではなく、やはり中庭に面した回廊であると解釈するのが自然である。先にみたカラマン侯国のコンヤ宮殿に関しては、ドゥ・ラ・ブロキエールは「ホール（salle）」や「部屋（chambre）」があったとする一方で、galerie の語は用いていない。ここでは明らかに salle と galerie の違いを意識した記述をおこなっており、やはり galerie は部屋ではなく回廊と訳出されなければならない。さらにエディルネ旧宮殿の記述には再三にわたって中庭（court）が登場するから、当然これに接してあった空間は回廊と考えられるであろう。

中庭の登場と儀礼

ではエディルネ旧宮殿において、謁見儀礼の開催される中庭はいつ登場したのだろうか。先ほどの検討より、エディルネ旧宮殿は一五世紀初頭のオスマン朝空位期時代から再統一に至る時期に、ムーサー・チェレビーとメフメト一世によって拡張されたことが確認された。それまでオスマン宮廷の主宮殿であったと目されるブルサ宮殿には中庭は存在しなかったことから、この一五世紀初頭の拡張によって、新たに儀礼用の中庭が建設されたと考えるのが妥当である。

これを裏付けるのが、メフメト一世の崩御後の顚末を記した次のドゥカスの年代記中に現れる記述である。

［宰相の］バヤズィトがメフメト［一世］の死を［イェニチェリたちに］告げ終わると、彼は泣き叫び呻きながら涙を流した。貴人たちと棺担ぎも彼と共に一斉に泣き、嘆きの悲しみは空気をつんざいた。それからバヤズィトとイブラヒムは亡骸を宮殿の中庭に安置した。［Doukas 1975: 131］

ここから、メフメト一世の逝去時には、エディルネ旧宮殿に中庭が存在し、そこがスルタンの亡骸が安置されるきわめて儀礼的な空間であったことが理解される。メフメト一世時代に中庭で謁見儀礼がおこなわれたことを直接的に示す同時代史料は管見の限り存在しないものの、宰相のバヤズィトが、イェニチェリたちにスルタンの死を告げたのもやはり中庭であり、ここが集会場としての機能を有していたとみてよいのではないか。つまり先述したメフメト一世によるエディルネ旧宮殿の建設時には、儀礼空間としての中庭空間が既に出来上がっていた可能性が高い。

このようにオスマン朝の宮殿における謁見儀礼をおこなう場として中庭は成立した。ここで儀礼を主宰することの重要性は、次に紹介するドゥ・ラ・ブロキエールがエディルネ旧宮殿を訪問する前のエピソードからいっそう明らかとなる。オスマン宮廷の所在を探して一度エディルネを訪れたドゥ・ラ・ブロキエールとミラノ公の使節らの一行は、スルタンが冬営のため北ギリシアのセレスにいることを告げられ、ここを目指して出発した［de la Broquière 1892: 171–172］。そして途中イェニバザル村で、移動途中のスルタン一行が通過するのを待ち受けて、ここで謁見することを希望したのである。

スルタンはわずかな人数を引き連れていたが、これは習慣に従ってのことで、というのも彼が短い旅程を移動するときには、気ままにおくつろぎになって騎行されるからである。しかしながら、お供には四〇〇から五〇〇人の騎兵と、さらに多くの隼匠と鷹匠がおりこれは大集団である。総勢で二〇〇〇人を超えるとのことであった。（……）このスルタンはテント（ung pavillon）に泊まられる。なぜなら彼は必要とするものはいつもすべて運ばせて、めいめいの者もそうしなければならない。重要な町の中を除けば食べられるものはほとんど手に入らず、泊るところもないからである。このため、彼らはすべてのものを運び、大規模な輜重隊を連れていく。これはラクダや他の駄獣から成る。（……）

ヴェネディクト・デ・フォルリーノという先ほどからのべているミラノ公の大使も私と一緒にいた。彼は知り合いのトルコ人に頼んで、スルタンとお話しできるか、また贈りたいと願っている贈り物を献上できるかどうか尋ねてもらった。そのトルコ人はスルタンが、「全然会う気はない、というのも［今は］楽しむためだけに旅しているのだし、パシャたちもそこにおらず、遅れていて後方に留まっているからである。だが、もし大使が彼らが来るのをそこで待ちたいのであれば、待つことになるし、さもなければ大使はエディルネに戻ることになる（これは大使がそうしたことである）。」とおっしゃったことを伝えた。［De la Broquière 1892: 176–178］

ここで興味深いのは、相手が重要な任務を帯びた外国の使節であっても、スルタンは宰相たちがその場にいないことを理由にして面会を断った点である。先にものべたように、両者がエディルネ旧宮殿で会見した時も社交的な挨拶を交わすのみで、具体的な交渉内容は宰相らに伝えたのち、スルタンに奏上されてその可否が再び使節へと伝達された。ムラト二世の宮廷では外国使節との接見は、外交儀礼として相当内容が形式化・規格化されており、宰相らとともにエディルネの宮殿に戻らなければ、これをおこなうことができなかったのである。その舞台となるのが、再三強調するように中庭と玉座の置かれる回廊であった。

5　エディルネ旧宮殿の起源をめぐって

以上の分析より、一五世紀初頭に建設されたエディルネ旧宮殿において、オスマン朝は新たな宮殿空間を確立したと結論づけられた。とくに中庭とそれに面する回廊で御前会議（閣議）や謁見を開催されていた点は、トプカプ宮殿との連続性を強く示唆する。

ところで、一四世紀末のブルサ宮殿の例をみる限りでは、オスマン朝もこの頃までは他のアナトリアの諸勢力同様に、比較的小規模な宮殿にシンボリックな高層建造物を配する宮殿様式を採用していたと考えられる。一体なぜ、一五世紀になってまったく異なる儀礼空間が採用されたのだろうか。本節では儀礼的な中庭空間の起源の問題について考察したい。

序章でものべたように、宮殿建築に中庭が用いられる実例は古くは古代オリエントまで遡り、九世紀にアッバース朝が新都サーマッラーに建設した宮殿でも中庭と謁見の間がセットとなっている。一一世紀のラシュカリ・バーザール宮殿でもやはり宮殿の中央には大きな中庭空間が存在していた（図1-11）。バカラックは大セルジューク朝の解体

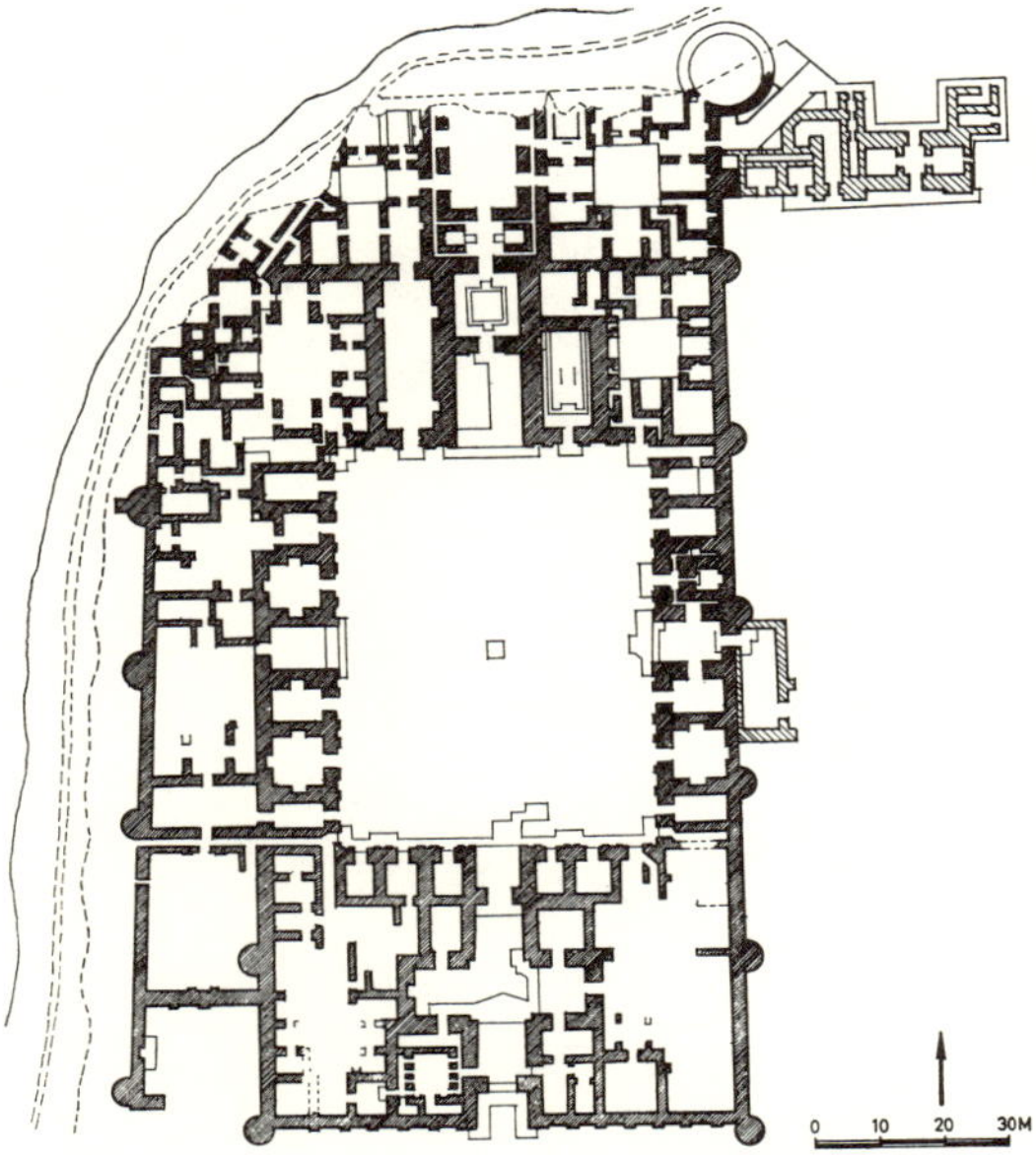

図1-11　ラシュカリ・バーザール宮殿配置図（Aslanapa 2004: 59）

を宮殿建築の転換点としたが、そののちも、たとえば一三世紀イルハン朝の離宮であったタフテ・スレイマンでは、前イスラーム時代の遺構を再利用しつつ、やはり中庭を中心に配して奥に謁見の間を設ける空間構成がとられた（図1-12）。

しかしながら、一五世紀のオスマン朝が、アッバース朝など先行するイスラーム世界の王朝に宮殿建築の範を求めたと考えるには、いささか時代も地域も隔たりすぎている。一二五八年のモンゴル軍によるバグダード劫掠の結果、栄華を誇ったアッバース朝の宮殿は既に存在せず、オスマン朝の人びとはその実際の姿をみることはなかった。またイスラーム世界では中国やインドとは異なり、宇宙観に基づく理念的な宮殿建築像や、その規範の根拠となるような著述はついに現れなかった。そのため王朝の権威や正統性を主張するために、アッバース朝のような過去の宮殿、あるいは説話類に頻繁に登場するサーサーン朝の「ハヴァルナク宮殿」のような伝説的な宮殿に理念型を求めこれを模倣しようとしても、その実態については曖昧模糊としたイメージしか持ちえなかったのである。したがってエディルネ旧宮殿の中庭の起源を、時代を遡ったイスラーム世界の宮殿にみいだすことは難しい。

やはり中庭の起源としては、一五世紀初頭にオスマン朝が接触する機会をもった、近隣諸王朝の宮殿様式からなにがしかの着想を得たのではないか、ということが想定されなければならないだろう。

だが先述したように、一四―一五世紀のアナトリアでオスマン朝のすぐそばに割拠していたカラマンやサルハン、アイドゥンなど他のテュルク系君侯国が営んだ宮殿は、ブルサにあったものとさして異なるものではなかった。彼らはルーム・セルジューク朝期にあった宮殿類型を受け継ぐひとつのグループを形成しており、一五世紀になってオスマン朝のみがこの中から抜け出して、大きな中庭で儀礼をおこなう新様式へと移行したのである。

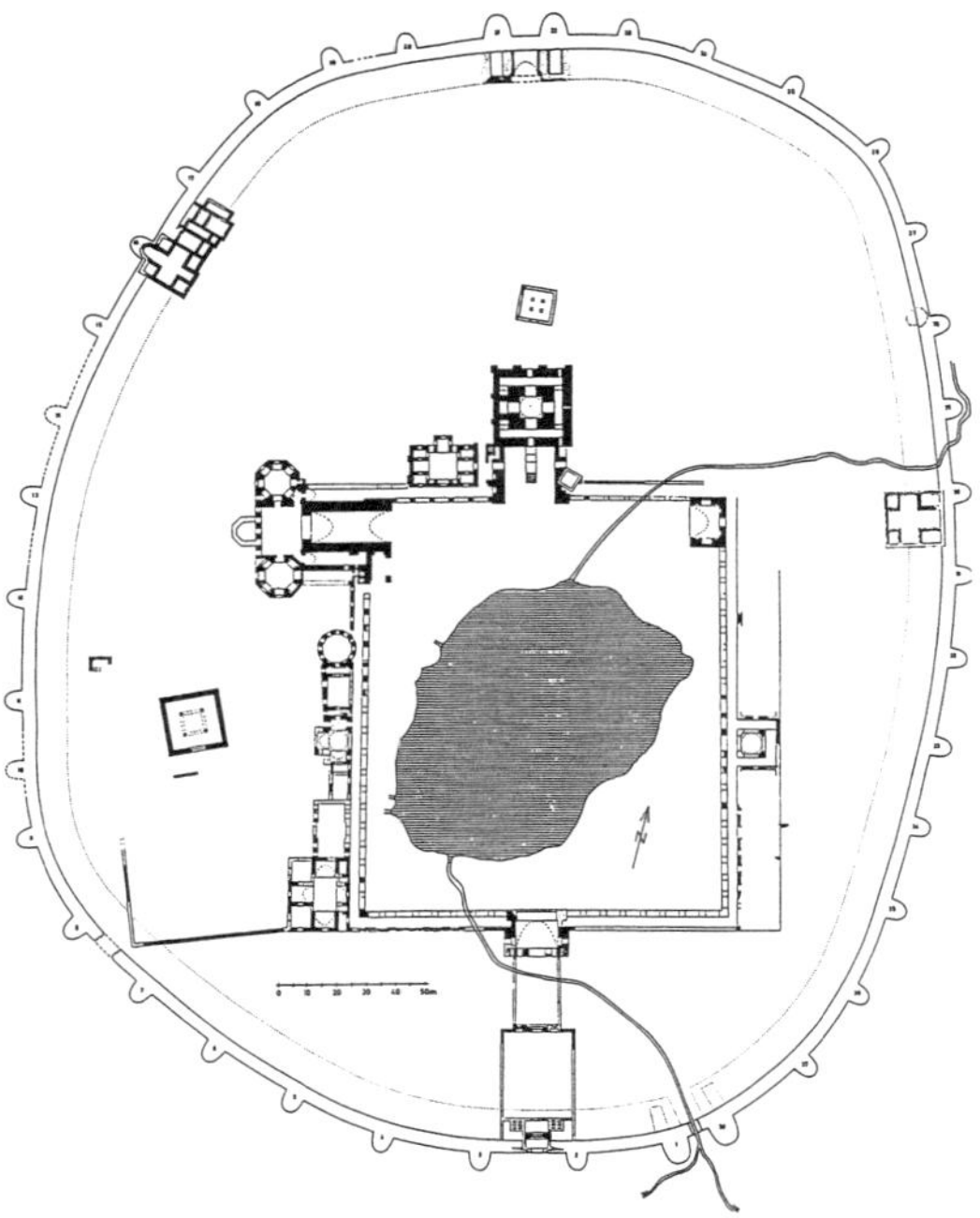

図1-12　タフテ・スレイマン宮殿配置図（Naumann 1976: 40）

そこで、もう少し地理的な枠組みを広げて考える必要があろう。当時オスマン朝が外交関係を持った勢力には、主に次の三つが挙げられる。ひとつめがビザンツを含むキリスト教ヨーロッパ諸国、二つめが地中海を挟んでエジプトを領有するマムルーク朝、三つめが中央アジアで破竹の勢いを誇ったティムール朝である。これらのうちに、中庭での儀礼をおこなう宮殿を建設した宮廷は存在しただろうか。

このうちひとつめのヨーロッパの宮殿はすぐさま候補から除外することができるだろう。そもそもオスマン朝からヨーロッパ方面へ使節が送られることは稀であったし、唯一かなりの交渉をもったヴェネツィア共和国にも中庭で儀礼をおこなうような宮殿建築は存在し

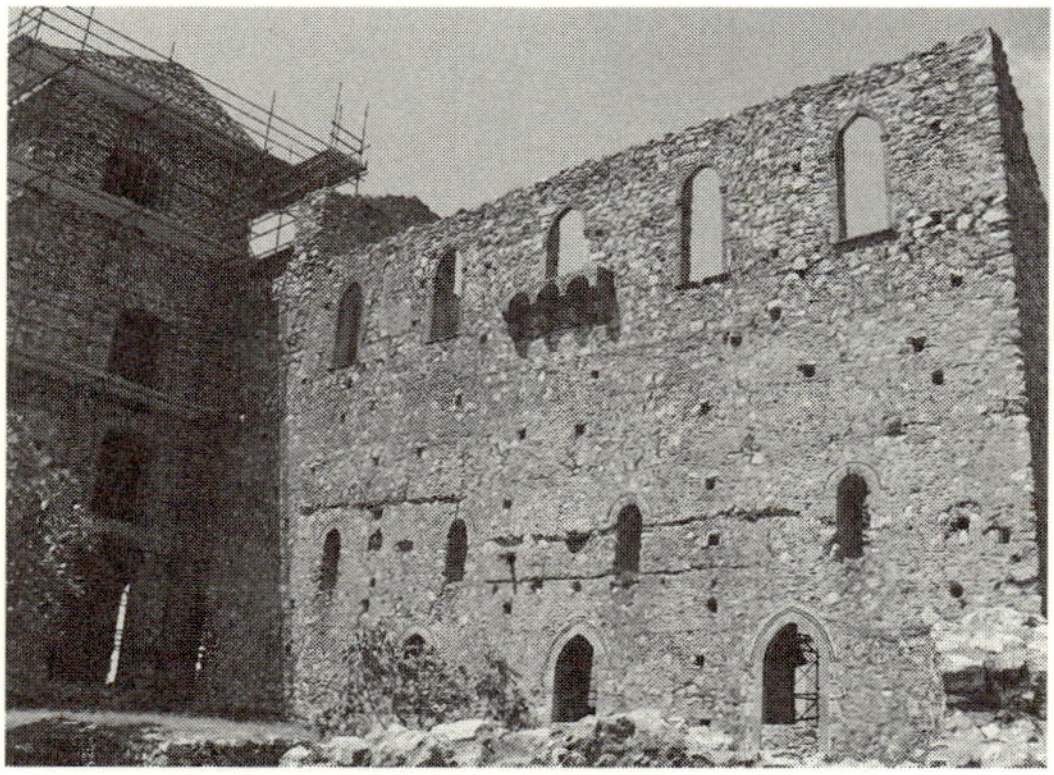

図 1–13　ミストラ宮殿（筆者撮影）

ない。屋外の中庭ではなく屋内の大広間が主たる儀礼空間となるヨーロッパの宮殿は、オスマン朝の新宮殿様式に影響を与えたものであるとは考えられない。

一方、コンスタンティノープルにあったビザンツ帝国の宮殿はどのようなものであったのだろうか。コンスタンティノープルには四世紀に大宮殿が建設され、ここではローマ建築の伝統である中庭を中心とする形態がとられていた。だがコンスタンティノープル陥落直前の一五世紀に用いられていたのはこの大宮殿ではなく、城壁に面したブラケルナイ宮殿であった。ブラケルナイ宮殿はかつての大宮殿のような大規模なものではなく、一四世紀のアナトリア諸侯国の宮殿同様に高層建造物を主体としたものであった。

一四〇三年にコンスタンティノープルを訪問したスペイン人のクラヴィホによれば、彼はパレオロゴス朝のマヌエル二世と絨毯の敷かれた「高いところにある部屋」で会っており、これはイブン・バットゥータのビルギの宮殿での謁見風景を彷彿とさせる「クラヴィホ 1967: 64」。第四次十字軍の結果ビザンツ帝国の拠点として一三―一四世紀に発展した、ペロポネソス半島山間地に位置するミストラの宮殿も、同様に高層建造物が中心となるもので、大宮殿にあったような中庭空間は、やはり存在しない（図1–13）。つまり一五世紀のオスマン人たちが目にしたはずのビザンツ帝国の宮殿は、一四世紀アナトリアで主流だった高層建造物を主要な謁見空間とする宮殿となんら変わるものではなく、ここから中庭を中心とする宮殿の着想を得ていたとは考えにくい。

マムルーク朝の宮殿

そこでキリスト教諸国の宮殿ではなく、ムスリム諸国からの影響を考慮する必要がある。オスマン朝とマムルーク朝は、一四世紀から地中海を挟んで頻繁な外交関係を築いていたことは前節でも言及したムスルの研究に詳しい［Muslu 2014］。当初は圧倒的にマムルーク朝が優位に立ち、アナトリアの一君侯国であるオスマン朝は従属的な立場にあったが、一四五三年にコンスタンティノープルを陥落させて以降は対等な関係になり、最終的には一五一七年にセリム一世がカイロを占領してマムルーク朝を滅亡させるに至った。

図 1-14　マムルーク朝カイロの「正義の家」(Rabbat 1993: 217)

マムルーク朝が首都のカイロに建設した宮殿の一部は一九世紀まで残存しており、カイロを訪れたヨーロッパ人らが絵画や平面図として記録している。これらにあわせて文献史料を用いて研究したラバトによれば、マムルーク朝宮殿で謁見の場となったのは「正義の家（dār al-ʻadl）」とよばれる施設であった［Rabbat 1993］。一九世紀の絵画をみる限りでは、これは規模の大きな二層ないし三層の建造物で正面には大アーチであるイーワーンを備えるものであった（図1-14）。ここにも、トプカプ宮殿にもあるような大規模な儀礼用の中庭が存在していた痕跡はない。

ここからマムルーク朝の宮殿では、中庭とこれに面する回廊を中心とするエディルネ旧宮殿とは異なり、大広間やこれに類する室内空間で儀礼がおこなわれていたことが明らかである。多くのオスマン人がカイロの宮殿を訪れたはずであるが、これもまた、エディルネ旧宮殿のモデルとなるものではなかった。

ティムールの「白の宮殿」

すると残された可能性は東方の大国、ティムール朝の宮殿からの影響である。

カステーリャ王の使者としてティムール朝を訪れたクラヴィホは、一四〇四年にサマルカンドでティムール本人に謁見し、その様子を詳細に記述している［クラヴィホ 1967: 196–245］。これは折しも一四〇二年にティムールがオスマン朝のバヤズィト一世をアンカラの戦いで破った直後のことで、カステーリャなどヨーロッパのキリスト教諸国は、対オスマン朝の外交戦略の一環としてティムール朝との同盟を模索していた。

サマルカンドでの謁見とそれと同時に長期間にわたって開催された数々の宴会については、現在までに多くの研究で分析されてきた。ティムールはサマルカンド市内に「青の宮殿（kök saray）」をもっていたが、これは居住用に用いられることはなくもっぱら宝物庫や牢獄として用いられていたという［Gronke 1992: 19］。そのかわりに君主ティムールが生活し、結婚式、クリルタイ（大集会）、使節や亡命者の接見などの主だった国事が挙行されるのは、郊外のバーグ（庭園）や牧地だった［川口 2014: 126］。クラヴィホが訪れたのはこの庭園のうち、最初に宿泊した「内々（khalvat）の庭園」、ティムールとの最初の謁見がおこなわれた「心の喜び（dilgusha）庭園」、大祝宴が開催された「新庭園」であった［クラヴィホ 1967: 196–208; Roxburgh 2009］。

とくに新庭園での大祝祭は王子の婚礼も同時に開催される大規模なもので、庭園中に天幕が設営されて儀礼空間とされた。ティムール朝の都サマルカンドでは、国政の場としては庭園がメインとなり、その中に小規模な楼閣が建設されて宮殿建築として用いられることはあったものの、通常は天幕を設営して大規模な集会などをおこなっていた。そのため、仮にオスマン朝の使節、あるいはアンカラの戦いで捕虜となったオスマン朝の官人が、サマルカンドでティムールの宮廷を目撃したとしても、このようなものが一五世紀初頭のエディルネ旧宮殿建設のモデルになったとは考えにくい。

しかし、実はティムールにはもうひとつの都があった。ティムールの故郷であるケシュ（別名シャフリサブズ）である。

ケシュ市内には「白の宮殿（aq saray）」とよばれるティムールの宮殿が一三八〇年前後から建設されていた。ティムールは故郷のケシュを、サマルカンドの再建以前の一三八〇年代までは首都とするつもりでおり、そこでの宮殿として「白の宮殿」を建設していた。これは都市内部に建設されたもので、クラヴィホが目撃したサマルカンド郊外の庭園とは明らかに異なる性格を持つものだった。上述のティムールの天幕群はしばしば研究でも紹介され、王権のいわゆる「遊牧性」の証左として強調されることもあった。そのため、都市内部にあった常設の宮殿についてはほとんど関心が払われず、オスマン朝の宮殿建築との比較という観点からも目を向けられてこなかった。

クラヴィホもサマルカンド訪問前にケシュに滞在してこの宮殿を見学したうえで次のように描写している。

翌日金曜日の朝、現在君主の命令で建設中のいくつかの大きな宮殿（palacios）を見物に連れて行ってくれた。それはこの二〇年間、毎日たくさんの職人によって仕事は続けられているがなお進行中だとのことである。それら宮殿には、長いアプローチととても高い門があり、続いて右手と左手とにはたくさんの結び目模様の青色タイルをはめた煉瓦造りのアーチがあった。これらのアーチの下は、戸のない小さな部屋のようになっている。床には青色タイルが敷かれている。これらは君主［ティムール］がここに来た時の従者たちの詰所である。この通廊の終りにはもうひとつ門があり、その向こうが白い石を敷き四方に立派な戸口［アーチ］のある大きな中庭（corral）で、中央には大きなプールがある。この中庭の幅は三〇〇歩ほどで、その向こうには非常に多くの家々があって、ここにはとても大きくて高く、全体が金色・青色の非常に美しいタイル細工で飾られ、入り口の上に獅子と太陽の図がある門から入る。（……）

この門から入ったところが大きな謁見室（reçeuimiento）で、それは四角形で、壁には金色・青色のタイルがはめこまれ、天井は黄金造りである。この部屋から大使は上の階に連れて行ってもらった。この建物はすべて二階建てで多くの小部屋や離れ部屋をみた。（……）

次に、君主がその妻妾を連れてここに来たとき使ういろいろな部屋をみせてくれ、その床・壁・天井みな善美を尽くして飾られていた。これらの宮殿はたくさんの職人たちがさまざまな手法で作ったものである。続いて、君主が妻妾たちと過ごし食事をするホール（quadra）にも連れて行ってくれ、それは豪華な飾り付けをした広大なものであった。そのむこうには、さまざまな果樹やその他日陰となるように木が植えられた、大きな果樹園があった。［クラヴィホ 1967: 187–189; Golonbek and Wilber 1988: 273–274］

また、のちにムガル朝の始祖となるバーブルも、この宮殿については以下のように記述している。

ティムール・ベグの故郷がケシュであったため、彼はケシュを都会や首都に相応しいようにするため大いに努力し、ケシュにすばらしいいくつかの建物を建てた。彼自身のために、会議を開催するための一つの大きな、アーチを持つ前室（pīsh ṭāq）を造った。またその右手と左手に、トゥワチ・ベグとディーワーン・ベグたちが坐って会議を行なうための二つのやや小さなアーチを持つ前室を造った。さらに上訴の人々が坐るために、この会議室（dīvān-khāna）の四方に、きわめて小さな部屋を造った。このようにすばらしい建物は世界でもほとんど他に例を挙げる事ができない。ホスロー宮（kisrā ṭāqı）よりこれの方が大きいと云われている。［間野 1997: 92］

ここで記述されたケシュの宮殿は、サマルカンド郊外の庭園に造営された天幕群とはまったく異なるものであったことは一目瞭然である。門をくぐって至る幅三〇〇歩ほどの中庭は、おそらく一辺二〇〇メートルを超える規模があるもので、トプカプ宮殿の中庭よりも大きい。中央に池がある点は、一三世紀にイルハン朝によって建設されたタフテ・スレイマンの宮殿に類似する。今日ケシュの「白の宮殿」遺構はただ巨大な門が残るだけで、クラヴィホやバーブルが記述した壮麗な宮殿全体を復元することは難しい（図1-15）。ヒレンブラントはこの門を、中庭から謁見の間に至る部分にあったものだと想定しており、さしあたってこの見解を採用しておきたい［Hillenbrand 1991: 423-426］。また中庭の後方に謁見の間があった点は、九世紀アッバース朝のサーマッラー宮殿の空間構成を継承したものだといえる。

図1-15　ケシュの「白の宮殿」（深見奈緒子氏撮影）

ティムール朝以降の宮殿建築と中庭

さらに、ティムール朝宮殿建築に存在した、巨大な門と一体化した謁見の間とその前面に広がる中庭の空間構造は、オスマン朝だけではなく一六世紀以降の他王朝においてもみいだすことができるのである。本章はあくまでオスマン朝の儀礼的な中庭空間の成立を考察するものであるから、ここではその類似点を示唆するのみにとどめたい。

バーバーイーはサファヴィー朝宮殿の建物を、正方形を九分割して中心に主室を置く「八天国（hasht-behesht）型」と、建物前面に複数の長い木

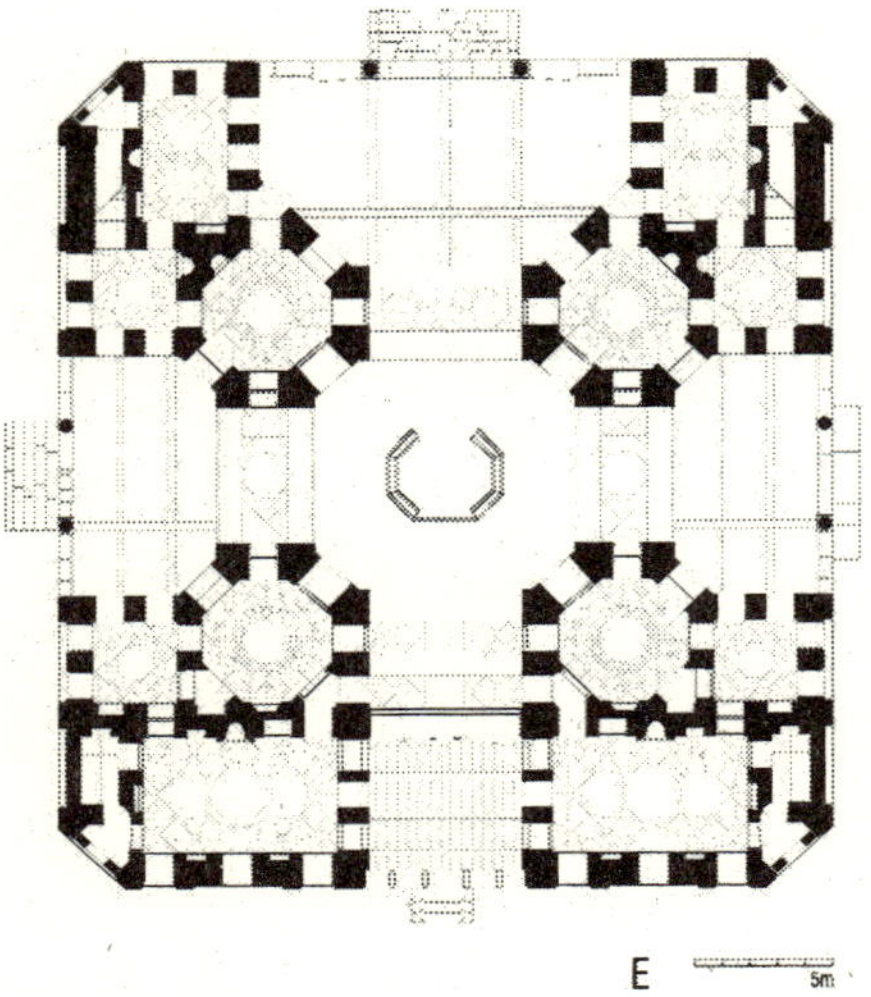

図1–16　イスファハーン・ハシュトベヘシュト宮殿平面図（Babaie 2008: 165）

柱で支えられた屋根のある半開放の空間をもち、後方に謁見室がある「ターラール（tālār）型」に分類する［Babaie 2008: 158–159, 164–165］（図1–16、図1–17）。ここで中庭空間との関連性が推測されるのがターラール型である。サファヴィー朝宮殿の謁見・饗宴空間となったターラールのパヴィリオン前面には囲い込まれた中庭は存在せず、代わって前庭とプールが痕跡として残る。だが儀礼的に用いられる半屋外の空間は、ティムール朝宮殿の空間からの影響を感じさせる。

さらに、文化的にサファヴィー朝から大きな影響を受けたムガル朝の宮殿では、中庭と謁見の間が一体となった儀礼空間の存在がいっそう明示的である。ムガル朝建築史の研究者コッホによれば、ムガル朝五代目君主のシャー・ジャハーンは一六二八年に即位すると、直ちにアグラやラホール、デリーなど各首都にある宮殿において謁見をおこなうためのホールの建設を命じた。「公の閣議の間（dīwān-i ʿāmm）」とよばれるようになったこれらの謁見の間は、いずれも石造でそれまでにあった木のホール（dīwān-i chūbīn）に取って代わるものであった[15]（図1–18）。シャー・ジャハーン以前の時代には、謁見の参加者は中庭（ṣaḥn-i khāṣṣ-o-ʿāmm）に立って謁見に臨んでいたことが確認されている［Koch 1994: 143］。

ここでラホール城の中庭と謁見の間の位置関係を確認すると、オスマン朝のエディルネ旧宮殿やトプカプ宮殿との類似性は明らかである（図1–19）。中庭─門─謁見の間というティムール朝宮殿の空間構成は、エディルネ旧宮殿では門と謁見の間が一体となって回廊となったが、ムガル朝では謁見の間がほぼ独立した半屋外の空間として中庭内に出現したのである。

6　トプカプ宮殿の祖型としてのエディルネ旧宮殿

以上検討した内容より、エディルネ旧宮殿は一四一〇から二〇年代に完成された儀礼用の中庭を備えた宮殿であり、これはおそらくティムール朝にあった「白の宮殿」をモデルとしたものだと推測される。ネジプオールやタンイェリらの従来の説とは異なり、トプカプ宮殿建設以前にエディルネで新たな宮殿儀礼と空間様式が既に形作られていたのである。

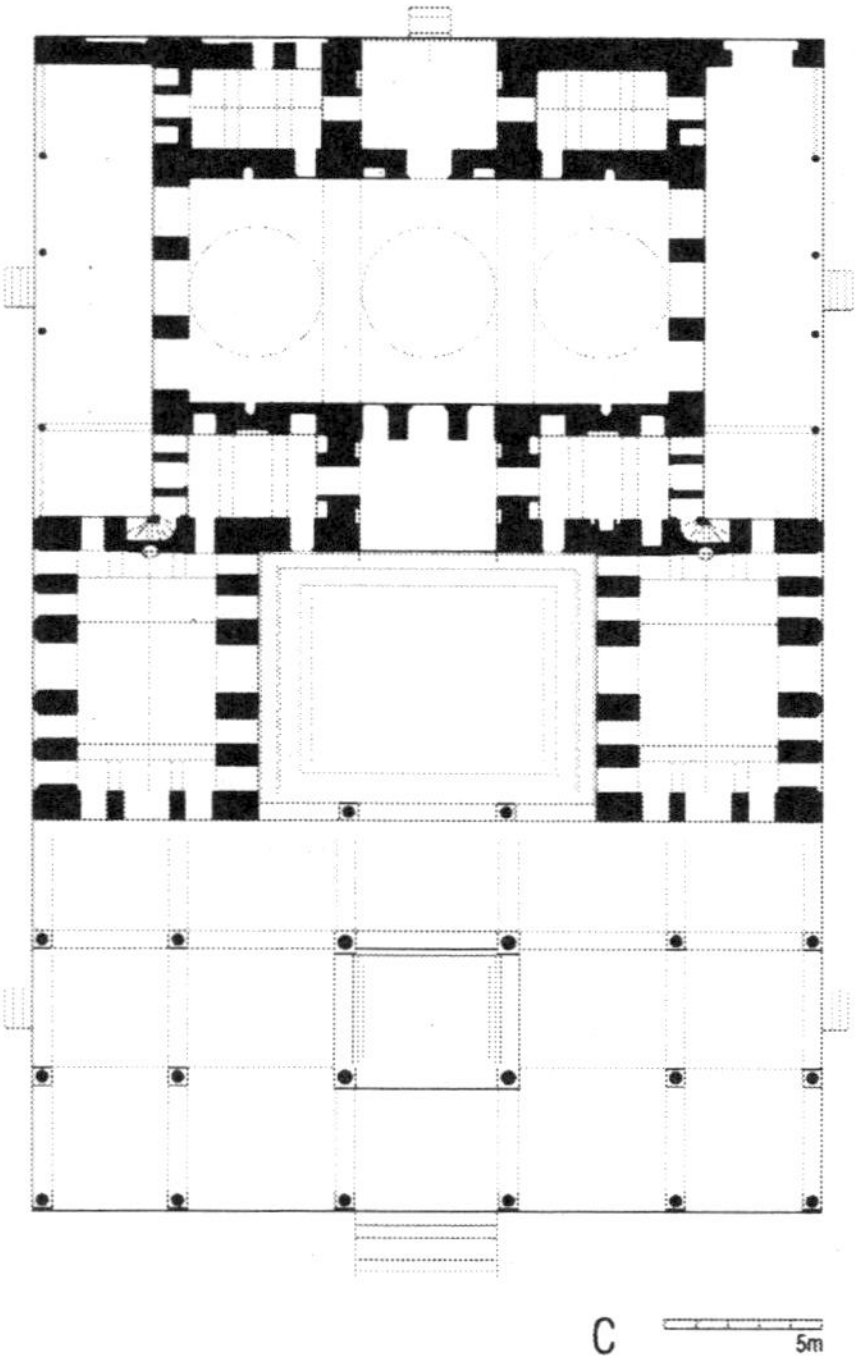

図 1-17　イスファハーン・チェヘルソトゥーン宮殿平面図（Babaie 2008: 159）

エディルネ旧宮殿以前のアナトリアの宮殿建築では、オスマン朝のブルサ宮殿も含めて、ルーム・セルジューク朝の宮殿建築の影響が色濃くみられる。都市内部では謁見などに用いられる高層建造物を備えた小規模な宮殿を構え、都市外部では小規模な建造物を有する庭園や牧地が君主らの滞在先となっていた。この時代には、大規模な謁見儀礼の舞台となる中庭が存在した宮殿をみいだすことはできない。一五世紀初頭のエディルネ旧宮殿において初めて儀礼用

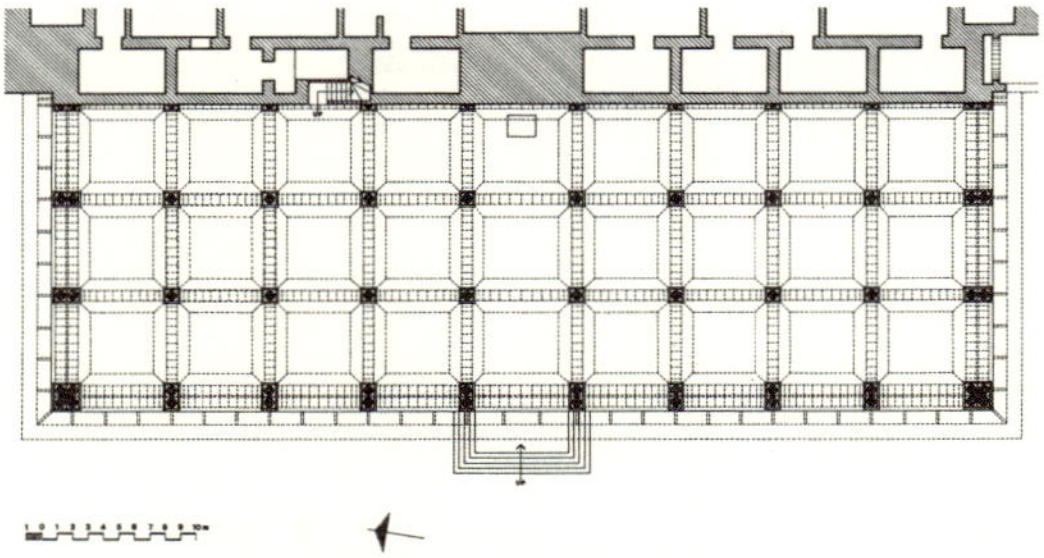

図1-18　アグラ城謁見の間平面図（Koch 1991: 109）

中庭が誕生し、のちのオスマン朝の宮殿建築の祖型となったのである。

その理由として、東方のティムール朝に存在していた、巨大な中庭とこれに面して謁見室をもつ宮殿、おそらくはケシュの「白の宮殿」から、着想を得たと考えるのが妥当であろう。一四〇二年のアンカラの戦いに敗れたのち、オスマン宮廷の多くの人びとは捕虜として中央アジアに連行され、勝者ティムールの巨大な宮殿を目の当たりにしたことが容易に想像される。アンカラの敗戦を契機として、オスマン朝宮廷が文化的な先進地である東方のペルシア・中央アジア地域との密接な交流をもつ機会を得たのは間違いないだろう。

メフメト一世が新都エディルネにおいてオスマン朝を再建する際に、新たな宮殿様式の参考とされたのは、ティムールの天幕群ではなく、アッバース朝を起源とする中庭の儀礼空間であった。遊牧集団ではなく常備軍団を軍事力の中核とし、都市を拠点とするオスマン朝が参考とするべき宮殿は、クラヴィホが力を込めて描写した天幕群の宮殿ではなく、定まった首都での儀礼空間を提供しうる「白の宮殿」だったのである。

エディルネ旧宮殿の建設は、同時にオスマン朝の権力構造の変化にも対応する。第2章で詳細を検討するように、中庭での儀礼に参加するのはイェニチェリを中心とするカプクル軍団であった。一四世紀に小規模なスルタン直隷軍として創設されたカプクル軍団は、時代が下るにつれ規模が拡大し重要性を増した。米林仁はアンカラの戦いで混乱した政権の立て直しを図るメフメト一世とムラト二世の喫緊の課題は、スルタン権力のいっそうの強化すなわち中央集権化であったとのべている［米林 1982: 165］。従来の学説では、メフメト一世とムラト二世は保守的な君主であり、

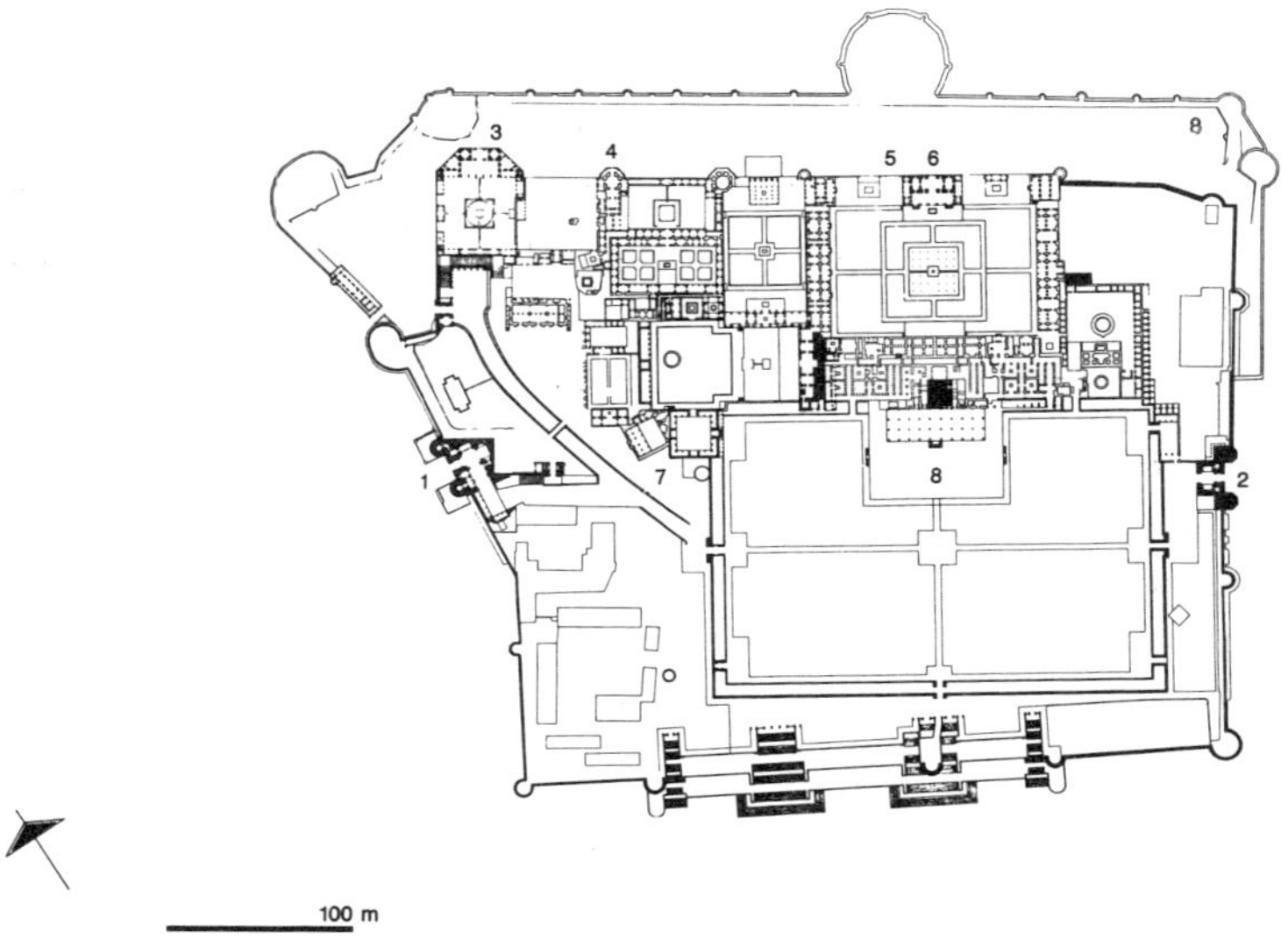

図 1–19　ラホール城配置図（Koch 1991: 84）

それに続くメフメト二世こそが「真の帝国」を築いたとする図式が取られていたと米林は論じる。だが米林によれば、メフメト一世とムラト二世の治世下には、軍管区の再編・変革や軍団の指揮・命令系統の確立がおこなわれるなど、中央集権化へ向けて活発な改革がおこなわれた［米林 1982: 177–178］。また、国政の中心的な役割を担う宰相制度に目をむけると、一五世紀前半はその発展形成期であった。大宰相の出自はそれまでのウラマー階層によって占められていたが、メフメト一世時代からはテュルク系軍人の大宰相も現れ、さらにムラト二世時代になると宮廷奴隷出身者が宰相やルメリ・ベイレルベイに任じられるようになった［今澤 2013］。このような政治・軍事機構における変革の中にこそ、新たな宮廷儀礼の創出と宮殿における儀礼空間の変化の理由をみいだすべきであろう。

（1）エディルネ新宮殿に関してはオスマンによる二〇世紀初頭の研究が未だに基本的文献であるが、資料の取り扱い方などに問題があり用いる際には注意が必要である［Osman 1957］。またマニサの宮殿についてはウルチャイの研究があるが、建物とその空間に関する記述はほとんどない［Uluçay 1941］。ソゼンは前オスマン期から近代に至るまでの宮殿を俯瞰しているが、重点は建物が現存する一八世紀以降の事例におかれている［Sözen 1990］。歴史学の立場からはウズンチャルシュルの研究が重要だが、建築に関する言及はほとんどない［Uzunçarşılı 1988a］。近年エディルネ新宮殿でおこなわれている発掘の成果については、発掘責任者であるオゼルの紹介がある［Özer 2014］。

（2）たとえば一六世紀初頭に書かれたオルチュの年代記を参照［Oruç Beğ 2008］。

（3）空位時代の内戦に関してはカストリツィスの研究が詳しい［Kastritsis 2007］。

（4）ブルサ宮殿の略奪については以下の論文を参照［Keskin 2014］。

（5）校訂をそのままラテン文字転写した以下の文献も参照した［Anonymous 1992］。

（6）また一四一八—一四一九年（ヒジュラ暦八二一年）にはブルサ周辺において大地震が発生し、多くの建物が崩壊したとの記録が残されている［Anonymous 1954: 20–21, 56–57］。政治状況に加えて、地震による影響もあってエディルネに拠点が移されたとも考えられよう。

（7）なおメフメト一世の死後、ヨーロッパ側では偽ムスタファ（メフメト一世の末弟と考えられる）が王位を求めて蜂起し一時的にエディルネを占拠した。ブルサでの即位はこれに応じてのことかと思われる。

（8）ピーコックは宮廷と遊牧部族のかかわりから、宮廷移動と宮殿の関係を論じている［Peacock 2013］。

（9）たとえばオスマンやソゼンはエヴリヤ・チェレビーの記述を紹介・踏襲している［Osman 1957: 16–20; Sözen 1990: 35］。

（10）ウズンチャルシュルは一三六五年にエディルネ旧宮殿の建設が初めておこなわれ、一四一七年に完成したとするが根拠が示されていないためその真偽は不明である［Uzunçarşılı 1988b: 10］。

（11）一四—一六世紀のオスマン領に関しての旅行記は、イェラシモスが網羅的に紹介しており、本研究でもこれを利用した［Yerasimos 1991］。また一五世紀前半の聖地巡礼者の著作については以下の研究も参照［櫻井 2009］。

（12）同旅行記のトルコ語訳および現代フランス語訳も参照した［De la Broquière 2001; De la Broquière 2010］。

（13）とくにトプカプ宮殿同様に、スルタンの居住区画のすぐ正面に儀礼のおこなわれた中庭があったか否かという点は疑問である。復元配置図では仮に第一の門、第二の門、中庭、スルタンの居室を一直線に並べたが、スルタンの居住区画はこの軸からずれた場所にあった可能性もある。残念ながら現時点では文献史料からはこれ以上のことは判明しない。

(14) チリアコは考古学の父としても知られる人物で頻繁にエーゲ海沿岸のギリシア・ローマ史跡を訪れていた[Ciriac of Ancona 2003: ix]。

(15) 一七世紀になってムガル朝宮殿に造営された石造の謁見の間は、いずれもペルシア語で「数多の」というニュアンスをもつ四〇の柱(chihil sutūn)を有していた。コッホによれば、石柱が林立する古代アケメネス朝のペルセポリス遺跡がペルシア世界の王権シンボルとなっており、謁見の間は概念的にこれを模倣するものであったという[Koch 1994]。

第2章　閣議・謁見儀礼の変容とトプカプ宮殿の空間

今日トプカプ宮殿を訪れると、その構造の複雑さには驚かされることだろう。とくにスルタンの家族が暮らしたハレムの区画は、さながら迷宮のように大小の部屋や通路、小さな中庭などが入り組む。ハレムの外に広がる外廷と内廷区画でも、あちらこちらに増築や改築の痕跡がみうけられ、実に多様な建築様式が混在していることがわかる。なるほど、色彩が目にも鮮やかなイズニクタイルの装飾や、凝った木彫細工など、工芸的な美は随所にみられるものの、ひとつの建築として考えた場合、少し内部を探訪しただけではそもそもどこが宮殿の中心だったのかもわからないのがトプカプ宮殿である。清朝の紫禁城やブルボン朝のヴェルサイユ宮殿など、同時代の帝国が建設した大宮殿において計画されたような、中心性が明らかな整然とした空間構築や、訪問者を圧倒する規模と荘厳さに比較すると、トプカプ宮殿は慎ましやかで雑然としているともいえる。

一五世紀半ばのメフメト二世による創建以降、トプカプ宮殿内部の建造物では頻繁に改築改修がおこなわれた。また度重なる火災や地震による被害は、そのつど宮殿の改築の契機となった。そのため四〇〇年以上オスマン朝の主宮殿として用いられ、再三改変が生じたトプカプ宮殿の創建当初の姿とその意図を再構築するのは相当困難な作業である。

第1章ではトプカプ宮殿の祖型となるエディルネ旧宮殿が一五世紀前半には誕生していたことをのべた。ここでは、オスマン朝の主宮殿が都市内部にあった小規模な宮殿から、中庭を主体とする大規模な儀礼に対応しうる宮殿へと移行したのは、トプカプ宮殿建設以前であったとの結論を得た。オスマン朝の中央集権化と常備軍団の拡大に同期する宮殿様式の変遷は、イスタンブルのトプカプ宮殿へと至ってどのような発展をみせたのであろうか。

まずはイスラーム世界随一といってもよいほどの歴史を誇るトプカプ宮殿を、研究者がどのようにとらえてきたかを整理しておこう。建築史の観点からトプカプ宮殿を記述する場合、第一中庭から入って順に奥へ奥へと歩みを進め、そのつど遭遇する建物について解説を加えるというのがひとつの定型となっている。早くは一九三一年にミラーが記した研究はこれにあたる［Miller 1931］。日本語で読めるものとしてはペンザーの『トプカプ宮殿の光と影』があり、ミラーの紹介したヨーロッパ側の史料を用いたものではあるが、史料の扱いにはいささか難があるうえ事実誤認が多々見受けられるため注意して読む必要がある［ペンザー 1992］(1)。一方トルコ人研究者であるエルデムは、修復時に作成されたオスマン語文書などの分析を通して、トプカプ宮殿内の各建造物の叙述をおこなった。部分的ではあれ、ヨーロッパ諸語の叙述史料に基づく記述とはまったく異なった観点からの研究が現れたのである［Eldem 1963］。

このような中で、トプカプ宮殿研究のメルクマールとなったのが再三言及するネジプオールの研究であった［Necipoğlu 1991］。ネジプオールは、それまでに欧米の研究者が発掘したヨーロッパ側史料を悉皆的に分析し、さらに年代記や文書館所蔵の台帳類などオスマン側の史料を複合的に用いることに成功した。それまでもっぱら部外者の視点から描写されていたトプカプ宮殿が、内部からの観点を得ることによって宮殿の解釈が深化したのである。

ネジプオールは史料の分析から、トプカプ宮殿の発展段階をおおむね次のように分類した。まずメフメト二世が当初に建設したフェーズであるが、これについての詳細な検討は史料的制約からおこなっていない（第一期）。この時期については本章後半でエディルネ旧宮殿および当時の宮廷儀礼との関係から考察する。その後メフメト二世最晩年になると、トプカプ宮殿の空間には大きな変化が生じたとされる（第二期）。ちょうどこの時期にメフメト二世はカーヌーンナーメ（法令集成）を制定して定期的に開催されていた大規模な謁見儀礼への出席を控えるようになり、代わって上奏の間を建設させてここで廷臣らと謁見するようになった。第二期において完成したトプカプ宮殿のアウトラインが、後世に至るまでメフメト二世のカーヌーンナーメの規定とともに継承されていたというのが、ネジプオールの最も強く主張するところである。加えて大きな変化があったのは一六世紀前半のスレイマン一世の時代で、とくに一五二三年から一五三六年に処刑されるまで大宰相を務めたイブラヒム・パシャの在期に大改修がおこなわれていたとする（第三期）。これにともなって宮廷儀礼は洗練の度を増し、いっそう壮麗なものへと変容していった［Necipoğlu 1991: 15–25］。

ネジプオールの分析は史料に基づくきわめて厳密な議論であるものの、宮殿の創設者としてのメフメト二世に対する過大な評価には注意を要する。「イスタンブルの征服と復興を成し遂げた英雄メフメト二世」は、オスマン時代から現代に至るまで、物語から学術研究にまで度々登場する人物像であり、たしかに政治的・軍事的なリーダーとしての彼の役割は絶大である。(2) だがエディルネ旧宮殿の存在を念頭においた場合、トプカプ宮殿の建設におけるメフメト二世のイニシアチブがどの程度のものであったかについては再考を要する。ネジプオールはローマやビザンツの西方建築文化とアッバース朝やマムルーク朝など東方建築文化が混淆し、さらに英雄メフメト二世の天才的な創意が加わってトプカプ宮殿が立ち現れたという結論を導いている［Necipoğlu 1991: 242–245］。この歴史観からはエディルネ旧宮殿をはじめとする一五世紀前半以前のオスマン朝の宮殿がすっぽりと抜け落ちてしまい、あたかもメフメト二世のトプカプ宮殿からすべてが始まるかのような印象がある。

そこで本章では、エディルネ旧宮殿においてオスマン朝の宮殿空間の祖型が成立したのちに、一五世紀後半から一六世紀前半にかけてどのような発展を遂げて今日のトプカプ宮殿の概要が完成したかを、宮廷儀礼と宮殿空間のかかわりの観点から考究する。これはトプカプ宮殿を前近代オスマン朝の宮殿群全体の中に位置づけ、相対化する試みである。第1節においてはトプカプ宮殿の現状を概観し、第2節では一六世紀後半から一七世紀にかけてほぼ完成したオスマン朝の宮殿における主要な宮廷儀礼の整理をおこなう。第3節ではメフメト二世の創建直後から治世末期までのトプカプ宮殿と儀礼の変遷を分析し、エディルネ時代の宮殿空間を継承しつつ、これが徐々に変容していく過程を考察する。

1 トプカプ宮殿の概観

本論に移る前に、ここで一度議論の中心となるトプカプ宮殿とは、そもそもいかなる宮殿だったかを簡単に紹介しておきたい。

トプカプ宮殿は一四五〇年代末からメフメト二世によって、イスタンブルの半島部分の先端部に建設が始められ、一四七〇年代末にそのアウトラインが完成した宮殿である。宮殿はかつてビザンティオンのまちのアクロポリスが置かれた小高い丘の上に建設され、敷地全体は壁で囲まれている。北側と東側はマルマラ海および金角湾に面し、またかなり高低差がある地勢に起因して敷地は不整形で、南北方向が長辺となり敷地面積はおよそ七〇万平方メートルである。宮殿の主要部は平らな丘の頂上部にあって、周辺の傾斜地には庭園や小規模なキョシュクあるいはカスルとよばれる建物が散在する。主要部分はおおむね長方形であるが、現在ハレムの区画がある北西部分は地形に沿って主軸に対して若干斜めになる（図2-1）。

では宮殿とは、オスマン朝にとってどのような建築であったのか。これを理解するためには、少し回り道になるがオスマン朝の組織構造を理解しておく必要がある。もともと有力家門が連合する辺境の戦士集団だったオスマン朝が、

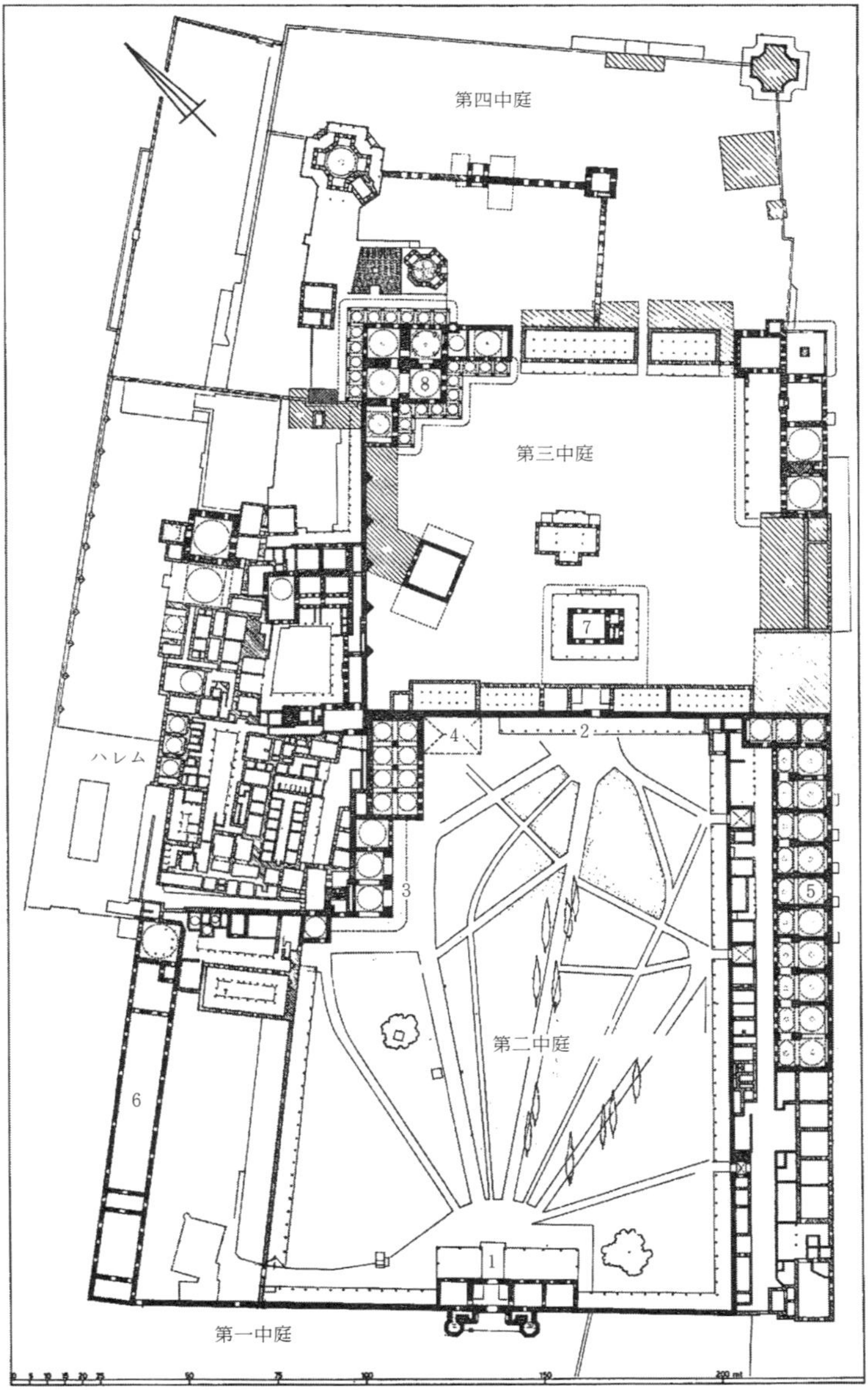

図 2-1　トプカプ宮殿配置図（Eldem and Akozan 1982: Plate 20 をもとに筆者作成）
1：表敬門，2：至福門，3：新閣議の間，4：旧閣議の間，5：宮廷厨房，6：厩舎，7：上奏の間，8：ハスオダ．

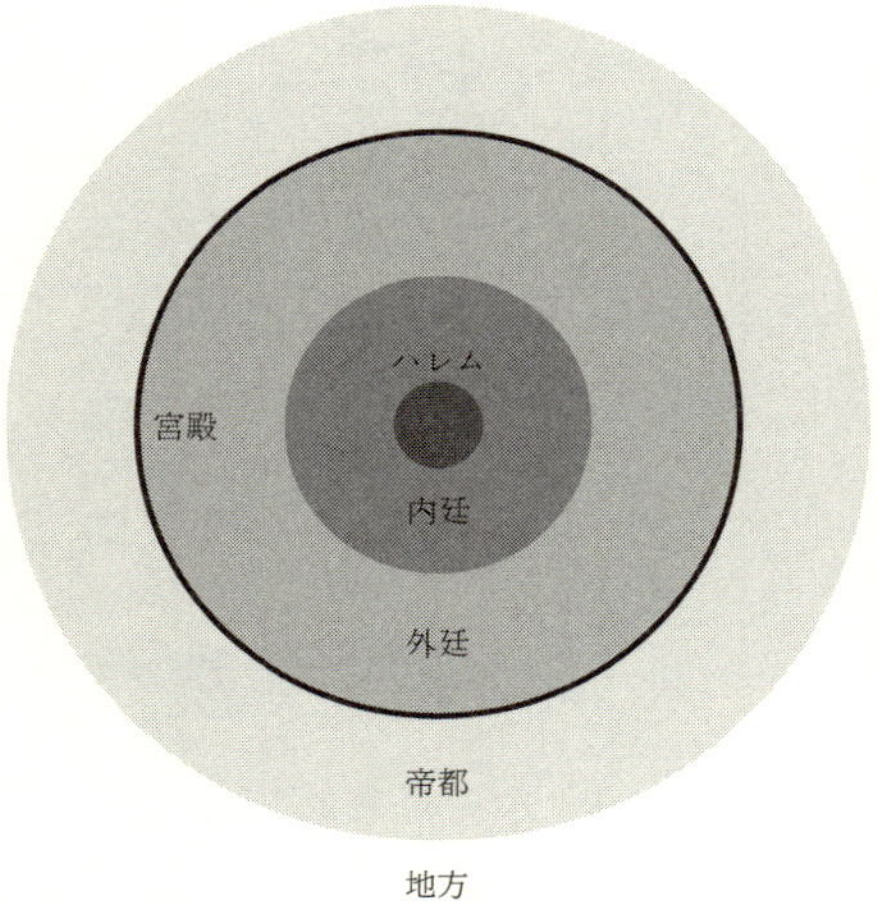

図 2-2　オスマン朝の宮廷組織と空間の模式図（筆者作成）

中央集権的な帝国へと発展していく過程において拡大する支配組織の基盤となったのは、君主であるスルタンの「家」である。当初少人数の奴隷を保有するだけだった「家」は、奴隷軍人からなる常備軍団イェニチェリを創設することによって拡大した。一五世紀後半になると大宰相以下宮廷で活動する人員のほとんどがスルタンの奴隷身分出身者、つまりスルタンの「家」のメンバーで占められるようになる。オスマン朝ではデヴシルメとよばれる制度によって、領内のキリスト教徒家庭より少年たちを徴用し、改宗後「スルタンの奴隷」としてイェニチェリなど常備軍団に配属して軍事力の中核として用いた。さらに一六世紀以降には、選抜された優秀な少年はスルタンの小姓として身近に仕えるとともに教育を受け、ゆくゆくは政府高官として活躍の場を得ていった。このスルタンの「家」はさらに、スルタンと女性ら家族のいる「ハレム（ḥarem）」、スルタンの私的生活空間である「内廷（enderûn）」、宮廷と外界をつなぐ国政の場としての「外廷（bîrûn）」へと三分される。このようにオスマン朝の支配組織のヒエラルキーは、スルタンを中心に内廷、外廷、帝都イスタンブル、そして地方へと拡がる、スルタンとその「家」を中心とする同心円構造をなしていた［鈴木 1997: 118–120］。

そして宮廷組織としての内廷と外廷は、宮殿空間としての内廷と外廷に完全に一致した。組織としての内廷の構成員は日常、宮殿の内廷である第三中庭においてスルタンに伺候し、外廷の構成員はトプカプ宮殿においては第二中庭と第一中庭を活動の舞台とした。嘆願者などの部外者がトプカプ宮殿を訪れた際、立ち入ることができたのは一般に外廷である第二中庭までであった。後述するようにメフメト二世の治世末期からは、例外的に外国使節などごく一部の者が第三中庭の上奏の間でスルタンに拝謁する機会を得た。

以上のような宮廷の組織構造と宮殿の空間構造の一致を念頭に置くことにより、トプカプ宮殿の構造はより明確に理解することができよう。組織同様、トプカプ宮殿も同心円構造を念頭に置くと把握が容易である（図2–2）。

まずトプカプ宮殿の敷地とイスタンブル市街を隔てる外壁を、主要門である帝王門（bâb-ı hümâyûn）を通って中に入ると外廷に属する第一中庭へと至る。ここには宮殿のサービス部門が割り当てられ、各種の倉庫や造幣所、工房などが置かれていた。ここまでは通常一般人も立ち入ることが許され、宰相らも騎乗することができた。

続いて、第一中庭をさらに進むと、第二中庭への入り口となる表敬門（bâbü's-selâm）が現れる。第二中庭も同じく外廷ではあるが、一般人の立ち入りも許された第一中庭と違って、表敬門から先は厳重に警備され、許された者しか入ることが

図2–3　トプカプ宮殿新閣議の間入り口（筆者撮影）

図2–4　第二中庭からみた至福門と旧閣議の間（19世紀の水彩画）（Necipoğlu 1991: 78）

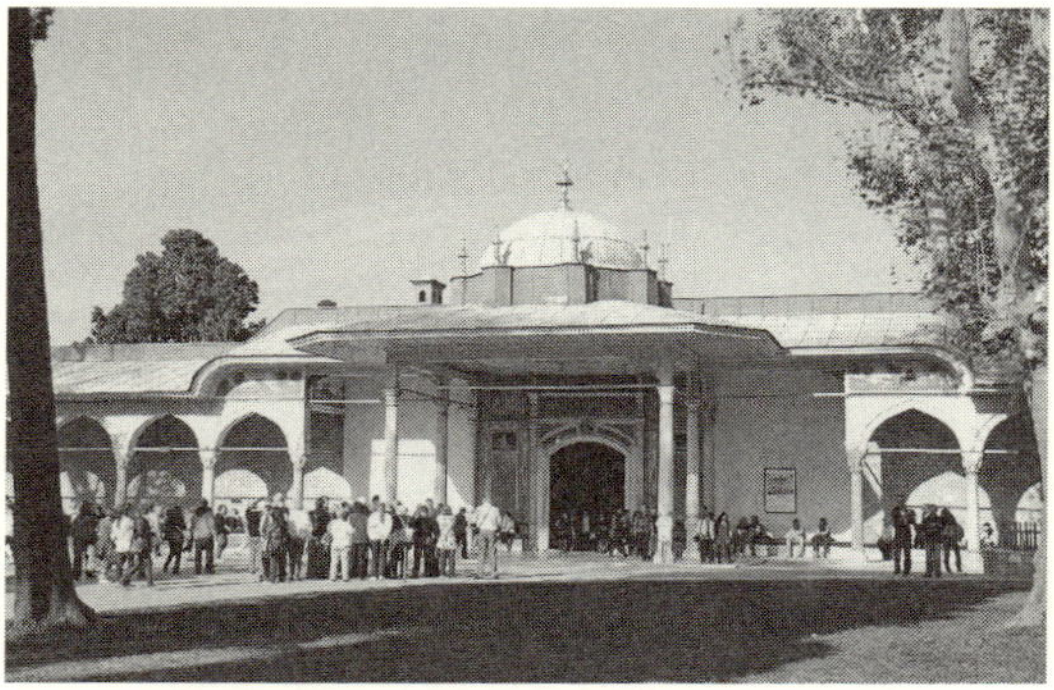

図2-5　トプカプ宮殿至福門（筆者撮影）

図2-6　上奏の間（筆者撮影）

できない空間となっていた。騎乗してやってきた者もスルタン以外はここで下馬をすることになる。第二中庭とその周辺の建物は、オスマン朝の政治・儀礼がおこなわれる宮殿の心臓部である。中庭ではスルタンの即位儀礼をはじめとして、祝祭やイェニチェリ軍団の俸給配布などの重要な儀礼が開催されていた。また中庭の北西角にある「新閣議の間」は一五二〇年代にスレイマン一世によって建設され、多い時は毎日宰相らによる御前会議が開催された（図2-3）。実は御前会議はこれに先立ってメフメト二世期には、第三中庭に隣接する位置に建設された「旧閣議の間」で開催されており、オスマン朝の宮廷儀礼の展開を考えるうえで重要な役割をはたした建物であることをのちにのべる（図2-4）。外廷の第二中庭と内廷の第三中庭をつなぐ場所には至福門（bâbü'ṡ-saʿâde）があり、第二中庭で儀礼がおこなわれる際には玉座が配置される象徴的な場所であった（図2-5）。

　至福門を抜けると、スルタンと彼に仕える小姓たちが暮らすスルタン個人の領域、すなわち内廷である第三中庭へと至る。至福門を入ってすぐの場所には、オスマン朝の高官や外国の使節らがスルタンに謁見する上奏の間（ʿarz odası）が配置されていた（図2-6）。玉座が置かれる至福門と上奏の間はプライベートな空間である内廷とパブリックな空間である外廷の境界にある、両義的な領域であるといえる。また第三中庭において上奏の間と並んで重要な建物が、ハスオダ（hâṣṣ oda）である。ここは一六世紀後半にスルタンの寝所がハレムに移されるまでは、スルタンが日常を過ごすとともに、選ばれた小姓たちの教育機関ともなっていた。またラマダン明けなどの祝祭時には、スルタンと廷臣が謁見する重要な儀礼空間にもなった。さらに第三中庭周辺には小姓たちの寝起きする宿所が配置される。

最後に、第二中庭の西側にはスルタンの家族が暮らすハレムの区画がある。第4章で触れるように、ハレムの主体はもともとイスタンブル旧宮殿に置かれていたが、創建当初よりトプカプ宮殿にも一部の女性たちが暮らす小規模な区域があった。スルタン本人がハレムで生活するようになるのはムラト三世（在位一五七四―一五九五）からで、それまでは上述の内廷である第三中庭の区画に暮らしていたといわれる。

2　トプカプ宮殿における諸儀礼

以上、トプカプ宮殿の空間についてその概要を記述した。本節では、この空間が具体的にどのようにして宮廷儀礼の舞台として用いられていたかをのべる。

トプカプ宮殿は再三の増改築によって大きくその姿を変えてきたとはいえ、おおよそ一六世紀末にはその概要は固まり、そこでの儀礼内容もほぼ確立していたといえる。たしかに一七世紀からはスルタンの政治への関与が弱まり、本来国政の最高決定機関であった御前会議（dîvân-ı hümâyûn）の回数が削減されて、代わりに大宰相宅にて高官が集まって閣議（ikindi dîvân）がおこなわれるようになるなど、重要な変更もあった。だが、トプカプ宮殿での儀礼空間に着目してみれば、第二中庭の区画が常にその主要な舞台となっており、宮殿全体の構造に大きく手が加えられることもなかった。ここではスルタンも参加する主要な宮廷儀礼である、「御前会議」「上奏」「即位」「祝祭」「軍団の俸給支払いおよび大使謁見」の模様を、空間とのかかわりに着目して分析する。この宮廷儀礼は、大きく日常的におこなわれるものと、定期的あるいは不定期に開催される特別なものに分類することができる。前者には毎週決まった日に開かれた御前会議と上奏、後者には年四回あったイェニチェリを主体とするカプクル軍団(3)への俸給支払い(4)と、これに付随しておこなわれた大使謁見、断食直後のイスラーム暦一〇月の月シェッヴァル月一日から始まるラマザン・バイラム(ラマダン祭)と、イスラーム暦一二月のズィルヒッジェ月一〇日から始まるクルバン・バイラム(犠牲祭)、そして新スルタンの即位式が分類される。

一六世紀のオスマン朝宮廷儀礼に関しても、やはり外国人訪問者の記録が主要な史料となる。当事者であったオスマン側史料からは、年代記など叙述史料から宮廷儀礼の様子が断片的に垣間見える程度であり、一五世紀同様に宮廷儀礼の全容を復元するのは困難である。

一方ヨーロッパ側の記録に関していえば、とくに一六世紀後半以降からトプカプ宮殿についての圧倒的な量の見聞録や報告書が作成された。そのため大使謁見などの外国人が参加する宮廷儀礼については詳細を把握することができる。ただし、これらはあくまで外国人が見聞できた儀礼に限られ、オスマン政府関係者のみが出席する通常の御前会議の様子や祝祭の次第などについては当然ながら詳しくない。

オスマン側の史料不在の傾向に一定の変化が生じたのが一七世紀後半からである。まず、第三宰相を務め歴史家としても知られるテヴキー・アブドゥルラフマーン・パシャが、一六七六―一六七七年(一〇八七年)に大宰相キョプリュリュ・ムスタファ・パシャの命を受けて宮廷儀礼についての覚書を記した(5)[Tevkīʻī ʻAbdurraḥmân Paşa 1331]。また同時期には経歴生没年不詳のエイユビー・エフェンディや、著名な知識人のヘザルフェン・ヒュセイン・エフェンディがカーヌーンナーメを記し、宮廷に仕える諸官の規定や人数、俸給と並んで、御前会議の詳細やメフメト四世即位時の下賜金一覧などが記述されている［Eyyubî Efendi 1994; Hezarfen Hüseyin Efendi 1998］。一八世紀以降からは各種儀礼の順序や賜り物の内容を記録した次第書がさらに数多く作成された。該当期に次第書が作成された背景として、一八世紀に入って儀礼を司る部局において、儀礼遂行時に参照するための記録の必要性が認識されるようになったためであるとカラテケは指摘している［Karateke 2007: 36］。イスタンブル生まれのアルメニア系オスマン人で、スウェーデン領事館の通訳官として活躍したドーソンは、一七八七年パリでフランス語によるオスマン朝に関する浩瀚な解説書『オスマン帝国総覧 *Tableau général de l'Empire Othoman*』を出版し、ここでは宮廷儀礼についての記述も多くみられる［d'Ohsson 2001］。ドーソンはオスマン語やアラビア語にも通じていたから、上述の儀式次第書も参照したうえで記述をおこなったと考えられ、その内容は十分信頼に足るものである。ただし、これらの史料にあらわれる儀礼の内容は一八世紀以降の比較的後世になってからのものであり、ただちに一六―一七世紀の儀礼と同一であるとは断定できず、一定の注意を要する。ここでは主に、上記の史料に依拠したオスマン史研究者のウズンチャルシュルの研究書、『オスマン朝の宮廷組織』および『オスマン朝の中枢および海軍組織』の記述に基づいて主要な宮廷儀礼の内容を整理する［Uzunçarşılı 1988a; Uzunçarşılı 1988b］。

御前会議（dîvân-ı hümâyûn）

御前会議の歴史　オスマン朝の支配組織の全体としての意思決定と調整がおこなわれる場が、御前会議ないし閣議（dîvân-ı hümâyûn）とよばれる合議機関である。これは、君主自身が重臣たちとともに臣民の訴えを聞き政務をとる、イスラーム世界に古くからみられた習慣に由来し、制度化したものであった(6)［鈴木 1993: 26］。オスマン朝では遅くともスレイマン一世からはスルタンが議場において目にみえるかたちでは臨席することをやめ、大宰相が主宰する形態になったため、御前会議とよぶよりは閣議の方が実情にはふさわしい訳語となる。本書では通例に従って以後「御前会議」の訳語を用いる。御前会議の構成員は大宰相と宰相たち、ルメリとアナドルのカザスケルたち、財務官たち、そして文書行政の責任者である国璽尚書であった。

一六―一七世紀のオスマン朝の御前会議の詳細をのべる前に、いったんその歴史を確認しておきたい。元来アラビア語の「閣議（dīwān）」とは軍隊の記録を意味し、のちには記録全般を指す語となった。さらに下ると、これら記録を取り扱う部局を指し示すようになって、さらに意味が転じてオスマン朝では君主に関する形容詞「ヒュマーユーン（hümâyûn）」が付されてさまざまな決定がおこなわれる御前会議を意味するようになった。

オスマン朝にこの御前会議がもたらされた時期ははっきりしない。文字史料において初めて明確に御前会議に関する記述が現れるのが一五世紀末に執筆されたとされるアーシュクパシャザーデの年代記とこの内容を引用したと思われるネシュリーの年代記で、二代目スルタンのオルハンの時代（在位一三二四―一三六〇）に、御前会議出席者は「ねじれたターバン（burma dülbend）」を着用する習慣があったという［Aşıkpaşazade 2007: 312; Neşrî 1987: 156; Lewis 1965: 337; Mumcu 2007: 2］。御前会議と切っても切り離せない関係にある宰相制度は、同じくオルハンの時代にオスマン朝で受容されたと考えられるため、宰相制度の導入とほぼ時を同じくして御前会議がおこなわれるようになったとみなしてよいだろう。続くムラト一世とバヤズィト一世の時代に御前会議はオスマン朝の行政機構とともにさらなる発展を遂げた。御前会議に関する確実な情報が得られるのは、一三九二年にバヤズィト一世に対するマムルーク朝のスルタン・バルクークの使節団に参加した、外科医のイブン・アルスガイルの証言である。これによるとスルタンは毎日早朝より、高楼から民衆の嘆願を受けており、嘆願の内容を謁見室に居並ぶ宰相以下の重臣と協議する御前会議の基本形が既に成立していたことをうかがわせる［Ibn Hâcer 1948; İnalcık 1948: 192; Muslu 2014: 50–51, 79; Mumcu 2007: 3］。第1章で論じたように、一四世紀オスマン朝の宮殿はアナトリア西部に割拠する他の政権のものと同じく、都市内部にある高楼をもつ小規模な形態であったと考えられ、御前会議とそこでの嘆願についての記述もこれに合致する。

さらに御前会議は、同時に会食を伴っていたことが上述したイブン・アルスガイルの記述から明らかである。マムルーク朝の使節団はスルタン本人やオスマン側の廷臣、兵士そして楽団とともにおこなわれる宴席に参加し、これはバヤズィト一世の時代から始まったものであったとされる。宴席では金銀の食器が用いられ、スルタン本人も飲酒したと伝えられる(7)[Muslu 2014: 51]。第1章でみたように、少し時代が下って一四三三年にエディルネ旧宮殿を訪れたドゥ・ラ・ブロキエールも、謁見後に羊肉と炊いた米、そしておそらくワインが振る舞われる宴会が宮殿の中庭で開催されたことを伝えている。ただしこの時スルタンの食事をのせた金の大皿は運ばれてくるものの、スルタンはその場で食事をせず、また食事をする姿をみせなかったというから、全員で酒食を共にする形式はもはやとられなかったと考えられる[De la Broquière 1892: 191–192]。

高楼での御前会議と嘆願は、第1章で検討したようにエディルネ旧宮殿ではまったく違ったかたちのものへと変化した。常備軍団の拡張を受けて新設の中庭において彼らとの定期的な集会が儀礼化され、嘆願や大使謁見もこの時におこなわれるようになった。中庭において定期的にスルタンが軍団の前に姿をみせることは、安否確認の手段として重要であったことは、年代記の記述から明らかである。たとえばメフメト一世が死亡した折、しばらくの間死を隠秘することを決めた重臣らはスルタンがイズミル方面へ出征すると伝え、会議して(dîvân edip)カーディー任官や封土授与などの職務を執りおこなった。ところがスルタンが現れないことを不審に思った者たちが、宰相らにスルタンに会わせるよう詰問した。そこで翌朝の御前会議では、メフメト一世の遺骸を持ってきて後ろから腕を動かし、スルタンがいつもするように髭をしごいてみせたため、部隊長ら(ağalar)はその生存を信じたという(8)[小山 1990: 20; Neşrî 1987: 552–554]。宰相らはスルタンの死を知ればカプクル軍団が反旗を翻して「まちを劫掠し、国土に外敵がなだれ込む(şehri yağma edip, memleketimize hârici hurûc eder)」ことを恐れたというから、御前会議におけるスルタンの物理的な存在の重要性は明らかであろう。

次節でのべるように、メフメト二世は基本的にこの御前会議の様式を継承したが、最晩年になるとカーヌーンナーメを制定して謁見、閲兵、嘆願、裁可などさまざまな要素が渾然一体となっていた旧来の御前会議を、大宰相が主宰して自らは臨席しない外廷の「旧閣議の間」で開催される御前会議と、内廷の「上奏の間」における上奏への分離を図った。さらにディーヴァーンの名をもつものとしては、軍人らへの俸給支払日であるガレベ・ディーヴァーン(ġalebe dîvânı)と、緊急時にスルタンも参加して開催されるアヤク・ディーヴァーヌ(ayâķ dîvânı)があった[Uzunçarşılı 1988a: 13]。この形態が基本的に受け継がれて、次にのべる一六—一七世紀の御前会議が成立する。

一六—一七世紀における御前会議　トプカプ宮殿ではスレイマン一世が即位した一五二〇年代に大規模な改修がおこなわれた。その最大の変化が第二中庭へ向かって左奥に建設された「閣議の間(dîvânḫâne)」とよばれる区画の成立である。本書では区別のため、これ以前に建てられたものを「旧閣議の間」、一六世紀に建てられたものを「新閣議の間」とする。最も重要な会議のおこなわれる部屋は、およそ八メートル四方の正方形で、壁沿いの四方には高さ五〇センチほどのベンチがあり、上部は大きなドームが覆う。このドームに由来して、この部屋はクッベアルトゥ(ドームの下 ķubbealtı)とよばれる。中庭に面しては庇が長く伸びて、部屋に入ることが許されない官吏や随員たちの待機する場所となっていた。さらに新閣議の間には、書記らが文書を作成する部屋と大宰相の控えの間が一列に並び、さらに国庫となる宝物庫(dış ḫazîne)、文書庫、そしてスルタンが御前会議をのぞきみる部屋が設けられた正義の塔(adâlet ķaṣrı)なども隣接する。たびたび後世の改築をうけた影響で現在は外観こそロココ風になっているものの、平面などはおおむね当時の姿を留めているといってよい。

御前会議の参列者はメフメト二世のカーヌーンナーメで規定されており、大宰相を筆頭とする宰相たち、ルメリ(バルカン)とアナドル(アナトリア)のカザスケル(軍事法官 kazasker / ķâḍî-ʿasker)、文書行政部門の長であるニシャンジュ(国璽尚書 nişancı)、財務部門の長であるバシュ・デフテルダール(首席財務長官 baş defterdâr)以下の複数の財務長官たち、そしてイスタンブルに在京ならばルメリのベイレルベイ（州総督 beğlerbeği）がこれに加わった。

カーヌーンナーメに従えば御前会議は毎日開催されるものであったが、時代が下るにつれて御前会議の招集される日は減ってゆき、具体的にいつかは不明であるが一六世紀後半には週四回になったとされる。もっとも御前会議で決定された勅令の写しである、一五五四年（九六一年）と一五六五年（九七三年）の枢機勅令簿（mühimme defteri）によれば、開催は週一、二回のこともあれば毎日連続することもあったという。一七世紀半ばになると土曜、日曜、月曜、火曜の週四回開催される体制が定まった。(9) ところがメフメト四世がエディルネに移った後は、日曜と火曜の週二回へと削減され、これに代わって大宰相府で開催されるイキンディ・ディーヴァーンが重要性を増した。アフメト二世は、一六九四年（一一〇六年）に再び回数を週四回へと戻すも、一八世紀になってアフメト三世の時代になると週二回、最終的には火曜のみの週一回へと削減された。この時期の御前会議は形骸化してかつての最高意思決定機関の役割を失い、もっぱら民衆からの嘆願を受ける場へと変容していたとされる［Uzunçarşılı 1988a: 3-5］。

イブン・アルスガイルの目撃した一四世紀末同様、一六世紀になっても御前会議は早朝より開催された。まず参加者は、朝の礼拝を通常アヤソフィア・モスクでおこなったのち、隣接するトプカプ宮殿の帝王門前へと集合する。最後に大宰相を除く宰相たちが現れると門が開かれて一同は第一中庭を抜け、さらに表敬門から第二宰相を先頭とする行列を作って第二中庭へと入る。この際、各人の待機する位置や挨拶などの所作にも細かな規定があった。またカザスケルと財務長官たちは先行してクッベアルトゥの隣にある書記の部屋で待機する。行列が新閣議の間まで到着すると各人は後述する席の位置へと移動し、第二宰相の挨拶を合図に着座する。大宰相は朝の礼拝を自邸でおこなったのち、御前会議参加者全員の知らせを受けてからここを出発して騎乗して表敬門へと至る。ここで下馬するのを合図に待機する人員に大宰相の到着が知らされ、彼らは新閣議の間に巡らされた庇周辺に立ち並んで大宰相を待つ。大宰相はいったん新閣議の間の前を通過した後、宝物庫近くまで進み、至福門前に並んだ至福門長官や内廷の小姓たちに挨拶したのち、再び戻って待っていた宰相らにも挨拶して室内へ入る［Uzunçarşılı 1988a: 14–17］。

参加者は壁沿いのベンチに座る。中庭からの入り口に向かって正面、ちょうどスルタンが会議の様子をのぞきみる窓の下が大宰相の座となり、その右手に位階順に宰相たち、左側にルメリとアナドルのカザスケルが座った。ルメリのベイレルベイがいれば最下位の宰相のさらに下座に座る。大宰相の左手、書記の部屋側のベンチには三人の財務長官たちが座り、その後ろでは書記や財務官らが床に座って職務をおこなう。そこにちょうど向かい合う位置にはニシャンジュが座った。他にはレイスルキュッターブ（書記官長 reisü'l küttâb）が宰相の近くに立つ［Bon 1996: 34］。部屋の外の庇下、壁沿いの石のベンチには宮廷厨房長やイスタンブル長官、宮廷建築家長らが座って待機して指示を待った［Uzunçarşılı 1988a: 17–20］（図2–7）。スルタンは建前上、正義の塔の中の部屋から金格子の窓を通して会議の様子を傍聴していることになっていたが、必ずしもいつもここにいたわけではない。金格子の窓はあくまでもスルタンがそこにいるというシンボルである。

すべての準備が整ったのちに、ようやく会議が始められる。大宰相が中心となって、外交から内政関連の議題、はては民衆からの苦情や嘆願などの処理がおこなわれる。嘆願者は順番にクッベアルトゥの中によばれ、トルコ語を解

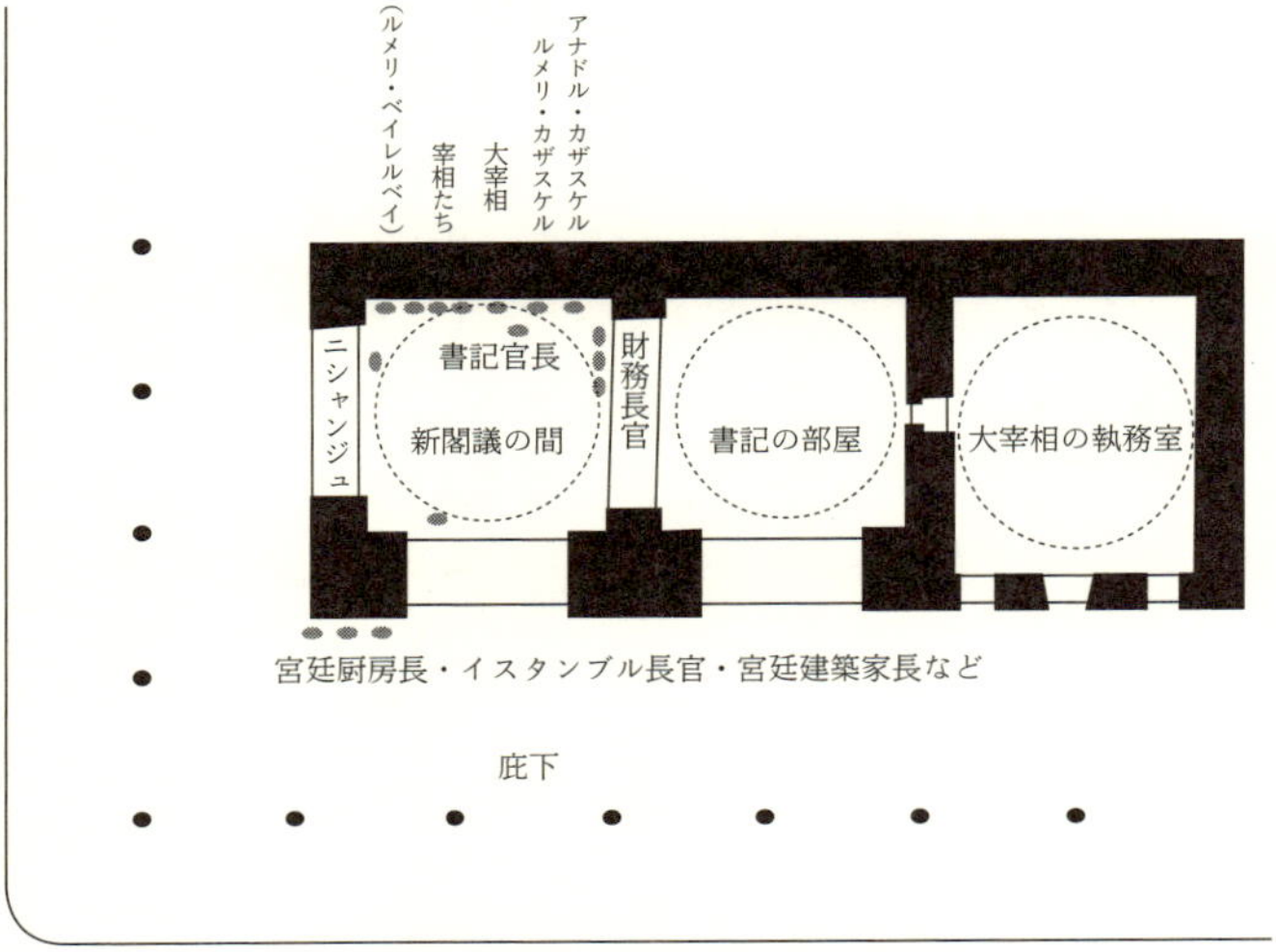

図 2–7　新閣議の間での着座位置（筆者作成）

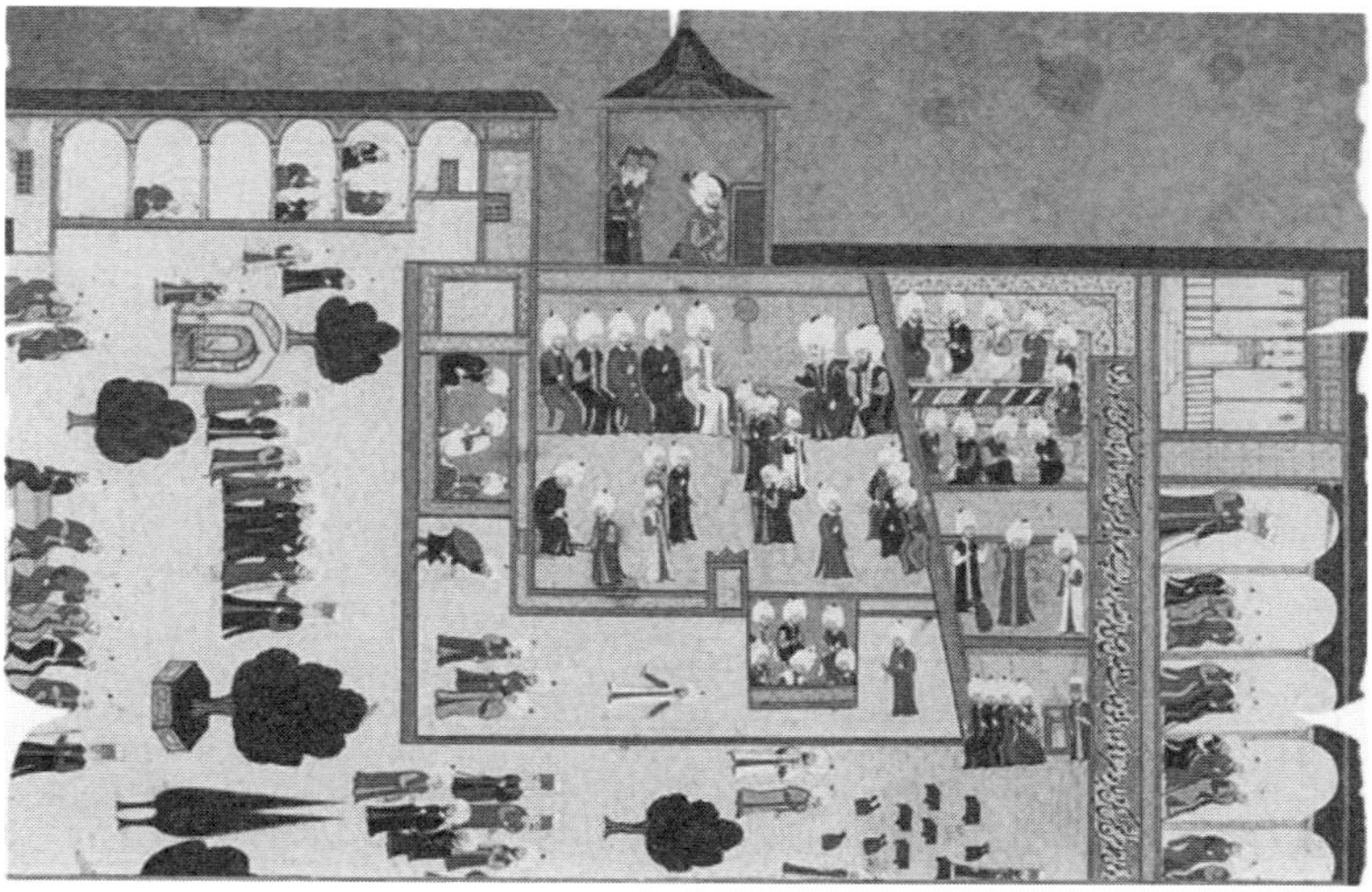

図2–8　新閣議の間での御前会議の様子（トプカプ宮殿博物館所蔵 Hünernâme（Necipoğlu 1991: 56））

さない者のためには通訳が用意されていた。議題や嘆願の処理に際してさまざまな文書が作成され、午前中いっぱいまでは御前会議が続けられる（図2–8）。

散会後参加者は一度退席し、クッベアルトゥでは三卓の食卓と宮廷厨房で調理された昼食が用意される[10]。食卓は、大宰相の前にひとつ、そのほかの宰相らの前にひとつ、最後にカザスケルたちの前にひとつで、ニシャンジュと首席財務長官は椅子に座って大宰相の食卓で共に食べる。宰相たちの食卓にはその他の財務長官がやはり椅子に座って参加する。食事中は軍楽隊長や宮廷厨房長らが待機し、食事後は儀典長がバラ水、宮廷厨房長が香油を振る舞った。食事の残り物はより下級の高官らへと払い下げられ、大宰相の食卓はレイスルキュッタープとその配下、宰相たちの食卓はチャウシュバシュとノベトチ、カザスケルたちの食卓は門番長と書記たちが食べる。二番目の集団はクッベアルトゥの入り口側、三番目は旧閣議の間の前で食べた。さらに他の者たちにも食事は用意され、イェニチェリたちには中庭でスープとパンが用意された［Uzunçarşılı 1988a: 25–28; 鈴木 1995: 181–183］。こののちまだ業務が残っていれば続いて会議は開催され、なければ解散となる。さらにこの日が次にのべる上奏の日にあたっていれば、内廷の上奏の間に赴いてスルタンに報告をおこなうことになる。

以上御前会議の模様を、とくに参加者の位置関係に着目してのべた。ここからは、クッベアルトゥを中心とする新閣議の間における御前会議の形式と空間の用いられ方がきわめて詳細に規定されていたことがわかる。ドゥ・ラ・ブロキエールの目撃したエディルネ旧宮殿での御前会議は主に屋外の中庭が舞台となっており、室内空間が主体となる一六世紀以降のトプカプ宮殿での御前会議とはかなり様相を異にする。一五世紀前半当時の御前会議の名残は、むしろあとでのべる祝祭時や即位時の儀礼にみてとることができる。

上奏

御前会議で決定された事項は続いて、内廷の「上奏の間」においてスルタンに上奏（'arz）される。御前会議が週四回開催されていた時には日曜と火曜の二回、週二回だった時は火曜のみの一回上奏がおこなわれた。

上奏の間は玉座が置かれる部屋に控えの小部屋が二つ付属するものである。新閣議の間同様に庇が巡らされており、これは第二中庭と第三中庭をつなぐ至福門の庇に接続していて門から部屋までは雨に濡れずに移動することができる。一般に考えられるような豪華な玉座の間に比べれば規模はそれほど大きくなく、庇部分を含めれば長辺約二四メートル短辺約一九メートルで、玉座の部屋に至ってはわずか長辺九メートル短辺七メートルほどで、クッベアルトゥとほぼ同程度の規模である。玉座は部屋の向かって正面の位置ではなく、向かって左奥の北角に置かれる。

上奏前に御前会議の内容を要約した上奏書（テルヒース telḫīṣ）がスルタンの元に送られ、その内容が認められたのちに再び新閣議の間へと送付される。まず上奏の間によばれるのは御前会議のメンバーではないイェニチェリ長官で、部隊に関する報告をおこなって退席する。次によばれるのはルメリとアナドルのカザスケルで、カーディー業務の報告をおこなって退席する。次は新閣議の間に残っていた大宰相とそれ以下の宰相たち、そして財務長官たちと国璽尚書が上奏の間に向かう。部屋に入ると大宰相は床に接吻したのち、敬意を示すため腕を胸に組んでスルタンの右側に立つ。その他の者たちは大臣の下座に立つ。俸給支払日であれば首席財務長官が報告をおこなったのち退席し、続いて大宰相が報告をおこなうがこの際その他の宰相たちは一言も発しない。これが終わったあと各人は退席して、早朝から続く一連の業務は終了する［Uzunçarşılı 1988a: 30–35］。一方ボンの記述では、財務長官らが報告をおこなって退席したのちに大宰相と宰相らが入室しているので、一七世紀のどこかの時点でわずかとはいえ式の次第に変更が生じていると考えられる［Bon 1996: 37］。

もし外国使節が来訪していれば、上奏時にあわせて謁見がおこなわれる。この仔細についてはのちに記述する。

即位式

即位式（cülûs）は新スルタンの承認にともなって開催される、オスマン朝の諸儀式の中でも最も重要な儀礼である。一七世紀末から一八世紀初頭にエディルネで即位した三人のスルタンを除けば、一四八一年のバヤズィト二世から一九一八年のメフメト六世即位まで、イスタンブルではトプカプ宮殿が一貫して即位式の場となった。

スルタンの死去、あるいは退位・廃位によってスルタン位が空くと、ハレムを司る黒人の宦官長（dârü'üs-sa'âde ağası）がまず後継者にこれを伝えて、ハスオダにある聖外套（hırka-i sa'âdet、預言者ムハンマドのものと伝えられる衣服）の間に連れて行きこれを着せる。衆目のもとおこなわれる中庭での即位式に先立って、ハスオダでは大宰相と、ウラマー層で構成された司法文教部門の長であるシェイヒュル・イスラームが新スルタンに宣誓（bi'at）した。彼らに続いて黒人宦官と内廷に仕える者たちも宣誓をおこなった。聖外套は一五一七年にセリム一世がエジプトを征服した際に持ち帰ったものとされているため［Atasoy 1998: 375］、少なくともセリム一世の即位までは聖外套を着せる儀礼が存在しなかったことは明らかであり、ハスオダでの宣誓式とセットになった儀礼の起源は不明である。

これが済むと、大宰相とその他の御前会議のメンバーは新閣議の間に、シェイヒュル・イスラームとその他のウラマーたちは旧閣議の間に入って待機し、第二中庭から第三中庭に通じる至福門前に玉座が据えられる。ドーソンによれば第二中庭には、以下のように門に向かって右側に三列の列を作って参加者が並ぶ。一番目の列には二人の門番長、旗持ち役（mîr-i ʻalem）、イェニチェリ長官、儀典長、二人の厩長（mîrâḫur）および猟犬係（sekbân）たち、二番目の列にはイェニチェリ各部隊の部隊長たちと親衛隊であるソラク（ṣolaḳ）の長たち、三番目の列には他の歩兵軍団、騎馬軍団、砲兵軍団の部隊長や伝令係であるペイク（peyk）の長とその他四人の高官が並ぶ。中庭の正面の門脇の回廊には、門番係と内廷に仕える斧持ち（zülüflü baltacı）が並び、側面の回廊には倉庫係（kilerci）たちと宮廷厨房に仕える者たちが並ぶ。玉座の前の中庭にはチャウシュバシュと門番副長（ḳapucılar kethüdâsı）が立つ。

全員が配置につくとスルタンが黒人宦官長らとともに登場し登極する。登極後はまず預言者ムハンマドの子孫から任官されたナキービュル・エシュラーフ（naḳîbü'l-eşrâf）の宣誓がおこなわれ、続いてクリミア・ハン国の皇子とイェニチェリ長官ら外廷の顕官、門番長が宣誓し、旧閣議の間で待つシェイヒュル・イスラームが祈りを捧げて再び宣誓する。最後に大宰相や他の宰相、カザスケル、他の高官、イェニチェリ部隊長らが宣誓して祝福したのち、儀典係がスルタンの衣の裾に口づけすることで儀式の終わりを知らせた。スルタンは立ちあがって先代スルタンのため冥福を祈る礼拝をおこなってから、内廷へと退いた［Uzunçarşılı 1945: 187–188; D'Ohsson vol. 6 2001: 203］。セリム三世の一七八九年の即位式を描いた絵画をみても、中庭の前面に玉座が据えられて諸官が並ぶ様子を読み取ることができる（図2–9）。

以上の記述は一七五七年のムスタファ三世と一七八九年のセリム三世の即位の事例に基づいてドーソンが記述し、おそらくウズンチャルシュルも全面的にこれに依拠している。一六—一七世紀のものとは若干の相違がある可能性も

図 2-9　セリム三世の第二中庭での即位式（トプカプ宮殿博物館所蔵）

考えられるものの、中庭に宮廷の主要なメンバーが並んで、至福門下に置かれた玉座に座る新スルタンに忠誠を誓う形式に変更があったとは思われない。むしろ即位式の様子からは、ドゥ・ラ・ブロキエールが目撃した中庭における大規模な謁見儀礼の名残を感じることができる。スルタンが御前会議に直接参加せず嘆願を受け付けなくなったのち、限られた宮廷のメンバーとはいえ廷臣が外廷である第二中庭に現れて謁見する形態は、即位式においてよく保存されていたといえるだろう。

また、即位式に続いて別の日に帯剣式（kılıç kuşanması）がおこなわれた。トプカプ宮殿の第二中庭でおこなわれた即位式とは異なり、帯剣式はイスタンブル郊外のエユプにあるエユプ・モスクで挙行された。エユプに至るまでのスルタン一行の行進や、エユプでの帯剣儀礼はそれ自体が興味深い研究対象ではあるものの、本章の主題であるトプカプ宮殿の空間構成とは直接的には関係がないため、その詳細は第5章においてのべる。

軍団の俸給支払いと外国使節謁見

イスタンブルに来訪した外国使節とスルタンとの面会は、通常「俸給のディーヴァーン（ulûfe dîvânı ないし ġalebe dîvânı）」とよばれる三か月に一度、火曜日に開催されるイェニチェリらカプクル軍団への俸給支払いの儀式にあわせておこなわれた［Uzunçarşılı 1988a: 289］。形式としては、普段の御前会議が基本形となり、ここに俸給支払いや使節謁見が付け加えられるのである。俸給支払い時以外に使節が来訪した場合は、特別に軍団が集合して「大勢のディーヴァーン（ġalebe dîvânı）」がおこなわれる［İpşirli 1995: 10］。

俸給支払い日には、まず通常の御前会議がおこなわれ、散会後に俸給が分配される。新閣議の間には給料を入れた箱が運び込まれ、取り出された金は宝物庫前に並んだ各部隊長（çorbacı）に渡される。会計官、経理官、書記と共に部隊長は大宰相たちの前を通って退場する。一七世紀以降は儀礼の若干の変更がおこなわれ、大宰相がスルタンに上奏書を送ったのち、俸給支給を許可する宸筆《しんぴつ》（haṭṭ-ı hümâyûn）が返信されるなど新たな内容が付け加わった。

また俸給支給に先立ってイェニチェリたちのために、宮廷厨房で調理されたスープとピラウ、ゼルデとよばれる米の甘煮が至福門の前に置かれ、合図と共に第二中庭と第一中庭を隔てる表敬門で待つイェニチェリたちは走っていって食事を受け取り、第二中庭でこれを食べた。イェニチェリたちに待遇などの不満があれば、スープを飲まずに意思表示の手段とした［Uzunçarşılı 1988b: 411–421］。ただし一四八〇年には一万人ほどだったイェニチェリ軍団は、一六〇九年には総勢三万七〇〇〇人を超えていて［İnalcık 1973: 83］、到底全員が中庭に入りきれたとは思えないから、俸給支給時にトプカプ宮殿に集結したのはその一部だったと考えられる。

一方、これに合わせて外国使節がトプカプ宮殿に来訪した場合、儀式の次第は次のようになる。まず使節がムスリムであれば、大宰相以下一同が起立する中、新閣議の間の入り口から入って挨拶したのちニシャンジュの下座に座る。一方キリスト教徒であれば、大宰相は別室で待機し、使節が入室したのちにここに来て、これをその他の出席者が起立して迎える。使節の席は入り口側に椅子を置いて準備する。出迎えの様式と席の位置の違いによって、ムスリムと非ムスリムに対する外交的な待遇の優劣がつけられていたわけである。使節は健康状態を尋ねられたのち、御前会議の進行と俸給支払いの様子を眺めることになる。支払いが終わるとクッベアルトゥでは会食がおこなわれる。ここでは通常の御前会議後の会食のセッティングに若干の変更が加えられ、使節は大宰相の食卓に加わり、ニシャンジュと財務長官には別々の食卓が準備される。使節団の下位の者たちは宰相やニシャンジュたちの食卓に加わる。クッベアルトゥに入れない随員のうち、高位の者は旧閣議の間で、その他の者はハレム入り口側にある回廊下で食事を振る舞われる［Uzunçarşılı 1988a: 296–298］。一方、第二中庭ではイェニチェリらが多数整列して武威を示した。

食事後使節団は宝物庫前ないし旧閣議の間に連れてこられ、賜った衣服（hil'at）を着せられて休息したのちに、大宰相が上奏の間に入ると、門番長二人が使節の両脇を抱えて上奏の間に連れて行く。中ではスルタンを前にして地面に接吻し、持ってきた贈り物は部屋の窓からみえる位置に陳列される。使節の口上は通訳を通じてスルタンに伝えられ、回答は大宰相経由で伝えられる。持参した書簡はこの時に渡される［Uzunçarşılı 1988a: 298］。

祝　祭

先にものべたとおり、ラマダン明けの祭りと犠牲祭の二つがトプカプ宮殿において祝われる祝祭のうち最も盛大なもので、日頃第二中庭に姿を見せないスルタンもこの時ばかりは出御して群臣の前に現れた。

まず、祝祭当日の前日から所定の儀式がおこなわれる。第二中庭ではチャウシュや楽隊（mehterhâne）、馬の一団が整列して拍手や演奏をおこなう。その間第三中庭に玉座が据えられて外廷の人びとがスルタンにお祝いをのべる。その後上奏の間に入ったスルタンの元には、通常上奏に参上しない比較的下位の官員が訪れてやはりお祝いをのべる。これが終われば大宰相らが献上した馬が御前に引き出される［Uzunçarşılı 1988a: 201–202］。

翌日は、夜半から第一中庭へと続く帝王門が開かれて参列者が参内する。朝になるとシェイヒュル・イスラームと、最後に大宰相が来る。その後至福門下には玉座が据えられる。スルタンは朝の礼拝をおこない、ハスオダに入って黒人宦官長らの祝福を受ける。この後スルタンは玉座に向かう途中で諸官から挨拶を受けて、チャウシュたちが拍手をする中で玉座に座る。まず、スルタンの師がスルタンの手に接吻すると、スルタンは敬意を示して立ち上がる。続いてイスタンブルに在京中であればクリミア・ハン国の皇子が左側に来てスルタンの裾に接吻して素早く中庭を通って外に出る。次にナキービュル・エシュラーフが手に接吻し、スルタンはこれを受けて立ち上がる。次は王子たちの師が接吻する。この後、大宰相をはじめ第二中庭に居並ぶ諸官が次々とスルタンに挨拶をしていくが詳細については省略する。すべての挨拶が終わるとスルタンは退席し、礼拝終了後に新閣議の間では食事が振る舞われ、最後に一同は帰路につく［Uzunçarşılı 1988a: 202–209］。

以上のように、宮廷の主要メンバーが中庭に並んでスルタンに挨拶する儀式の形態は、先述した即位式の次第に酷似していることが明白である。年にわずか二回のみとはいえ、祝祭時の出御は宮廷諸官、とくに上奏に参加しえない者たちにとってスルタンにお目見えする大切な機会であり、トプカプ宮殿でおこなわれる宮廷儀礼の中でも最も重要なものであったといえる。

3　メフメト二世のトプカプ宮殿と儀礼

以上、オスマン朝宮廷儀礼がいったんの完成をみた一六世紀末から一七世紀ごろの主要儀礼についての詳細をのべた。ここではさらに時代を遡って一五世紀後半、メフメト二世がトプカプ宮殿を創建した当初のトプカプ宮殿における儀礼を分析し、一五世紀前半ムラト二世のエディルネ旧宮殿における儀礼との関連を考察したい。

メフメト二世のカーヌーンナーメとトプカプ宮殿の発展

一六世紀以降のトプカプ宮殿とそこでの儀礼については、ヨーロッパ人のものを主として多くの記録が残されており、その復元が比較的容易である。ところが一五世紀後半の創建当初のトプカプ宮殿についてはきわめて史料が少なく、とくに創建者であるメフメト二世時代については数えるほどの手がかりしか存在していない。たとえば同時代のオスマン語史料として有名なトゥルスン・ベイの年代記には、トプカプ宮殿建設についての記述こそ現れるものの、内部の詳細やそこでの儀礼についてはほとんど明らかにされていない［Tursun Bey 1977: 72–74］。

このような制約の中で、第一級の史料となるのがここまでも再三言及してきたメフメト二世のカーヌーンナーメである。メフメト二世治世末である一四七〇年代末頃に編纂されたと考えられている当史料は、スルタンが一人称で直接語りかける形式をとり、具体的には宮廷組織内での上下関係や官人の俸給などが規定されている。これに加えて、断片的ながらも宮殿の空間とそこでの儀礼についての記述もある、大変貴重な同時代オスマン語史料であるといえる。

さてメフメト二世のカーヌーンナーメに現れる宮殿空間およびこれに関連する規定は以下のとおりである。

> 至高なるディーヴァーンの座（ṣuffa-i dîvân-ı ʿâlî）に座ることがベイレルベイたちの定めである。ベイレルベイたちは宰相たちの下手に、財務官たちはカザスケルたちの下手に座る。サンジャクベイたちは外で座る（ṭaşrada otururlar）。［Özcan 2003: 6］
>
> まず上奏の間（ʿarz odası）が建てられるように（yapılsun）。我が君は幕の後ろに座られて、週四日大臣たちとカザスケル［軍事法官］たち、財務官たちはスルタンのもとに上奏に来るように（ʿarza girsünler）。［Özcan 2003: 15］

そしてハスオダ（hâṣṣ oda）も築かれた（yapılmışdır）。三二人のハスオダの小姓をおき、ここには一人の太刀持ちと一人の手綱持ち、一人の衣裳係、一人のターバンの小姓が含まれる。［Özcan 2003: 15］

諸祝祭においては、ディーヴァーンの広場（meydân-ı dîvân）に玉座が据えられ、出御するのが我が命令とされている（emrim olmuşdur）。［Özcan 2003: 16］

そして至高なるスルタンが、いかなる者とであれ食事をするのは、定めではない。するにしても、家族［のみ］とせよ。我が偉大なる父祖たちは宰相らと共に食べていたという（vüzerâsiyle yerler imiş）。予は［この慣習を］廃止したのである（ref' etmişimdir）。［Özcan 2003: 17］

史料中に登場するのは、儀礼がおこなわれるディーヴァーンの広場（第二中庭）と、宰相たちが週四回スルタンに上奏する上奏の間、そしてスルタンの主居室となるハスオダである。閣議の間についての言及はない。ただし、ネジプオールは文中の時制に着目して次のように建設の順番を整理している。まず上奏の間については「建てられるように（yapılsun）」と三人称に対する命令形が用いられていることから、カーヌーンナーメ制定時には存在していない建物だった。一方のハスオダについては「築かれた（yapılmışdır）」と完了形になっていることからわかるように、一四七〇年代末には既に存在している建物であった［Necipoğlu 1991: 20］。これにさらに補足すれば、ディーヴァーンの広場、すなわち第二中庭に祝祭時に玉座を据えて出御することについても完了形が使われているから、第二中庭も既に存在していたことは明らかである。

創建当初のトプカプ宮殿には上奏の間と、さらに上奏という行為そのものが存在していなかったことは、一四七五年にオスマン宮廷に関する手記を記したヤコポ・デ・プロモントリオによって裏付けられる。のちに詳述するように、この時期にはまだメフメト二世は、中庭に集合した八〇〇〇人の軍団の前に払暁の一五分間のみ姿をみせ、あわせて外国使節との接見もしていた。スルタンは中庭に面したポルチコ（lobia）の下に玉座を据えて座り、これは明らかに至福門前の場所を示している。内廷に上奏の間を築いてここでのみ臣下や使節と接見するのは、カーヌーンナーメが作成された一四七〇年代末以降になってからである［De Promontorio 1957: 37–39; Necipoğlu 1991: 18–19］。

ハスオダと上奏の間については直接の言及がある一方、御前会議のおこなわれる閣議の間については直接の言及はない。閣議の間がこの時期に存在していたとすれば、これは第二中庭の北西角にあった旧閣議の間のことである。

そのため、旧閣議の間はメフメト二世期には存在せず、それ以降に建設されたという可能性もないわけではない。たしかにドゥ・ラ・ブロキエールの記述をみると、エディルネ旧宮殿では宰相たちの定まった執務場所は存在しておらず、回廊外の中庭に据えた木製の台の上に座って会合をおこなっていた［De la Broquière 1892: 194］。少なくとも彼が来訪した一四三三年までは、宰相らが合議をおこなうスペースは、常設の建造物として確保されていなかった。

しかしメフメト二世最晩年のトプカプ宮殿を記述したと考えられるアンジョレッロの記録には、第二中庭に会議のおこなわれる「ロッジアと政庁（la Logia e cancellaria）」の存在が明確に示されているから、既にこの時点では何らかの建物があったはずである［Angiolello 1982: 31; Necipoğlu 1991: 76］。しかも先述のカーヌーンナーメの記述をよく読むと、県知事であるサンジャクベイは「外に座る」との表現がある［Özcan 2003: 6］。屋外で合議がおこなわれていた一四三三年のエディルネ旧宮殿とは対照的に、一四七〇年代末のトプカプ宮殿では御前会議は屋内でおこなわれており、それゆえ着座の位置に関して内と外という区別が可能であったのである。サンジャクベイが座る「外」とはおそらくアンジョレッロのいう「ロッジア」、すなわち庇下の空間であることは、のちの新閣議の間において下位のメンバーは部屋を取り巻く庇下に座って待機したこととの類似性を考慮すれば、ほぼ間違いないであろう。また、ここでの動詞の時制は一般的な状況を叙述する超越（中立）形となっているため、新たに建設が命じられた上奏の間とは違い、カーヌーンナーメの制定以前から旧閣議の間は存在していたと推測される。

すると、メフメト二世期のトプカプ宮殿は次のように整理できる。まずカーヌーンナーメが制定されて上奏の間が建設された一四七〇年代末を境として、前期と後期に区分される。前期には儀礼のおこなわれる外廷の第二中庭と、内廷の第三中庭というアウトラインがエディルネ旧宮殿から継承され、宰相らが御前会議を開催する旧閣議の間とスルタンの私室であるハスオダが存在していた。旧閣議の間がどの時点で建設されたかは現時点でははっきりしない。そして後期になって新たな規定に基づいて上奏の間が建設されるのと同時に、トプカプ宮殿での儀礼には次にのべるような大きな変更が生じた。

メフメト二世期の宮廷儀礼

建築的観点からみたトプカプ宮殿同様に、カーヌーンナーメの制定以前、メフメト二世治世前期の宮廷儀礼は、前節でみた一六世紀以降の宮廷儀礼とは相当程度様子の異なるものであった。ネジプオールは、カーヌーンナーメ制定前の様子を伝える二つの史料から、同時期の宮廷儀礼はムラト二世時代の儀礼に準拠するものだったことを指摘している［Necipoğlu 1991: 17–19］。

一つ目が、セルビア出身で一四五五年に捕らえられたのち、一四六三年頃までオスマン軍に参加したコンスタンティン・ミハイロヴィッチの回想録である。これによれば、平時イェニチェリたちは週に二回宮殿に集まって整列してスルタンとの謁見に臨んでいた。同時にこの時には大使謁見がおこなわれていた。また参加者は常にスルタンの健康状態に注意していたという［Mihailović 2011: 98］。

ミハイロヴィッチの記述は大規模な接見儀礼以外にも及ぶ。これによれば御前会議の形式は一切の変更が許されないもので、古式を遵守することが要求されていた。さらに興味深いことに、既にこの時点から御前会議の主宰者は宰相たち（wezirler ないし basslar）となっていて、ここにスルタンが参加していなかったこともものべられている［Mihailović 2011: 79]。ドゥ・ラ・ブロキエールがムラト二世に謁見した時も、スルタンは陳情者や使節を直接聴聞しておらず、御前会議への不参加はメフメト二世以前からの慣習だったと考えられる。

さらに謁見に関する記述もある。一四六一年オスマン朝に公然と反旗を翻したワラキア公ヴラド三世（小説のモデルともなったドラキュラ公）を征討するため、メフメト二世はオスマン宮廷で人質となっていたヴラドの弟を呼び出して軍兵を与えて送り出した。ヴラドの弟は大宰相のマフムート・パシャと第二宰相のイスハーク・パシャに連れられて謁見に臨み、玉座に座っていたスルタンは立ち上がって彼を側に招いて、右側にあった低い椅子に座らせて衣服と軍旗を与えたという［Mihailović 2011: 65–66］。残念ながらこの謁見がどこでおこなわれたかは不明であるものの、この時期にはまだ上奏の間は存在していなかったから、至福門下あるいはハスオダであったと考えられる。前節で検討した一六世紀以降の上奏の間での大使謁見儀礼では、スルタンが絶対的な君主として振る舞っていたことに比べれば、スルタンが立ち上がって拝謁者を傍らに座らせる点などは権威が依然確立されていなかったことをうかがわせる。

二つめのヤコポ・デ・プロモントリオは、謁見儀礼について詳細な内容を伝える。これによれば、イェニチェリらの前にスルタンが姿を現すのは単なる閲兵式であっただけにはとどまらず、同時に饗宴がおこなわれ、さらに外国使節接見やさまざまな裁判や政務が処理される御前会議の機会でもあった。早朝から始まる集会は一五分続き、その後スルタンには金皿で、その他の者には銀ないし銅の皿で食事が用意された。食事の後には君主の名が読み上げられ賛美された。使節が謁見のため来訪していればスルタンの玉座の場所まで連れてこられてその手に接吻させてポルチコ下に座らされた。続いてスルタンは内廷へと退席した。この後に儀式の参加者は外に出て、三人の宰相とカザスケルによる御前会議がポルチコ下でおこなわれて紛争が処理された。その結果はスルタンに伝えられ、再び同じ場所に戻ったメンバーによって処理された［De Promontorio 1957: 37–39］。

以上、ミハイロヴィッチとデ・プロモントリオが伝えるカーヌーンナーメ制定以前のメフメト二世の宮廷での儀礼は、明らかに一六世紀以降のものとは様相を異にする。これらはむしろ、ドゥ・ラ・ブロキエールにみたエディルネ旧宮殿での儀礼とほぼ同様のものである。この時代には、カプクル軍団の参加する週二回の謁見がトプカプ宮殿における最重要な儀礼であり、これに饗宴、御前会議、上奏、そして外国使節がいればその謁見が付随していたのである。メフメト一世の死が秘されている間、スルタンに会わせるようイェニチェリたちが要求したというアシュクパシャザーデの記述は、まさにこの謁見儀礼を示すものであると考えられ、一四七〇年代までその大筋が継承されていたことは明らかである。

前節では一六—一七世紀の御前会議、上奏、俸給支払いや使節謁見の式次第をのべた。こうしてみると、実はこれら個々の儀礼の起源は、一四七〇年代末頃までスルタン臨席の下で開催されていた、第二中庭でのひとつの集会に遡ることができると考えられる。

ところが、「諸祝祭においては、ディーヴァーンの広場に玉座が据えられ、出御するのが我が命令とされている」という規定が示すように、カーヌーンナーメの制定ののちにはスルタンが第二中庭に姿を現す機会は、祝祭や即位時に限定されるようになった。バヤズィト二世以降のスルタンはきわめて限られた時にしか群臣の前に登場しなくなったのである [Necipoğlu 1991: 21-22]。最晩年のメフメト二世が、カーヌーンナーメを通して指示した宮廷儀礼の最大の変更点は、カプクル軍団との謁見儀礼の廃止であり、そこに付属していた各要素の解体・独立であった。ネジプオールはこれをペルシアおよびビザンツにおける君主の隔絶 (seclusion) の影響によるものとし、そこには辺境の君侯国から帝国に脱皮を図る明確な意図があったとした [Necipoğlu 1991: 16, 250]。同時に、かつてのように君臣入り交じって食事をすることを禁じた規定も、スルタンと臣下との間に厳格な線引きをおこなう目的から生じたとされる。

しかし、謁見儀礼の記述をよくみてみると、実はカーヌーンナーメ制定以前から、スルタン本人の参加の程度はかなり低下していたことがわかる。第一に、スルタンが集まった者たちと親しく言葉を交わす機会は、既に失われていた。メフメト二世のみならず、ムラト二世も儀礼中に言葉を発することはなかったし、饗宴が始まってもスルタンの金皿は中庭まで運ばれてくるにもかかわらず、本人が食事をする光景はだれも目撃しなかった。臣下とともに食事をしない慣行は、カーヌーンナーメから相当遡った時期から存在していたと考えられる(11)。

バーバーイーがのべるように、テュルク・モンゴル系王朝においては、饗宴は重要な意味をもっていた［Babaie 2008: 239–243］。部族社会において臣従関係を維持するために君主の寛大さと富は饗宴という形態を通して表現され、またここに参加することは支配を受け入れる意思の表明でもあった。サファヴィー朝ではティムール朝の伝統をさらに洗練させて、饗宴が重要な宮廷儀礼のひとつとなった。ところがオスマン朝では、中庭における饗宴こそ存在していたものの、早くもムラト二世の時代にはその役割はかなり副次的なものへと後退していた。年四回開催された俸給のディーヴァーン時のイェニチェリらへの食事提供や、外国使節と大宰相たちの参加した新閣議の間での昼食は、さらに縮小を余儀なくされた饗宴の伝統の残滓ともいうべきものであった。

またムラト二世の時代から御前会議の主宰者は宰相たちになっていて、スルタンはあくまでも報告を受けて判断を下すだけとなっていた。これは、まったく後世の御前会議とその後の上奏の形式と同じである。スルタンが御前会議に臨席しなくなった契機として、次のような説話が一七世紀の歴史家ソラクザーデによって伝えられている。ある日、宰相らと居並んで会議をおこなっていたメフメト二世のもとに、不躾な嘆願者が現れて「どなたがスルタンかな」と尋ね、これに憤慨したメフメト二世は以降カーテンの背後から会議を傍聴することにしたというのである［Solakzâde 1297: 268–269; Necipoğlu 1991: 20］。ネジプオールも後世の伝承であることからこの説話の信憑性については疑問を呈する一方で、カーヌーンナーメでスルタンの御前会議への不参加が定められた内容と合致するものであるとする。だがドゥ・ラ・ブロキエールが伝えるように、そもそもムラト二世の宮廷においても、御前会議は中庭においてスルタン抜きでおこなわれるものであり、メフメト二世も単にこれを継承しただけなのであった。スルタンの御前会議への不参加の開始は、メフメト二世からさらに時代を遡らせる必要があり、これを彼の改革の結果であったとするのは、後世の創作である可能性が高い。

御前会議におけるスルタンの関与の度合いが後退した時期については、今日まで二つの考えが提示されている。ひとつがネジプオールに代表される、メフメト二世の「改革」を転換点だったと考えるものである。もうひとつが「メフメト二世のカーヌーンナーメ」は一六世紀になってメフメト二世の名を借りて編纂されたものであって一五世紀後半の状況を反映しておらず、むしろスレイマン一世に大きな変更があったとするディルガーやムムジュの説である(12) [Dilger 1967; Mumcu 2007]。ムムジュは、セリム一世が御前会議を重視してその進行を間近から眺め、時に主宰者となっていたことを指摘する。さらに、一七世紀半ばにスルタンのために執筆されたコチ・ベイの政治指南書には、スレイマン一世までのスルタンは御前会議に参加していたとの記述があることも、ひとつの根拠とされている [Mumcu 2007: 20–21]。これに対してネジプオールは、コチ・ベイのいう御前会議とは特別に開催されるアヤク・ディーヴァーヌなどのことであり、これを通常の会議と混同してはならないと主張している [Necipoğlu 1991: 77]。だがメフメト二世のカーヌーンナーメの成立がいつであれ、実態としてみれば御前会議への不参加は一五世紀前半にはみられた現象であり、あくまでカーヌーンナーメは当時の現状を追認・形式化するだけのものであったといえる。

むしろ、カーヌーンナーメ成立後の最大の変化は、中庭で定期的におこなわれていたカプクル軍団との接見の廃止である。スルタンは、宰相ら重臣とは、御前会議に直接参加しなくとも上奏というかたちで内廷において会うことは可能であった。だが早朝の謁見儀礼に姿をみせなくなることによって、カプクル軍団が君主に日常的にコンタクトする機会は失われ、スルタンはより権威的で超越した存在となったのであろう。

カーヌーンナーメ以前の謁見儀礼は、御前会議とスルタンへの報告がセットとなる、まさに宮廷儀礼の中核であった。興味深いことに、この時期には謁見儀礼に合わせて外国の使節との接見がおこなわれていたが、謁見儀礼の廃止後には逆に使節接見に合わせて、特別にイェニチェリらを第二中庭に集合させて権威を誇示する機会を設けるようになった［İpşirli 1995: 10］。謁見儀礼が解体されて御前会議や上奏、使節接見が独立した儀礼として成立して宮廷儀礼全体における重要性が高まっていく中で、かつて儀礼の中心的存在だったカプクル軍団の謁見儀礼は換骨奪胎されて、臨時に外国使節にオスマン朝の武威を見せつけるだけの副次的なものへと地位が低下していったのだった。

ここで考えなければならないのが、謁見儀礼を廃止するに至った動機である。ネジプオールはスルタンが中央集権的な帝国を建設し、かつ自らを臣下から隔絶するためにカーヌーンナーメを定め、この理念に沿ってトプカプ宮殿を建設させたとした。なるほど、以降スルタンが第二中庭に登場する機会は限定されるようになり、その存在は内廷奥深くに秘されてしまったという点において指摘は正しい。だがムラト二世の時代には御前会議に参加しなかったスルタンは、嘆願に訪れる民衆にとって既に不可視な存在であったし、一方で重臣たちはスルタンに日常的に接触するチャンネルを確保し続けた。つまりカーヌーンナーメ成立によってスルタンとの関係性に最も大きな影響を受けたのは、イェニチェリたちをはじめとするカプクル軍団であった。

イェニチェリを筆頭とするカプクル軍団はオスマン朝の軍事力の中核を成すと同時に、オスマン政府にとってはいつ反乱を起こしてもおかしくない諸刃の剣のような危険な存在であった。「奴隷」であるはずのイェニチェリはスルタンと相互信頼の関係にあって、イェニチェリは軍務を提供する一方で、君主の側も俸給を支払い、時にはボーナスを支給する必要があった。最も有名なイェニチェリの反乱として、一六二二年にイェニチェリ軍団廃絶を目論んだオスマン二世（在位一六一八―一六二二）が廃位・処刑に追い込まれたケースがある［Murphey 2002: 324–325］。

メフメト一世の死後、騒擾を恐れてその死を隠し、遺骸を背後から動かしてみせてようやくカプクルたちをなだめたというネシュリーの先に紹介した逸話は、まさに政府首脳とカプクル軍団との緊張関係を象徴するものである。一四五一年にメフメト二世が即位した直後に企画されたカラマン遠征の前には、イェニチェリたちはメフメト二世の前に二列に並んで立ちはだかってボーナスを要求した。もっとも、そののちにメフメト二世はイェニチェリ長官を罰するなどして強硬姿勢をみせることで、軍団を統制下におくことに成功した［İnalcık 1987: 116–118］。

ところが、カーヌーンナーメの制定者で強権的なメフメト二世の死後には、イェニチェリたちはついに全面的な反乱に踏み切って、大宰相のカラマーニー・メフメト・パシャを処刑したうえイスタンブル市内で略奪をおこなった［Ünver 1952: 27–28］。騒動はバヤズィト二世がトプカプ宮殿において即位し、俸給の引き上げを約束することによってようやく収束した。この背景にはジェム王子を後継者に推す大宰相と、バヤズィト王子を推すカプクル軍団の対立があって、彼らはスルタン位をも左右しうる強大な政治勢力となっていたのである［林 2008: 100–101］。

さらにこのバヤズィト二世も安泰ではなかった。対外的に融和姿勢をみせる父を批判して息子のセリムが王位を要求してクーデターをおこした際、セリムを支持するカプクルたちは大挙してトプカプ宮殿に押し寄せてバヤズィト二世は退位に追い込まれた。この時非常に興味深いのは、第一中庭までやってきた反乱軍を慰撫するため、バヤズィト二世は「かつての方法に従って至福門に玉座をおいた（uslûb-u sâbıḳa üzere serîr-i pâdişâhî dâr's-sa'âde üzerine vaẓı' olunup）」ことである［Solaḳzâde 1297: 344］。メフメト二世晩年にいったんは廃止された中庭での謁見儀礼、すなわち「かつての方法」を、謀反という緊急時に復活させることによって事態の収束を図ったのだった。このように廃止されたはずの謁見儀礼は、バヤズィト二世以降、緊急時に「アヤク・ディーヴァーヌ」として開催された[13]。スレイマン一世がイスタンブルでの洪水直後にギリシア人建築家を召喚した事例など、大きな政治的緊張が原因とならないものもあったが、カプクル軍団の反乱時にはやはりアヤク・ディーヴァーヌが開催されてその要求を聞く場となっていたのである［Uzunçarşılı 1988: 225–229］。

かくも危なっかしい一万人に近い大集団と、ミハイロヴィッチの証言に従えば週二回も宮殿の中庭で直接対面するのは、スルタンにとって非常な緊張を強いられる瞬間であったことは容易に想像できる。メフメト二世の死後イェニチェリが反乱したことからもわかるように、カーヌーンナーメ制定後もカプクル軍団は大きな力を持ち続け、かえってその影響力は強まっていった。それでも謁見儀礼を廃止してそこに含まれていた諸要素を整理し、カプクルたちとの関係を再構築することこそが、メフメト二世の宮廷儀式改革の狙いだったと思われるのである。

トプカプ宮殿の各建造物の成立とその系譜

以上の儀礼面からの考察より、エディルネ旧宮殿で成立した中庭での謁見儀礼はトプカプ宮殿へと継承されていたこと、しかしメフメト二世はカーヌーンナーメを制定してこれを廃止し、そこに含まれていた御前会議や上奏が個別の宮廷儀礼として確立したことが明らかとされた。

次に宮殿の建築空間に目をむけてみよう。まず建設当初のトプカプ宮殿では、エディルネ旧宮殿から外廷と内廷の区分が受け継がれ、外廷の第二中庭が儀礼空間となる宮殿のアウトラインは変更されなかった。外廷である第二中庭と内廷である第三中庭を結ぶ至福門が、謁見儀礼時にスルタンの玉座が置かれる場所とされたのも、エディルネ旧宮殿以来の伝統である。ここに新たに付け加えられたのは、旧閣議の間、ハスオダ、そして最後に上奏の間であった。

このうち旧閣議の間と上奏の間は、それぞれ謁見儀礼から分離した御前会議と上奏を執りおこなう建物である。一方で、スルタンの私室であるハスオダは、具体的な用途がはっきりと規定されていない。実はこのハスオダこそ、宮殿の各建造物の発展段階を考察するうえで重要な鍵を握る建物だったと考えられる。

ハスオダについて今日まで指摘されていないのが、エディルネ新宮殿にあった高層建造物「望界の楼（Cihânnümâ kasrı、以下ジハーンニュマー塔）」との関連である。第1章でのべたように、一五世紀以前のアナトリアの宮殿では高層建造物が象徴的な要素となっていて、エディルネ新宮殿の内廷中心部に位置するこの建物も明らかにその系統に連なるものである。(14)

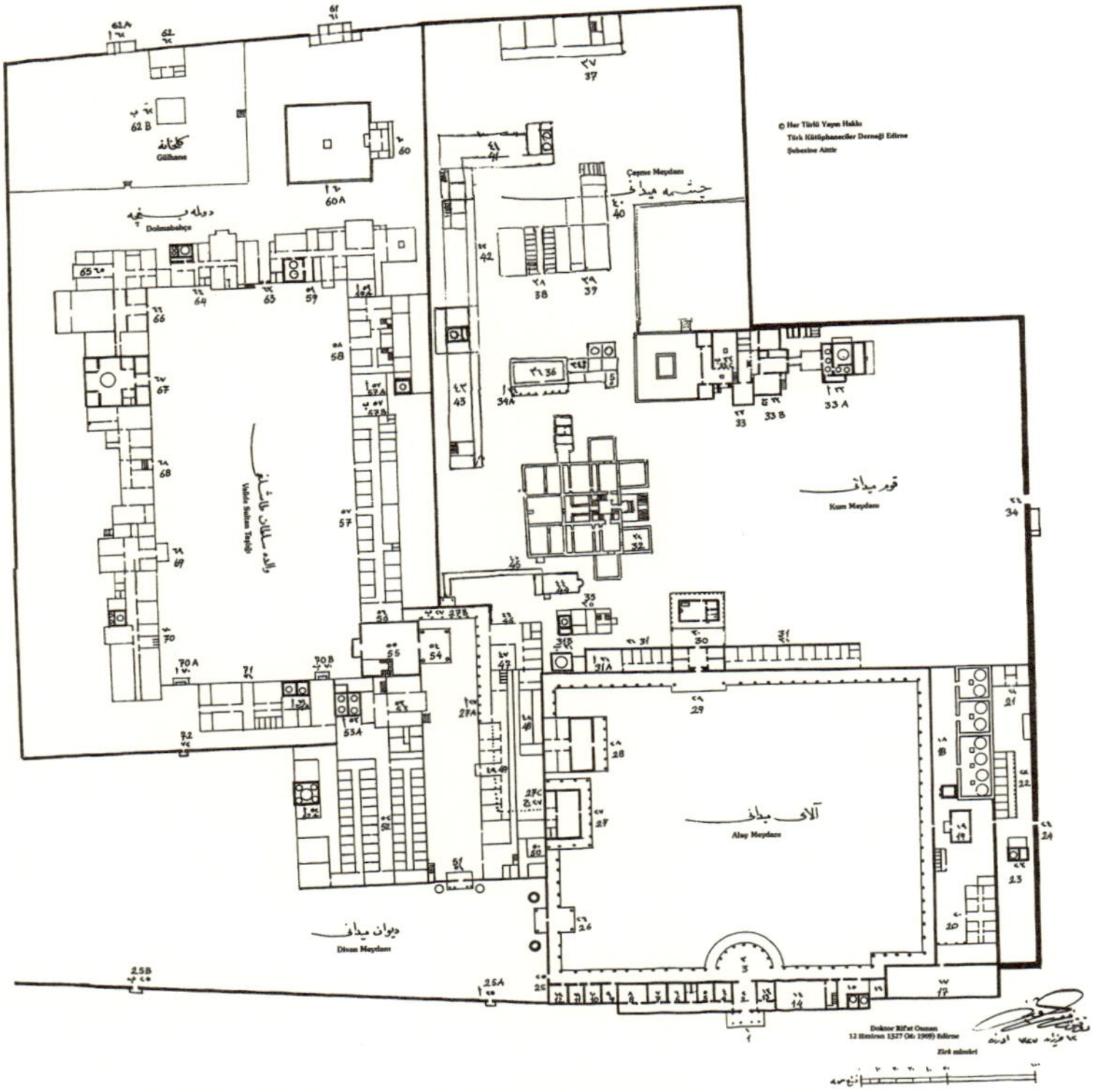

図 2-10　エディルネ新宮殿配置図（Yılmaz 2004: 32）

エディルネ新宮殿の分析は本書で検討しうる範囲を超えてしまうため、ここでは簡単にその概略のみのべる。当宮殿はエディルネの市街地からやや離れたトゥンジャ河畔に、ムラト二世の治世末期である一四五〇年から建設が始められて、エディルネ旧宮殿に代わってエディルネにおける主宮殿となった。エディルネ新宮殿はイスタンブルへの遷都後も用いられ一九世紀までエディルネに滞在するスルタンと宮廷の滞在地となったが、一八七七年に勃発した露土戦争時にエディルネは占領され、この際火薬庫となっていた宮殿は破壊されてしまった。またトプカプ宮殿同様、度重なる増改築がおこなわれて当初の姿を知ることは難しいものの、一九世紀の図面や写真をみる限りやはり複数の中庭から構成される、エディルネ旧宮殿やトプカプ宮殿に似た宮殿だったことがわかる。現在ではジハーンニュマー塔などいくつかの遺構が現存しており、二〇一一年より宮殿全体の本格的な発掘調査がおこなわれている［Özer 2014; Osman 1957］（図2–10、図2–11）。

ジハーンニュマー塔についてはユンヴェルの詳細な研究がある［Ünver 1953］。建物の入口上部にあった碑文によれば、建設はメフメト二世によって一四五一年（八五五年）から始められ、翌一四五二年（八五六年）には完成したという［Ünver 1953: 3–4］。一方で、宮殿の建設はムラト二世によって始められており、アレルは既にこの時存在していた建物をメフメト二世が改築したのではないかと推測している［Arel 1996: 102–103］。

図2–11　エディルネ新宮殿ジハーンニュマー塔（Ünver 1953）

第1章での検討から明らかにされたように、エディルネ旧宮殿ではそれまでの高層建造物に代わって、中庭が儀礼空間として登場した。エディルネ新宮殿でも、トプカプ宮殿同様に「至福門」という名をもつ門があり、その前に広がる外廷の中庭が儀礼空間となっていた。ところがエディルネ新宮殿の内廷に建てられたジハーンニュマー塔は、かつてルーム・セルジューク朝やマムルーク朝でも玉座の間や謁見の場として用いられていた高層建造物の再現である。そこで、このようなアナクロニスティックな建物がエディルネ新宮殿に建てられた理由と、その機能を検討しておかなければならない。

この建物にはさまざまな名称があったが、中でも「王の玉座（Taḫt-ı Hümâyûn）」「ハスオダの楼（Ḫâṣṣ oda köşkü）」「私的な宝物庫

図 2-12　マニサ宮殿の楼閣（筆者撮影）

（Hâṣṣ hazîne）」という三つが興味を引く［Ünver 1953: 3; Özer 2014: 18］。つまりジハーンニュマー塔には、玉座を置いて謁見をおこない、スルタン個人の財貨を置く二つの機能があったこと、そしてこの建物こそエディルネ新宮殿の「ハスオダ」であったことが示されている。エディルネ新宮殿にはその後も他にハスオダの名称をもつ建物は建設されなかったから、ジハーンニュマー塔と、トプカプ宮殿にある低層のハスオダは、実は同機能をもつ建物であったことがわかる。

このうち、宝物庫としての役割は理解しやすい。一五世紀以前にも、塔は宝物庫として用いられており、コンスタンティノープル征服直後、イスタンブルの宝物庫は城壁脇の「七塔（Yedi kule）」に置かれていたのである。同様の機能がジハーンニュマー塔にもあったと考えられる。トプカプ宮殿では、内廷ではなく外廷において、現在新閣議の間がある場所に接して「正義の塔」が建設されて、宝物庫として用いられていた。

では玉座の間としてはどのように用いられたのだろうか。たしかにエディルネ旧宮殿では、既に外廷の中庭での謁見儀礼が成立していたから、内廷の玉座の間で謁見をおこなう必要性はなかったかに思われる。だが、同時代王子たちの赴任地となっていたマニサ宮殿には、内廷において謁見の間として使われていた建物をみいだすことができる。ムラト二世はメフメト二世に一時譲位したのち隠居地のマニサ宮殿に滞在しており、第1章でものべたように一四四六年にここを訪ねたチリアコは、格別の厚遇を受けて「内々の部屋（interiorem et secretam aula）」に招き入れられて

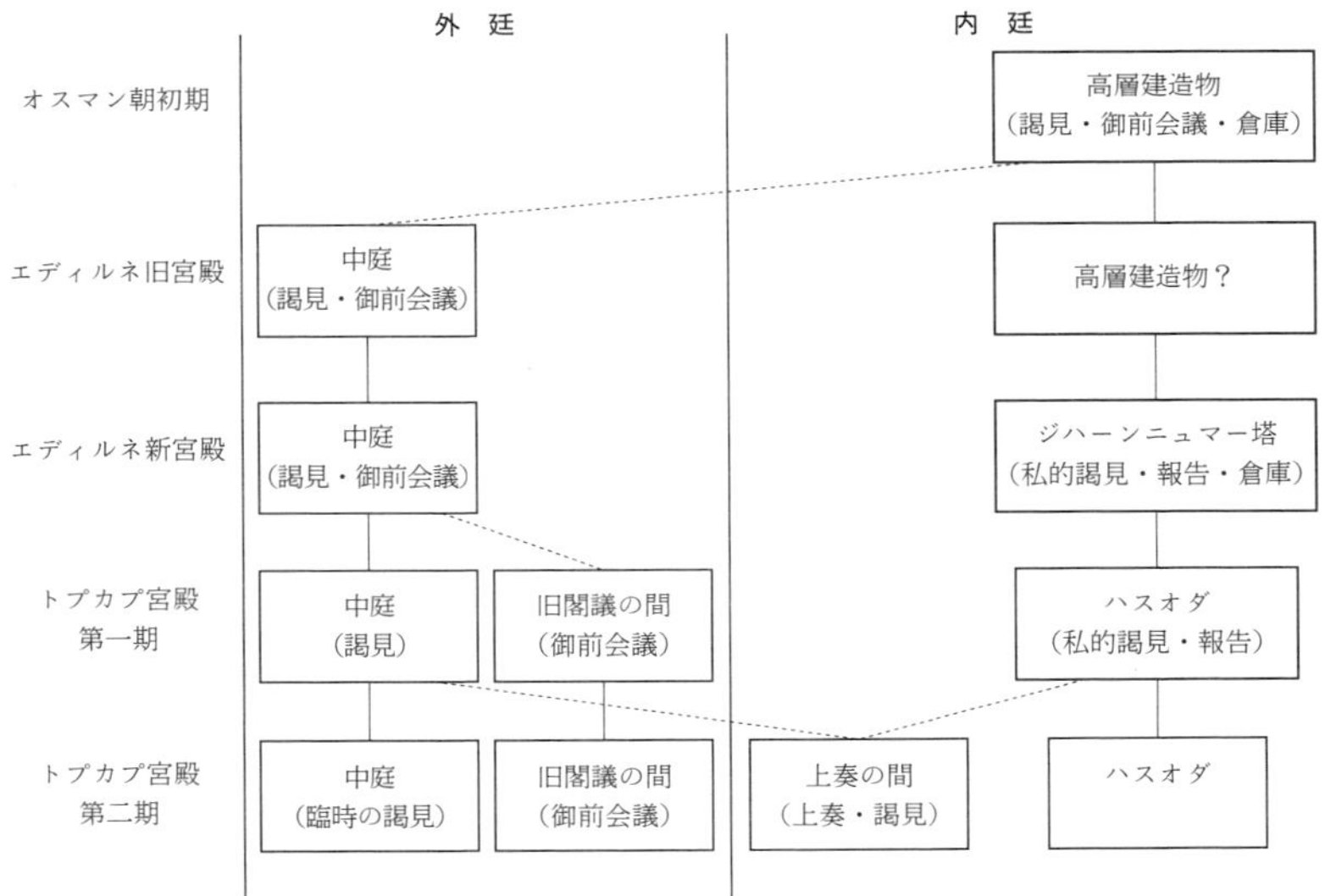

図2–13　オスマン朝の歴代宮殿と各建造物の系統図（筆者作成）

いる［D'Ancona 2003: 246–248］。内々というからにはこれは内廷にあった建物であり、トプカプ宮殿で外国人らとの謁見に用いられた上奏の間は、カーヌーンナーメ成立以前のこの時期にはまだ登場していなかったわけであるから、これはジハーンニュマー塔に相当する建物だったと考えられる。これを裏付けるように、今日でもマニサ宮殿跡地には塔状の建造物が現存している（図2-12）。

つまり、カプクル軍団との大規模な謁見および御前会議という新たな宮廷儀礼は、外廷の中庭へと移管された一方で、ジハーンニュマー塔は内廷におけるスルタンの私的な謁見の場として機能し続けていたと考えられる。そして「ハスオダ（私的な部屋）」という言葉自体の意味が示すように、エディルネ新宮殿のジハーンニュマー塔の機能は、トプカプ宮殿ではハスオダに託されていた。

儀礼とそれがおこなわれる各宮殿の建造物の関係を示すと次のようになる（図2-13）。まず一五世紀初頭のエディルネ旧宮殿成立以前、謁見や御前会議など主要な宮殿儀礼がおこなわれる場は高層建造物であった。ところが、エディルネ旧宮殿において新たにカプクル軍団との謁見儀礼が創設されると、これに対応する儀礼用中庭が建設され、従来高層建造物があった場所から隔てられて外廷となった。エディルネ旧宮殿の内廷にジハーンニュマー塔に相当する建造物の存在を直接示す証拠はないものの、マニサ宮殿やエディルネ新宮殿の事例をあわせて考えれば、これに類するものがあったとして間違いないだろう。ここは私的な謁見がおこなわれ、スルタンの財貨が置かれる場所となっていた。

メフメト二世がトプカプ宮殿を建設すると、この図式にはさらなる変化が生じた。カーヌーンナーメ成立以前の第一期には、まず外廷において旧閣議の間が建設されて、従来中庭の一角でおこなわれていた宰相たちによる御前会議がここで開催されるようになった。これは会議に参加する書記など事務的な作業をおこなう者の数が増え、また雨天などの影響をうける中庭で会議をおこなうことに支障が生じたためであろう。内廷にあった塔は、ここではハスオダとして低層の建物となり、引き続き私的謁見や御前会議後の報告がおこなわれる場所として用いられたと考えられる。トプカプ宮殿では中庭での謁見儀礼が確立してかつてのようにスルタンが高楼の上から接見をおこなうことがなくなり、また外廷には正義の塔が建てられて宝物庫としての機能を担ったことが、高層ではなく低層のハスオダが採択された理由であると推測される。

さらにカーヌーンナーメが制定されて謁見儀礼が廃止された第二期になると、新たに上奏の間が建設されて「上奏」がおこなわれる場となった。それまで内廷の隅にあるハスオダでおこなわれていた私的謁見や報告機能は、ここに至って上奏儀礼として整理・制度化されて、外廷への窓口となる至福門横の上奏の間へと移管されたのだった。至福門下に玉座を置いて謁見儀礼をおこなわなくなると、ハスオダの位置では宮廷儀礼の舞台となる外廷はあまりにも遠く、また至福門に隣接する旧閣議の間での御前会議傍聴の便宜のためにも、外廷と内廷が接する地点に上奏の間が建てられる必要があったと考えてよかろう。

このように、トプカプ宮殿に順次建てられた重要建造物は、機能的にみていずれもそれ以前の宮殿群にあった中庭や高層建造物から分化して誕生したものであった。たしかに、カーヌーンナーメ制定はトプカプ宮殿の空間が変化するひとつの契機となりはした。だが、各建物を細かく検討していくと、いずれもトプカプ宮殿以前の宮殿にその起源をみいだすことができ、すべてを英雄メフメト二世の創意の結果と帰結するのではなく、オスマン朝宮殿群の連続性においてその発展過程を位置づける必要があろう。

4　謁見儀礼の廃止とトプカプ宮殿の発展

本章では、前半において一六―一七世紀トプカプ宮殿での主要な宮廷儀礼を確認し、後半ではここから遡上するかたちで創建当初のトプカプ宮殿の空間と儀礼を分析した。その結果、第1章で検討したエディルネ旧宮殿の空間と儀礼がトプカプ宮殿に継承され、メフメト二世のカーヌーンナーメをひとつの契機としつつ発展を遂げていった過程が明らかとなった。

トプカプ宮殿に関して、ネジプオールはメフメト二世の中央集権的な帝国とスルタンのイメージに基づく空間であるとのべる。しかしながら、第一にトプカプ宮殿の中庭を中心に置く構造は、エディルネ旧宮殿と変わらぬものであり、一五世紀前半からの継続性に目をむける必要がある。第二に、メフメト二世晩年になってカーヌーンナーメが制定され、トプカプ宮殿の改変がおこなわれたという事実をふまえれば、これは常に一貫した空間構成の原理に基づいて計画されたのではなく、むしろ漸次変化していく宮廷儀礼に対応して適宜各建造物が創建されていったという認識に立つべきであろう。トプカプ宮殿は一五世紀のオスマン朝宮殿群の中に位置づけることで、はじめてその特質が理解される。

一四七〇年代末のカーヌーンナーメ成立までは、宮殿儀礼の中核となっていたのはカプクル軍団との謁見儀礼であり、御前会議や上奏など一六世紀以降オスマン朝の宮廷を象徴するようになる儀礼群は、あくまでこれに付随して開催される副次的なものでしかなかった。トプカプ宮殿をみて、散漫で壮麗さに欠ける印象を受けるのは、なるほど正しい。トプカプ宮殿、そしてエディルネ旧宮殿など他のオスマン朝の主宮殿は、第一に多人数のカプクル軍団を中庭に収容しスルタンとの定期的な謁見をおこなうため建てられたものであった。そこには、外来者を建築空間でもって圧倒し威儀を示すという意図をみてとることは難しく、むしろ君主と反抗的な直属軍団の臣従関係を確認するという内的な論理に基づいた空間が存在していた。ティムール朝ケシュの「白の宮殿」も、中庭を中心とする構造こそトプカプ宮殿に共通するが、その正面には巨大なアーチの門があって、強烈な印象を与えた。ところが、オスマン朝の主宮殿で訪問者を待ち受けるのは、広い中庭と突き当たりの慎ましやかな至福門、そしてその下に座るスルタンだけであった。

代わって彼らに感銘を与えたのは、第二中庭に居並ぶカプクルたち大集団の偉容であった。人間の数によって威信を示すことは、もちろん古今東西の王朝に普遍的にみられる手段で、アッバース朝バグダードの宮殿を訪れた外国使節も林立する兵士や廷臣の規模に圧倒された［サービー 2003: 14–16］。トプカプ宮殿を特徴づけるのは、建物ではなく人間集団の方に威信表現の主眼が置かれていたことであり、さらにこの集団が招集される謁見儀礼が本来スルタンとカプクル軍団のために開催された内政行為であり、外交機能は二次的であった点である。

晩年のメフメト二世が定期的な謁見儀礼を廃止したことは、たしかにオスマン朝の宮廷儀礼とトプカプ宮殿の構造の転換点となった。内政であった謁見儀礼は、スルタン本人は参加しない外国使節へのパフォーマンスとして維持され、またその名残は年二回の祝祭時や即位時のスルタンの中庭への出御と廷臣との接見にみることができる。カプクル軍団の集結は、かつての君主と臣下が対面する緊張した交渉の場ではなく、訪問者に帝国の武威を開陳するための、より宮廷儀礼とよばれるにふさわしい儀礼的行為へと転換されていった。さらに多様な要素が混在した中庭での謁見儀礼廃止にともなって、スルタンとの謁見の場はあらたに建設された上奏の間へと移された。

だが付言すれば、カーヌーンナーメ以前から変化の兆しは既にみられていたし、新たな重要建造物はエディルネの新旧の宮殿にその祖型をみいだすことができる。ムラト二世時代からスルタンが参加していなかった御前会議は、トプカプ宮殿では上奏の間建設以前に第二中庭に建てられた旧閣議の間でおこなわれるようになった。エディルネ新宮殿のジハーンニュマー塔はトプカプ宮殿ではハスオダとして再現され、のちに謁見機能の主体は上奏の間へと移管された。つまり一五世紀という時代の枠組みの中で眺めれば、メフメト二世による謁見儀礼の廃止という変革はあったものの、トプカプ宮殿はエディルネからイスタンブルへと至る宮殿群の一発展形態でしかなかったのである。一七世紀トプカプ宮殿において完成した宮廷儀礼も、儀礼として洗練され分化・複雑化していたとはいえ、あくまでその延長線上において位置づけられなければならないであろう。

（1）本章の関連するところでは、メフメト二世の建設当初から新閣議の間が存在していたとされているが、これは明らかに誤りで旧閣議の間の存在がまったく無視されてしまっている［ペンザー 1992: 142］。

（2）たとえばヴリオニスは四世紀のコンスタンティノープルの建設者コンスタンティヌス一世とイスタンブルの復興者メフメト二世を比較し、両者ともに「超人的人格（daemonic personalities）」を備えた人物であったとする。このまちは両英雄によって帝国化、神聖化、官僚化、識字化、軍事化、人口化、類義化、象徴化、聖地化されたとの見解が披見される。ここから垣間見えるのは一時代の英邁なリーダーが都市や建築を築くという英雄史観である［Vryonis 1991: 17, 19］。

（3）一四世紀に小規模なスルタン直属軍として組織された常備軍団で、大きく歩兵と騎兵の二種類に分けることができる。中核となるのはもちろん歩兵のイェニチェリ部隊で、そのほかに砲兵や工兵、アルトゥ・ボリュク（altı bölük 六連隊）とよばれる騎兵隊などから構成された。封建的知行制に基づく在地騎兵と並んでオスマン軍の中核となり、とくに一六世紀後半以降急速に組織が拡大していった［鈴木 1993: 45; Özcan 2001］。

(4) なお四回ではなく三回に分けて支給されることもあった。詳細については次を参照 [Uzunçarşılı 1988b: 412]。

(5) 当該史料のラテン文字転写にアラビア文字版ファクシミリを付したものも刊行されている [Tevkiʻî ʻAbdurraḥmân Paşa 2011]。

(6) オスマン朝初期の御前会議については、以下の論文が詳しい [小山 1990]。

(7) 第3章でのべるように、一三世紀のルーム・セルジューク朝では既に酒食を伴う宴会は謁見後に頻繁に開催されていたため、バヤズィト一世以前からオスマン朝でも宴会はおこなわれていたはずである。イスラーム世界では古くより宴会をおこなうのは君主の義務であり特権でもあった。宴会で惜しみなく酒食を振る舞うのは君主の寛容さと富を明示する行為であり、またここに参加するのは臣下の臣従の証となる。

(8) メフメト一世が病に倒れたのち、不穏状態になった軍団をなだめるためその前に姿を現したとの記述は、ギリシア人のドゥカスの年代記にも現れる [Doukas 1975: 127]。

(9) 一六世紀末のムラト三世の宮廷に仕えたユダヤ教徒医師ドメニコ・ヒエロソリミターノは、土曜、日曜、月曜、火曜の週四回開催されていたと伝える [Hierosolimitano 2001: 17]。ヴェネツィア共和国のバイロとしてイスタンブルに滞在し、離任直後の一六〇八年にトプカプ宮殿についての詳細な記述を残したオッタヴィアーノ・ボンもやはり同様の曜日に御前会議が開催されたとする [Bon 1996: 33]。

(10) オスマン朝では一日二食が一般的で、スルタンは午前一一時頃と日暮れ前に食事をとった。御前会議での食事も同じく正午前であったと考えられる [鈴木 1995: 187]。

(11) その一方で、一五世紀後半以降にもスルタンが饗宴に参加する機会はまったく失われていたわけではなかったようである。ヴェネツィア貴族ドメニコ・マリピエロの年代記史料には、バヤズィト二世が父メフメト二世の死後宮廷を訪れたヴェネツィア大使アントニオ・ヴィットゥーリの拝謁を受けた後、一緒に食事をした (ha mangiato con lui) との記録が現れる [Malipiero 1843: 133]。マリピエロは一四九九年から一五〇三年の対オスマン戦争にも従軍した人物で、オスマン側の事情にも通じた人物であったと考えられるから、この情報の確度は高い。バヤズィト二世は制定間もないカーヌーンナーメに従わず、祖父ムラト二世時代同様に外国使節との接見後に饗宴をおこなっていたのである。もっともこれは、カプクル軍団全体とではなく、外国使節との個別の食事であるから、ある種例外扱いされていた可能性を考慮する必要がある。

(12) 鈴木董もおそらくこれらの意見をふまえたうえで、スルタンが御前閣議を主宰しなくなり代わって大宰相が主宰者となったのはメフメト二世からではなく、後のスレイマン一世からであるとしている［鈴木 1997: 124］。ディルガーの説に対しては、フライシャーはカーヌーンナーメは後世に補筆された形跡を認めるものの、メフメト二世の定めた基本精神は固持されたとする［Fleischer 1986: 198–199］。なんらかの祖型となるものがメフメト二世期に編纂され、そこに筆頭書記職のような、後世になって新たに創設された官職や要素が順次付け加えられていって「メフメト二世のカーヌーンナーメ」が完成したとするのが妥当な見解であろう。

(13) アヤクとは足の意味で、スルタン以外は全員が起立して御前に臨んだことからこの名称が与えられた。

(14) これに対してアレルはルーム・セルジューク朝の宮殿における塔と、オスマン朝の宮殿における塔は別系統のものであると主張している。前者は眺望のよい文字通り「望界の楼」である一方、後者はスルタンの居住および宝物庫として機能していたもので、マルマラ海やトラキア地域に存在したヨーロッパ勢力が建設した塔の影響を受けた建造物だったとする［Arel 1996: 105–106］。だがブルサ宮殿の高層建造物でスルタンが臣下の嘆願を受けたという記述を鑑みれば、オスマン朝の宮殿にあった塔もまた「望界の楼」であったといってもよいのではないか。

第3章　オスマン宮廷の移動

一四五三年のコンスタンティノープル征服以降、メフメト二世は荒廃した都市の再建に励み、ここイスタンブルをオスマン朝の首都と定めたとされる。市内各所には政治の中心となる宮殿以外にもモスクやバザールなどのインフラが整備され首都としての様相が整えられた。オスマン朝の首都は一四世紀のブルサから、一五世紀初頭にはエディルネへ、そして一四五三年からはイスタンブルが新首都に定められたというのが一般的な解釈である。

ところで、元来テュルク・モンゴル系のいわゆる「遊牧君主」たちは、定まった都市には常駐せず、宮廷と家族を引き連れて領国内外を活発に移動するのを常としていたとされる。本章の第1節で確認するように、一三世紀アナトリアを支配したテュルク系のルーム・セルジューク朝や、イランを拠点としたモンゴル系のイルハン朝、そして時代が下って一六―一七世紀のサファヴィー朝でも、宮廷は移動を繰り返していた。首都あるいは国都とされる都市はあるものの、一般的にイメージされるような宮殿と官衙《かんが》を備えて行政機構が常駐するようなものではなかった。

宮廷がひとつの都市にとどまらず移動を続けていたことに加え、君主たちは都市郊外の庭園や牧地に天幕を張って居住するという住形態を好んだ。一五世紀初頭中央アジアのサマルカンドを「首都」としたティムールも、遠征活動に明け暮れて各地を移動していたうえ、サマルカンド滞在時も定まった宮殿に留まらず、郊外に建設した複数の庭園を転々と移動して天幕を中心とした宮廷を営んでいた［Golombek 1995］。君主たちはモスクや浴場などを寄進して壮麗な首都を建設しても、自分自身は都市内に立ち入らず宮廷活動のほとんどは郊外の庭園や都市から遠く離れた牧地で展開した(1)。

その一方で、テュルク・モンゴル系王朝にみられた行動形態を、十把一絡げに「遊牧的」性格が起源となるものとして解釈する従来の研究姿勢には、近年批判が加えられている。宮廷が移動するという一点をとっても、カロリング朝フランク王国や、さらには古代日本においてすら複都制がとられて宮廷は移動していたのであるから、これを短絡的に遊牧と結びつけるのは問題をはらむ解釈である［山田 2015］。モンゴル帝国期以降の西アジア史を研究するデュラン＝ゲディによれば、「君主の所在地とは君主の性格（すなわち「遊牧民」出身か否か）によって決定されるのではなく、支配、すなわち統治、政治的資源、そしてネットワークの性格に依拠する」のである［Durand-Guédy 2013: 15］。

遊牧という曖昧かつエキゾチックなキーワードを用いずとも、中央アジアから西アジアにかけての地域における宮廷移動の理由は、かなりの部分を説明することができる。広大な乾燥地帯に生産および交易の拠点となるオアシス都市が点在する地域では、宮廷が統治のために移動してまわるのは合理的な行動形態である。そして都市の外側には、各地に良好な狩り場が存在しており、権力者たちはここでの大がかりな狩猟を好んだ。そして都市域を離れた牧地は、強大な軍事力の供給源となる遊牧部族の活動の舞台であり、彼らをコントロールするうえでも君主と宮廷は絶えず移動する必要に迫られていた。

ではオスマン朝宮廷の実態はどうであったのだろうか。一四世紀前半にオスマン朝の「首都」ブルサを訪れたイブン・バットゥータは、その時君主オルハンが不在で、彼は常に領内各所にある都市・城塞を巡検していたことを伝えている［イブン・バットゥータ 1998: 312］。初期オスマン朝のスルタンたちも、相当程度領内移動を続けており「首都」に留まらない生活を送っていたとみて間違いない。それでは、エディルネ旧宮殿やトプカプ宮殿など、儀礼様式の確立した宮殿を首都に建設し、巨大な行政機構を築いた一五世紀以降も、スルタンと宮廷は領内を移動していたのだろうか。

本章は、まず比較対象として、イルハン朝とサファヴィー朝の宮殿移動を紹介する。さらにオスマン朝誕生以前の一三世紀ルーム・セルジューク朝宮廷の移動の事例を分析する。ここからは領国内を移動して各地で支配体制を確認する儀礼をおこなっていた宮廷の実態が明らかになる。次に、これと対比する形で、オスマン朝スルタンの移動の痕跡をたどる。ここでは、一四五三年のコンスタンティノープル征服以降の約七〇年間、メフメト二世・バヤズィト二世・セリム一世の時代に焦点を当て、年代記を中心とした史料群から彼らの滞在地を探る。

結論から先にのべれば、一四五三年以降も、かなりの割合でスルタンと宮廷は旧都エディルネに滞在しており、副都的な性格を保持していた。「イスタンブル遷都」以降も歴代のスルタンが狩猟などのためエディルネに滞在していた事例は、しばしば言及されている。だが、頻繁なエディルネ滞在は、これが単なる遊興にとどまらなかったことを示す。さらに、トプカプ宮殿での宮廷儀礼が確立したはずの一五世紀末以降も、都市外の牧地・庭園での滞在は長期におよび、時にここで大使接見など重要儀礼がおこなわれていたのである。

1　西アジアにおける諸王朝の宮廷と移動

本節ではオスマン朝の比較対象として三つの王朝の宮廷移動の事例を紹介し、ここからその特徴を抽出する。

イルハン朝宮廷の移動

本田実信は一三世紀半ばから一四世紀半ばまでのモンゴル系王朝であるイルハン朝君主の冬営地と夏営地を年代記

の記述から分析して、次のような結論に至った。まずモンゴル族は本土のみならず征服地においても遊牧民としての生活を維持し、君主も季節移動を続けていた。基本的に彼らは都市の城壁内には立ち入らず、マラーガ、タブリーズ、スルターニーヤは国都（dār al-mulk）と称されはしたものの、宮殿・官衙が建設されて君主が政務を執行していたわけではなかった［本田 1991: 357–359］。

冬営地と夏営地は西北イランに設定されており、ここは根拠地として機能した。冬営地・夏営地は第一に遊牧地であり、家畜の肥育に必要な水や草を提供し、多くの狩猟場がある気候の良好な場所でなければならない。最良の地は君主が得て、次に后妃や諸王、最後に諸部族にこれを分配した。君主の遊牧地となる西北イランは、税糧と情報が集まり財庫が設けられ基幹軍団が駐留し、命令が発せられる場所であった。その中にはタブリーズなどの国都も存在していた［本田 1991: 378–379］。

冬営地と夏営地は複数あり、基本的に夏は気候の冷涼な河川の上流域、冬は温暖な下流域へと下る。軍事行動など特別な場合を除いては、宮廷の行動範囲は冬・夏営地とその間の移動経路に限られた。移動路はほぼ決まったものが用いられ、新たに国都スルターニーヤが建設されて街道の起点となったのちも変更はなかった。また君主の即位式は原則的に冬・夏営地でおこなわれた。このほかには、全王族・全部族長が出席する最も重要な国事行為のクリルタイや、外国使節の謁見なども冬・夏営地でおこなわれるのが通常だった［本田 1991: 369–374］。

このように宮廷活動のほとんどが草原や庭園でおこなわれていたのであれば、「国都」とはどのような性格をもつ場所だったのだろうか。羽田正は遊牧民の集結地、交易の中心、墓廟の存在という三点を、イルハン朝の君主が建設させた首都の特徴であるとする［羽田 1990: 17］。ガザン（在位一二九五—一三〇四）はタブリーズ近郊にガザーニーヤを、その弟のオルジェイトゥ（在位一三〇四—一三一六）は夏営地クンクル・ウランにスルターニーヤを建設させた。いずれも君主自身の墓廟と付属する宗教施設に加えて一般の居住区をそなえて城壁で囲まれる構造をとり、スルターニーヤには大規模な宮殿も存在していた。通常都市内に立ち入らない遊牧的な支配者たちの滞在地として、郊外にはバーグとよばれる緑地が建設されて市街地と対等な関係にあった［羽田 1990: 21–22］。

以上のように、イルハン朝の宮廷はきわめて機動的な性格をもち、また首都を建設してもそこには極力滞在せず、重要な国事行為も特定の建物においてではなく野外に設営した天幕でおこなっていたことがわかる。

サファヴィー朝宮廷の移動

次に、オスマン朝の東方におけるライバルとなったサファヴィー朝の宮廷移動を紹介する。サファヴィー家は、もともと一四世紀初めにイラン西北部で興った神秘主義教団の教主の家系であった。過激な教義を掲げて東部アナトリアからアゼルバイジャンにかけての地域でトルコマン系遊牧民の支持を得ると、騎馬軍団の軍事力を背景としてイスマーイール一世が一五〇一年にアクコユンル朝の都タブリーズに入城し世俗権力としてのサファヴィー朝が誕生した［羽田 2002: 194–197］。一六世紀末にイスファハーンに遷都する以前には、タブリーズ、続いてカズヴィーンを首都としたが、そもそもこの頃のサファヴィー朝宮廷は冬営・夏営のため恒常的に移動しており、固定的な首都の概念はなかった［後藤 2014: 29–30］。遊牧騎馬軍団を中核とするなど、初期サファヴィー朝は権力基盤と宮廷のあり方はイルハン朝と共通する点が多いと考えられる。

一般に王朝の最盛期を迎えたとされるアッバース一世（在位一五八八―一六二九）の宮廷移動については、メルヴィルが分析をおこなっている［Melville 1993］。メルヴィルはアッバース一世の治世を三期に分けて分析している。第一期は、即位から一五九九年のイスファハーン遷都完了までの期間である。この時期は、約四五〇キロメートル離れた旧都カズヴィーンと新都イスファハーンの間の移動が頻繁におこなわれ、多いときには年に四回移動することもあった。第二期はイスファハーン遷都から、冬営地となるカスピ海岸のマーザンダラーン地方においてファラフアーバードとアシュラフの二都市を一六一一年に建設するまでの期間である。カズヴィーンはコーカサス方面に遠征する際の軍事拠点となる一方で、前期ほどは訪問されなくなった。その背景には東西におけるアッバース一世の活発な軍事活動がある。第三期はマーザンダラーンでの都市建設から、一六二九年の崩御に至るまでの期間である。アッバース一世は国政から遠ざかって、新たな離宮での狩猟を楽しむようになり、没するまでの四年間はイスファハーンに滞在しなかった。

メルヴィルは以上の分析から、アッバース一世の年間の三分の一以上は移動に費やされ、それ以外のときも相当長期間にわたって首都以外の場所での滞在を続けていたことを明らかにした。彼は移動君主(itinerant monarch)であり、この時点でのサファヴィー朝では、永続的に政府と行政機関がある場所としての「首都」意識はなかったと結論づけた[Melville 1993: 222]。

また、アッバース一世以降三人の君主の滞在地については後藤裕加子が分析をおこなった[後藤 2014]。サフィー一世(在位一六二九—一六四二)は周辺諸国との戦争のため、長期間首都を不在にすることが多かったものの、平時は首都イスファハーンとその郊外に滞在していた。続くアッバース二世(在位一六四二—一六六六)は、対外関係が改善したことから基本的に年間を通してイスファハーンを滞在の拠点とした。その一方で、近郊の夏営地には狩りなどのため頻繁に赴き、都市外部の空間が重要な活動の場となっていたことがわかる。晩年にはマーザンダラーン地方を夏営地として長距離移動をおこない、約一年にもわたる滞在も確認できる。またこの際の君主の行軍は単なる移動ではなく、聖地巡礼や入城の際には住民から嘆願を受けるなど、その威容を示す行幸としての役割があった[後藤 2014: 43]。スレイマーン(在位一六六六—一六九四)については年代記が存在しないため詳細は不明であるが、ドイツ人医師ケンペルによれば、やはりスルタンは騎行や狩りを好み、夏営地に赴いていた。

サファヴィー朝では、周辺諸国との関係などにより君主の滞在地はさまざまであるものの、ひとつのパターンは読

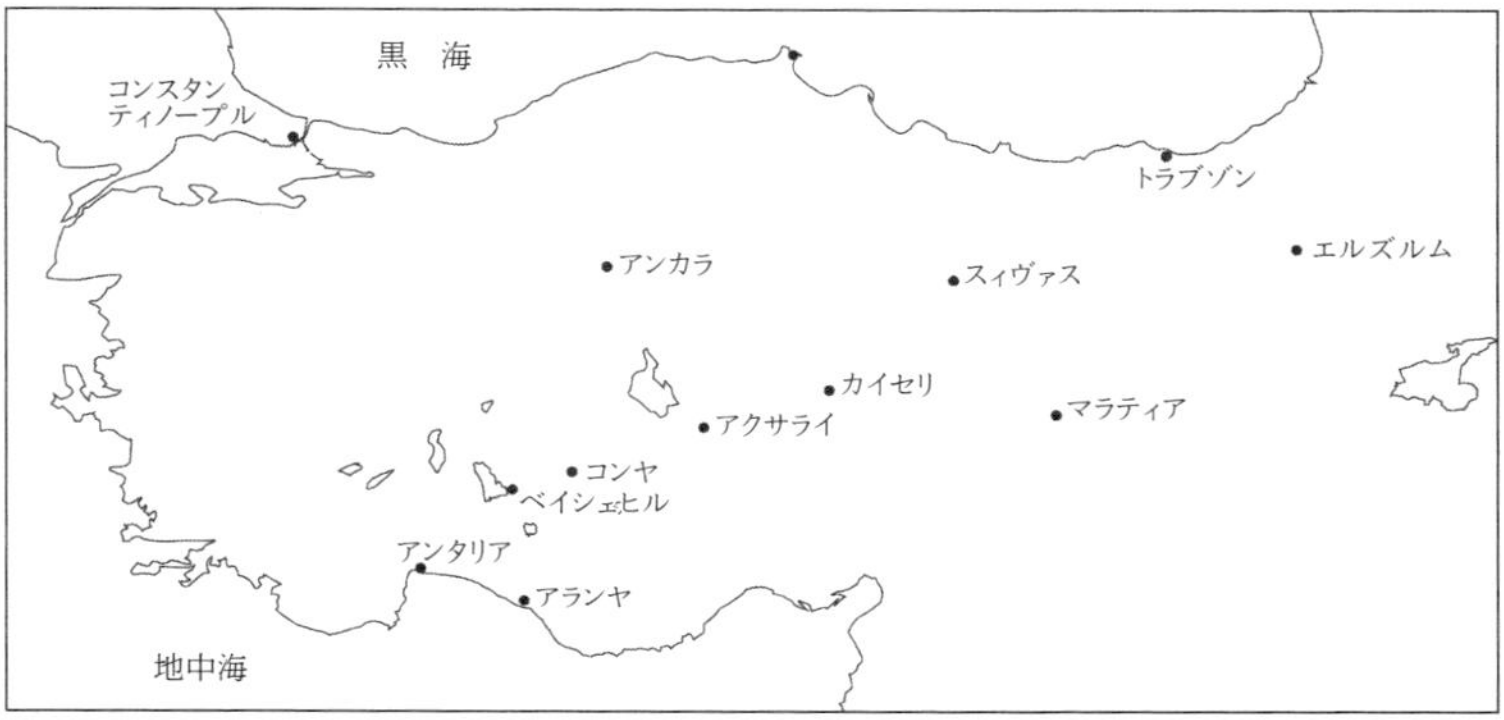

図 3-1　13 世紀アナトリアの主要都市（筆者作成）

み取ることができる。一七世紀になって首都イスファハーンの重要性が高まる一方で、君主は夏営・冬営のサイクルを維持し、これに数年に一度の遠距離行幸を組み合わせていたのである［後藤 2014: 54］。

ルーム・セルジューク朝宮廷の移動

最後にアナトリアの事例を確認したい。オスマン朝に先行して一一―一四世紀のアナトリアを支配したルーム・セルジューク朝は、一三世紀前半には西アジアにおける主要国のひとつであり、その建築や宮廷は後世まで大きな影響を残した。ここでは、年代記史料の分析を通して宮廷の移動と、それにともなって各地でおこなわれた儀礼を考察する。

ビザンツ領だったアナトリアにおいて、建築や都市的な面でもテュルク・イスラーム化が始まるのもこの時代である。とくに一三世紀前半のカイクバード一世の治世下では、軍事・政治・経済的優位性を背景に領内で盛んな建設活動がおこなわれた。隊商宿やマドラサ（イスラーム法学学院）、墓廟など多くの施設が、図3-1のコンヤやカイセリなどアナトリア中部の都市で集中的に現れたことは既往研究でも明らかにされている[2]。

ルーム・セルジューク朝に関する文字史料は、碑文など金石文を含めてもきわめて限定されており、歴史研究には大きな困難がともなう。断片的ではあれ宮廷儀礼の内容が伝わり、一定度の復元が可能な一五世紀オスマン朝に比べれば、建築や儀礼全般については依然解明されていない点が多い。

そこでここでは、ルーム・セルジューク朝の年代記『尊厳な国事における尊厳な命令』の記述から、宮廷移動と断片的に浮かび上がる儀礼の様子を追っていきたい。当史料は、一二八〇年頃に宮廷に仕えたイブン・ビービーによって、当時のアナトリアにおける文章語であったペルシア語で書かれたものである。(3) 年代記史料などが数多く記されたオスマン朝とは異なり、ルーム・セルジューク朝に関する年代記はこのほかにはわずかに数点あるのみであり、中でも最も詳細なイブン・ビービーの年代記は、当時の事件や政治を知るうえで第一級の史料である。主な記述内容は、周辺地域における征服の記録やビザンツ帝国など諸勢力との折衝の様子などであり、都市と建築、またその使用に関しても一定の情報を含んでいる。先にものべたようにルーム・セルジューク朝期の文献史料はきわめて限られているため、一見些細な記述であっても当時の空間の用いられ方を知るうえでは貴重な材料となる。

カイクバード一世即位時の宮廷移動と儀礼　ルーム・セルジューク朝最盛期の君主カイクバード一世は、一二一九年に実兄のカイカーウス一世の死去にともなって、有力者たちに推戴されてアナトリア東部の幽閉地を出御して、「首都」のコンヤで最終的な即位儀礼をおこなった［Ibn Bībī 1956: 210–221; Ibn Bībī 1996: 228–239］。カイクバード一世の即位に至るまでのこのときの移動と道中での儀礼は、歴代君主の中でも最も詳細に記述されているため、ここではその内容を分析対象とする。

史料から読み取った内容より、表3-1に新スルタンの旅程と各地での祝祭の内容、図3-2に一行の移動経路を示す。重要な都市であるスィヴァス、カイセリ、アクサライを経由して一路西のコンヤを目指していたことがわかり、またその途中でマンズィル（manzil）とよばれる街道沿いにある駅亭に滞在していたことも記述からうかがえる。(4) 駅亭とは水場や草原を備えた街道上の要衝となる地点であり、必ずしも常設の建造物を伴わないものを指す。都市内外やこの駅亭では近隣の臣下や住民たちを交えた饗宴が催されていた。

表 3-1　カイクバード１世の訪問地と儀礼一覧（筆者作成）

儀礼の場	参加者	場所	付記
駅亭(manzil)	スルタン・アミールマジュリス・側近	ゲデュク(スィヴァス―カイセリ間)	
駅亭(manzil)	スルタン・カイセリの名士	チュブク(スィヴァス―カイセリ間)	移動式・可動式のクーシュク
都市郊外(saḥrā')	都市住民	カイセリ郊外	住民の出迎え
都市内部	スルタン・側近・都市住民	カイセリ	スルタン登極
駅亭(ribat)	都市住民	ペルヴァーネ（カイセリ―アクサライ間）	可動式のクーシュクとまちまでパレード
都市内部	（不明）	アクサライ	儀礼・宴会の記述なし
駅亭(manzil)	スルタン・コンヤの名士	オブルク(アクサライ―コンヤ間)	200の可動式クーシュク，300の固定式クーシュク
都市郊外(saḥrā')	スルタン・側近・コンヤの名士	ルズベ(コンヤ郊外)	最も盛大な儀礼，パレード
都市内部	スルタン・側近・コンヤの住民	コンヤ	入城式，スルタン登極
都市内部	スルタン・側近・コンヤの住民	コンヤ	朝スルタンのもとに臣下参上，謁見場へ移り祝宴
都市内部	スルタン・大アミール・ウジュのアミール・側近	コンヤ	朝スルタンの御座所に臣下参上，位階を賜る

カイクバード一世は軍勢と共にスィヴァスを発してカイセリへと向かう途中、ゲデュクで酒食を振る舞う饗宴を開催した。続いて一行はカイセリへと向かい、途中のチュブクの駅亭ではカイセリ市長の息子によって率いられたカイセリ近辺の住民の出迎えを受けて、ここでも饗宴が開催された。その後、カイセリに向かった一行をカイセリの住民は家から広場に出て出迎え、スルタンはカイセリに入城した。ここで玉座に就いたスルタンのために、市長の息子は饗宴を調え贈り物をした。スルタン一行はカイセリに数日滞在したのち、次の目的地アクサライに向けて出発し、途中のペルヴァーネの駅亭で今度はアクサライ住民の歓迎を受けた。出迎えの後、一行はアクサライのまちに向かい、スルタンは金銀を下賜した。その後スルタンはアクサライに二、三日滞在した。

ここから、一行は「首都」コンヤに向けて出発し、その到来を知ったコンヤの住民たちは、オブルクの駅亭まで出迎えに向かった。駅亭で饗宴が開かれた後、一行は二日行程先にあるコンヤ郊外のルズベ平原に到着し、ここではさまざまな職種の人びとのパレードなど、大々的な饗宴が催された。一行がコンヤのまちに近づくと、すべての臣下は下馬し、スルタンのみ騎乗して入市した。市内で玉座に就いたスルタンは金銀を下賜して、饗宴を開催した。

翌朝になるとスルタンは再び玉座に就き、側近をねぎらい、その他の人びとにも言葉をかけた。この後群衆は「謁見の広場」へと移動して、スルタンに贈り物をして、再び朝になるまで饗宴がおこなわれた。朝になるとスルタンは館に移った。重臣たちは謁見用のテントでスルタンを待ち、ここで贈り物をした。さらにここでは、書記官が招集されて、諸地方に勅命を送付すると共に、臣下たちには任命状が与えられた。彼らはこののち帰途に就くが、スルタンは残りの側近たちと共に政務を続けた。

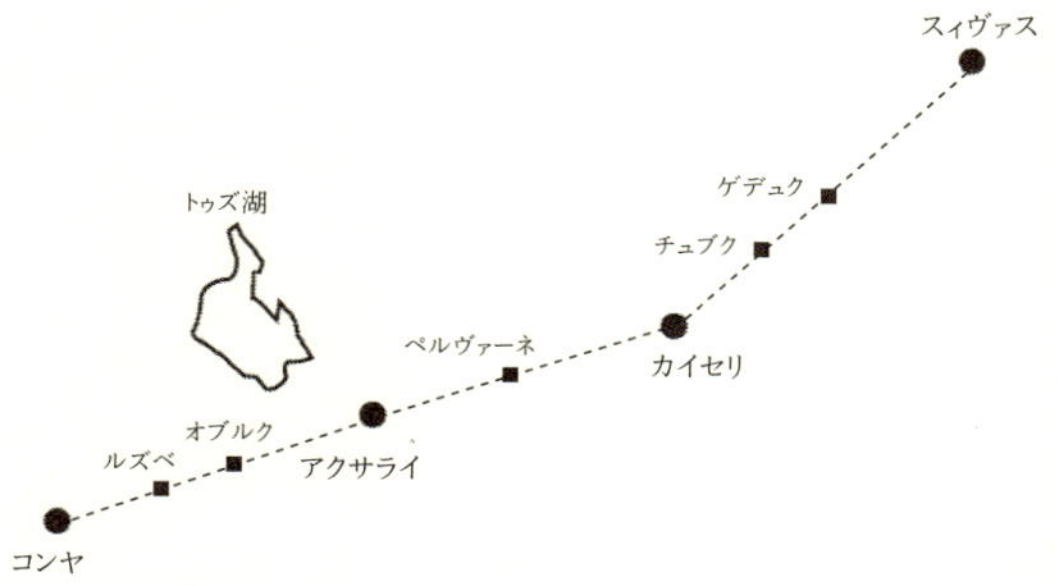

図3-2　カイクバード1世の訪問地（筆者作成）

ここから明らかになるのは、饗宴の重要性である。移動中にはありとあらゆる場所で饗宴が開催されて、臣下や都市民との交流がおこなわれていた。饗宴こそがルーム・セルジューク朝宮廷の支配を可視化する儀礼の中核であり、君主と宮廷が領内を移動するのも半ば饗宴のためだったといえる。主要街道であるスィヴァスからコンヤ間での饗宴に加えて、ピーコックによればウジュ（uj）とよばれる周縁地域の遊牧部族を統御するため、宮廷は頻繁に移動して、広範な地域で活動する彼らのもとに直接赴き接見して饗宴を開いていた［Peacock 2013: 210–211］。また饗宴が開かれた場所は、第2章で検討したオスマン朝の宮廷の中庭におけるものとは異なり、天幕を設営した平原などであった。固有の建造物を用いず、移動する宮廷はそれぞれの場所に応じて天幕を設営して儀礼空間を設定していたのである。

三段階の儀礼空間　またカイクバード一世即位時の移動と儀礼の事例からは、ひとつの都市に至るまでに儀礼の舞台として、都市内部、都市郊外の平原、街道沿いにある数十キロメートル先の駅亭、という三つの段階があったことが示唆される。

まず都市から一―二日行程の場所、すなわち数十キロメートル先にある駅亭は、都市を目指す者が最初に出迎えを受け、出発する者が最後の見送りを受ける地点であったと考えられる。スィヴァス‐カイセリ間ではチュブクの駅亭で一行はカイセリ住民の歓迎を受け、カイセリ‐アクサライ間のペルヴァーネではアクサライ住民、アクサライ‐コンヤ間のオブルクではコンヤ住民と、同様の儀礼があった。

さらに都市に近づくと、都市郊外のサフラー（ṣaḥrā'）と称される平原で儀礼的な出迎えを受けた。カイセリ郊外の名称不明の平原と、コンヤ郊外のルズベ平原でこの儀礼は確認される。ルーム・セルジューク朝の宮廷による郊外の平原での儀礼は、イルハン朝などでみられた都市郊外の庭園・牧地の利用との共通点を指摘できる。

さらにカイクバード一世は最終的に都市内部に入り、ここでは数日にわたって饗宴や贈り物の授受、任官などがおこなわれている。スルタンの即位を象徴する玉座への着座行為が首都であるコンヤだけでなく、カイセリでも記録されていることから、都市内においておそらくは衆目のもと、玉座に座るという行為それ自体が、住民の歓待や饗宴など一連の儀礼行為の最後を締めくくる、ひとつの都市の支配権掌握を可視化する儀礼であったことが読み取れる。(5)

数十キロメートル先の駅亭までの出迎えあるいは見送り、またコンヤやカイセリなどの都市郊外の平原で集結する事例はカイクバード一世即位時のみならず、先代のスルタンたちの時代にもあったことがイブン・ビービーの記述から読み取れる。(6) カイクバード一世即位の事例は特殊なケースだったわけではなく、ルーム・セルジューク朝の宮廷は日常的に儀礼をおこなう場として駅亭や郊外の平原を利用していたのである。さらにそれぞれ都市に付随した駅亭や郊外の平原は、スルタンの代が替わっても同じ場所が継続的に使用されていたことがうかがわれる。たとえばスィヴァス－カイセリ間のゲデュク（Gedük）は、カイクバード一世即位時同様に前代のスルタン、ケイカーウス一世即位時にもカイセリ住民の出迎えの場となっているし[Ibn Bībī 1956: 113; Ibn Bībī 1996: 134]、先に紹介したアクサライ－コンヤ間のオブルクでもコンヤ住民が出迎えをおこなっている[Ibn Bībī 1956: 120; Ibn Bībī 1996: 140]。(7)

このような屋外の場では、クーシュク（kūshk）とよばれる天幕が設営されて儀礼の場となった。たとえば、オブルクの駅亭では、スルタン一行からの知らせを受けたコンヤの住民たちが「可動式」のクーシュク二〇〇基と「固定式」のクーシュク三〇〇基を設営してスルタンを出迎えた。クーシュクは、本来パヴィリオンを指す言葉であるが、ここでのクーシュクとは常設建造物ではなく、仮設の天幕に準じたものだと考えられる。固定式と可動式という興味深い表現から、おそらく前者は通常の天幕、後者は牛馬など駄獣が牽引する大型の車両に搭載された天幕を示すものと推測される。(8)

ルーム・セルジューク朝と冬営地　また即位時以外にも、ルーム・セルジューク朝の宮廷は季節的な移動を繰り返していたことがイブン・ビービーの年代記から浮かび上がる。宮廷にとってとくに重要だったのは、冬営地への移動とそこでの滞在、ならびに冬営後にコンヤやカイセリ周辺で群臣を集めて開催されるクリルタイとよばれる大集会である。

カイクバード一世は冬営先として、新たに征服した地中海岸の都市アランヤやアンタリアとその周辺の牧草地を好み、とくにアランヤ城内には宮殿、郊外には楼閣などが築かれて狩猟などの際に利用されていた。(9)首都コンヤのあるアナトリア中央部より温暖な地中海岸は、冬期に馬を肥育するのに絶好の地であった。また当時アランヤはアナトリアの地中海岸における主要な交易港であったことから、経済活動の掌握の観点からも、冬の間ここに滞在することは理に適った行為であったと考えられる。そして軍事行動が可能になる春が訪れると、宮廷は再びアナトリア高原へと移動する。一二一九年の即位時に移動したスィヴァス—カイセリ—コンヤ間のルートはとくに重要であった。「首都」のコンヤやカイセリ周辺に集結した軍団は、ここから遠征に向けて出発していったのである。

2　スルタンの滞在地からみた旧都エディルネと新都イスタンブル

以上前節で検討した宮廷移動の事例から、前近代西アジアのテュルク・モンゴル系王朝に関して次のような特徴が浮かび上がる。第一に、おおむね首都に相当する都市は存在するものの、複数の主要都市間を君主と宮廷が頻繁に移動していた点である。サファヴィー朝であればカズヴィーンとイスファハーン、ルーム・セルジューク朝であればコンヤ、カイセリ、アランヤなどがこれに相当する。第二に、これら主要都市には宮殿が建設される一方で、郊外の庭園や牧地が滞在地として利用されていた点である。宮殿類型という観点からみれば、前者には小規模で高層建造物を備えた都市型宮殿が存在し、後者には広大な敷地に小規模な建造物が点在する庭園型宮殿が存在していた。第三に、夏営地と冬営地という遊牧民の移動パターンが、宮廷の移動にもそのまま受け継がれていた点である。よりよい気候を求めて、彼らは数百キロメートルの定期的な移動をいとわなかった。

この三点を念頭に置いて、続いてオスマン朝の宮廷の移動を分析したい。ここでは主に一五—一七世紀にオスマン語とギリシア語によって書かれた年代記を主要な考察対象とした。その他副次的史料として同時期のヴェネツィア使節団の報告書や財政関連の台帳などを用い、加えてエメジェンなどの研究も参照した。これらの史料の分析から、一四五一年から一五二〇年までの約七〇年間に、メフメト二世、バヤズィト二世、セリム一世の三人のスルタンがどこに滞在したかをまとめたものが表3-2である。これはコンスタンティノープル征服直前から、スレイマン一世の即位までの期間に相当する。ルーム・セルジューク朝に比べれば、この時期のオスマン朝スルタンの滞在地とその期間は比較的詳細に判明するものの、完全に把握できるわけではない。ここでは以下の史料中から明らかな範囲で、スルタンの冬営地と主な滞在先を記すにとどめる。オスマン朝でもスルタンは気候のよい春から秋にかけて自ら軍事遠征の指揮をとることが多く拠点を離れていたため、冬営地が君主の主たる御座所となっていた。

ここで主に用いた年代記を以下に紹介する。クリトヴロスの『征服者メフメトの歴史』は一四五一年から一四六八年までを扱う。ギリシア語で書かれた作品は直接メフメト二世に献呈されており、とくにコンスタンティノープル陥落からイスタンブル再建までの様子が詳しい第一級の同時代史料である。ここでは次の英語訳を用いた［Kritovoulos 1954］。同じくギリシア語の年代記では、ドゥカスの年代記も用いる［Doukas 1975］。オスマン語の年代記であるオルチュの『オルチュ・ベイ史』は、一二一四年から一五〇三年を扱う［Oruç Beğ 2008］。とくにオルチュが直接仕えたメフメト二世とバヤズィト二世の詳細な記述がある。ケマルパシャザーデの『オスマン家年代記』はバヤズィト二世の命により書かれた合計一〇部から成る年代記で、各部が歴代スルタン一人一人を扱う。ここでは刊行されている部のうちメフメト二世の第七部とバヤズィト二世の第八部を用いた［İbn Kemâl 1991; İbn Kemâl 1997］。またソラクザーデの『ソラクザーデ史』はオスマン朝の創建から一六四四年までを扱う［Ṣolakzâde 1297］。本書が対象とする時代に関する同史料の内容は、一五七五年に完成したホジャ・サアデッティンの『諸史の王冠』を簡略化したものである［Hoca Sa'de'd-din 1280; Hoca Sadettin Efendi 1974–1979］。『諸史の王冠』自体が帝国の栄光を賛美することを目的としており、たとえばアンカラの戦いがまったく触れられないなど問題を含むが［濱田 1984: 686］、各事件の日付を逐一記録している点で有益である。

古都ブルサとその利用

エディルネとイスタンブルの関係を検討するまえに、オスマン朝最初の首都ブルサにおけるスルタンの滞在につい

表3-2　オスマン朝スルタンの滞在先一覧（筆者作成）

西暦年	主な出来事	冬営地	
1451	メフメト2世即位		
1452		エディルネ（O: 78）	
1453	コンスタンティノープル征服	エディルネ（D: 242; K: 89）	
1454		エディルネ	イスタンブル再建の指揮後ブルサで墓参，イスタンブル短期滞在後エディルネへ（K: 95）
1455	セルビア遠征，モルドバを属国化	イスタンブル／エディルネ（K: 104, 111）	夏短期エディルネ，その後イスタンブルへ（K: 104）
1456	ベオグラード攻略失敗	イスタンブル	年始にエネズ遠征，冬営残りはエディルネ（K: 111; Kel: 109） ベオグラード帰還後秋はエディルネ，冬はイスタンブル（K: 115–116）
1457		エディルネ（Kel: 139）	初春に皇子割礼式（Kel: 139–143; O: 114）
1458	ペロポネソス半島遠征	イスタンブル	初冬ペロポネソス半島からイスタンブルに帰還（K: 139） トプカプ宮殿建設開始（K: 140）
1459	アルバニア遠征	イスタンブル	晩夏アルバニアからエディルネに帰還，秋を過ごした後イスタンブルへ（K: 147）
1460	ペロポネソス半島併合	イスタンブル	秋ペロポネソス半島からエディルネに帰還，晩秋イスタンブルへ（K: 159–160）
1461	トレビゾンド征服	イスタンブル／エディルネ	秋トレビゾンドからブルサに帰還，数日滞在後イスタンブルへ（K: 176） 帰還後エディルネに滞在（O: 116）
1462	ワラキア遠征	エディルネ	ワラキア遠征後エディルネに滞在（O: 118）
1463	対ヴェネツィア戦争開始，ペロポネソス半島失地，ボスニア遠征	イスタンブル	イスタンブルに滞在（O: 118; Babinger: 213）
1464	ペロポネソス半島再征服，ボスニア遠征	イスタンブル	ボスニア遠征後イスタンブルに滞在（O: 119） 秋イスタンブルに帰還，越冬中トプカプ宮殿完成（K: 206–208）
1465		イスタンブル	遠征せずにイスタンブルに滞在（O: 119） 通年イスタンブル（K: 209–210）
1466	アルバニア遠征	フィリベ	フィリベで越冬，その後エディルネとイスタンブル（O: 119）
1467	アルバニア遠征	イスタンブル	初冬にイスタンブル（K: 222）
1468	カラマン遠征	イスタンブル？	カラマン遠征後にイスタンブル滞在
1469		イスタンブル？	遠征せずにイスタンブル（O: 120） 夏エディルネ方面（Barkan: 211–221）
1470	エウボイア島征服	イスタンブル？	9月5日イスタンブル着（Babinger: 286）
1471	アクコユンル朝とヴェネツィアが同盟	イスタンブル	遠征せずにイスタンブル（O: 121） イスタンブル近郊に滞在（Barkan: 237–250） 晩秋疫病を避けてヴィゼ方面へ（Babinger: 299）
1472	アクコユンル朝の侵攻	イスタンブル	遠征せずにイスタンブル（O: 121）

（表 3-2 の続き）

西暦年	主な出来事	冬営地	
1473	アクコユンル朝に東部アナトリアで勝利	イスタンブル	遠征後イスタンブル（Barkan: 273–280）
1474	トランシルヴァニア侵略	イスタンブル？	年始めエディルネ滞在，ハンガリー大使接見，その後イスタンブル（O: 125–126） 通年イスタンブル？（Babinger: 329）
1475	クリミア半島征服	ヴィゼ周辺？	夏チョケ（O: 127） 疫病を避けてエディルネからソフィア周辺に滞在（Babinger: 346）
1476	モルドバ遠征	モルドバ／エディルネ	冬まで遠征，エディルネに帰還（Ke1: 413; O: 128–129）
1477		イスタンブル	通年イスタンブル（O: 129）
1478	アルバニア遠征	イスタンブル？	
1479	ヴェネツィアと和議，トランシルヴァニア・ハンガリー侵略	イスタンブル？	年初めイスタンブル，夏チョケ（O: 130）
1480	ロードス島遠征	イスタンブル？	イスタンブルに滞在（O: 131）
1481	バヤズィト 2 世即位		5 月メフメト 2 世ゲブゼで死去
1482	カラマン遠征	エディルネ（O: 134; Anonymous: 470）	11 月エディルネ（O: 134）
1483		イスタンブル（Anonymous: 471）	
1484	モルドバ遠征，対マムルーク戦争開始	エディルネ？（1，2 か月滞在）（Ke2: 85）	5 月エディルネ（O: 135）
1485		エディルネ（O: 137）	1 月からエディルネ，チョケ（O: 136） ヒジュラ暦 890 年イスタンブル記載なし（O: 136–137）
1486		エディルネ？	10 月エディルネでハンガリー大使接見（O: 140）
1487		エディルネ？	
1488	10 月イスタンブル地震（O: 143）	イスタンブル	7 月エディルネ発（O: 140） 10 月エディルネでイマーレットにスルタン臨席，完成（O: 140; Ke2: 107） そののちイスタンブル（O: 141）
1489			
1490	7 月 11 日イスタンブルで大雨と落雷（O: 145）	エディルネ（年末まで）	7 月 13 日イスタンブル発（O: 146） 10 月サカルとチョムレクチ（O: 146; Ke2: 122） 年末イスタンブルへ（O: 146）
1491	マムルーク朝と和議	イスタンブル	10 月イスタンブル（O: 147）
1492	バルカン遠征	エディルネ（年末まで）	4 月エディルネ，アダで滞在（O: 148; Ke2: 125），バルカン方面に遠征 9 月帰還（O: 153; Ke2: 129） 12 月末イスタンブルへ（O: 154; Ke2: 129）
1493		イスタンブル	こののち 4 年半ほどずっとイスタンブル（S: 305）
1494		イスタンブル	

1495		イスタンブル	
1496		イスタンブル	
1497		イスタンブル	
1498	11月イスタンブルで地震（O: 185）	イスタンブル？	
1499	対ヴェネツィア戦争開始	エディルネ	6月エディルネ，アダで滞在（O: 189; Ke2: 177） 6月末エディルネ発フィリベ方面へ遠征（O: 190） アーリフェ夏営地，ヴァルダル平原に滞在（Ke2: 180） 12月エディルネ新宮殿へ，大使来る（O: 194）
1500		イスタンブル	4月ギリシア方面遠征（O: 196） 11月ギリシア方面から帰還，エディルネ新宮殿（O: 204; Ke2: 208） 12月イスタンブルへ（O: 204）
1501	サファヴィー朝成立	イスタンブル？	
1502			1月イスタンブルで任官（O: 214）
1503	ヴェネツィアと和議		
1504			
1505			
1506			
1507	サファヴィー朝侵攻		
1508			
1509	8月？イスタンブルで大地震		地震後エディルネへ（R: 324）
1510		エディルネ？	
1511			4月エディルネ新宮殿でヴェネツィア使節接見
1512	セリム1世即位	ブルサ	4月バヤズィト2世廃位 5月バヤズィト2世チョルルで死去 11月ブルサ（H: 151）
1513		エディルネ？	3月エディルネ発（H: 174） 4月兄アフメトを破る 戦勝後イスタンブル近郊マルテペに軍営（H: 176）
1514	サファヴィー朝戦役，8月チャルディラーンの戦い	アマスヤ	3月エディルネからイラン方面へ出発（E: 409）
1515		エディルネ	9月までイスタンブル，以降エディルネ（E: 410）
1516	マムルーク朝戦役	シリア方面	4月エディルネ発（E: 410）
1517	エジプト征服	ダマスカス	1月カイロ入城 9月カイロ発 10月ダマスカス着（E: 412）
1518		エディルネ	5月ダマスカス発 7月イスタンブル着（E: 413） 8月エディルネ
1519		イスタンブル？	4月イスタンブル（E: 413）
1520	スレイマン1世即位		7月エディルネにむけ出発（E: 413） 9月セリム1世チョルルで死去

出典略記：D（Doucas 1975），E（Emecen 2008），H（Hoca Sadettin Efendi 1974–1979），K（Kritovoulos 1954），Ke1（İbn Kemâl 1991），Ke2（İbn Kemâl 1997），O（Oruç Beğ 2008），R（Rûhî 1976），S（Ṣolaḳzâde 1297），Anonymous（Anonymous 1992），Babinger（Babinger 1978），Barkan（Barkan 1979）.

て考えてみたい。第1章でみたように、アナトリア側のブルサからバルカン側へのエディルネの遷都は、オスマン朝の空位期を経た一五世紀初頭であった。エディルネにスルタンと宮廷が移り、エディルネ旧宮殿が築かれたのちも、ブルサは移動する宮廷の滞在先となったのであろうか。

そこでメフメト二世の父ムラト二世の滞在先をオルチュの年代記で確認すると、ブルサでの滞在に関する記述が極端に減少していることがわかる。ムラト二世は一四二一年、父メフメト一世の死後知行地のアマスヤからブルサに入って即位した [Oruç Beğ 2008: 54]。これはブルサの重要性を示すようにもみえるが、実はこの時バルカン側では、ビザンツ皇帝マヌエル二世の支援を受けてバヤズィト一世の子ムスタファが王位を求めて蹶起していた。そのためエディルネは反乱軍の手中にあり、すぐさまエディルネに入城してエディルネ旧宮殿で即位することは不可能な状況であった。ムラト二世がようやくエディルネに入城して即位するのはムスタファを捕らえて処刑した一四二二年の冬になってからであった [Başar 2006: 292–293; Imber 1990: 91–94]。

このののち、一四二四—一四二五年（八二八年）にはコンスタンティノープル包囲のためブルサを訪れたが、一四二五年の初冬にはエディルネに戻った。一四二六年アイドゥン侯国征服のため再びアナトリア側へ渡ったものの、この時もやはりブルサには滞在せずエディルネに戻っている。そしてこれ以降、オルチュの年代記からはブルサに関する記述は完全に途絶えてしまうのである。

つまりエディルネを首都とした一五世紀前半のムラト二世の時代には、オスマン宮廷はブルサに滞在することはほとんどなく、一四三二年にドゥ・ラ・ブロキエールがブルサを訪れた時には、宮殿はもっぱらスルタンのハレムが利用するものとなっていた。その一方で、ブルサは歴代スルタンや王族の墓廟が建設される墓所としての重要性は保ち、メフメト一世とムラト二世もエディルネにおいて死去した後に、亡骸はブルサに移送されてここに埋葬されている。興味深いことにオスマン朝の歴代スルタンのうちエディルネに埋葬されたものは一人も存在せず、メフメト二世以降埋葬地は新都イスタンブルへと移された。

イスタンブルの首都化と即位の地としてのイスタンブルの重要性

続いてイスタンブルに対するオスマン朝の態度も確認しておきたい。メフメト二世には、コンスタンティノープル征服直後よりここをオスマン朝の首都とする明確な意図があったことは、「以降玉座（の地）はイスタンブルである、と［メフメト二世は］布告する」とトゥルスン・ベイが伝える［Tursun Bey 1977: 67］。すぐに市内中心部イスタンブル旧宮殿が建設されたこと［Tursun Bey 1977: 72–73; Kritovoulos 1954: 83, 93］、領内各地からイスタンブルに住民が半強制的に移住させられたことからも［Tursun Bey 1977: 67; Kritovoulos 1954: 93, 104, 119, 133, 139, 148, 157］、ここを首都化するためのさまざまな方策が打ち出されていたことは明らかである。

第2章でみたように、イスタンブルのトプカプ宮殿はメフメト二世以降オスマン朝宮廷儀礼の重要な舞台となっていたから、ここは明らかに首都として意識されていた。とくに重要だったのは即位儀礼の場としての機能である。スルタン逝去時、帝王教育の一環として地方統治を任されていた息子たちは、知らせを受けるや否や競ってイスタンブルへ帰還し、トプカプ宮殿第二中庭での即位儀礼を遂行することで新スルタンとしての承認を得ようとした。この点、父メフメト一世の死後すぐにはエディルネに入城できず、ブルサでいったん即位したムラト二世の事例とは状況が異なる。

たとえば一四八一年メフメト二世が遠征の途上イスタンブル近郊で逝去した折、トプカプ宮殿には次のスルタンとなるバヤズィト二世の長子コルクトがおり、彼が仮に即位して父が赴任地のアマスヤから上洛するのを待った［Solakzâde 1297: 269–270］。対立候補のジェムの子はイスタンブル旧宮殿にいたためトプカプ宮殿を抑えることができず、結果的にジェムは帝位継承争いに敗れている(10)。第2章でも触れたように、バヤズィト二世の子セリム一世がイェニチェリ軍団の支持を得て父に廃位を迫ったときには、バヤズィト二世は第二中庭に玉座を据えて謁見儀礼の開催を試みている。イスタンブルの主宮殿であるトプカプ宮殿の第二中庭が、オスマン王家と臣下たちにとって特別な意味をもつ空間だったことは間違いないであろう。

イスタンブルとエディルネ

では、イスタンブルの首都化が志向される一方で、旧都エディルネはどのように利用されたのであろうか。ここからは表3-2の分析を通して、スルタンの滞在地に関する問題を検討する。

メフメト二世　まずメフメト二世の滞在地をみてみると、一四五三年のコンスタンティノープル陥落直後から一四五七年頃にかけては、エディルネに滞在している期間が長いことが理解される。一四五三年、一四五四年、一四五七年はエディルネで冬営したことが明らかである。この時期はイスタンブルの再建が未だに進展しておらず、宮廷も依然としてエディルネに留まったと考えられる。イスタンブルではイスタンブル旧宮殿の用地が確保され建設が始められていたが、未だ完成には至っていなかった［Kritovoulos 1954: 83］。

一四五五年のイスタンブル市内でおこなわれた検地の結果を示した台帳の内容を確認してみると、多くの家屋は空き家のままで、征服直後に移住者が居住したものの、すぐさま逃散してしまったような家屋もある［İnalcık 2012］。十分な都市住民が集まらない状況においては、当然市内の再建も進まず宮廷も移ってくることができなかったのであろう。

だがその後一四五七年から一四七二年までは、メフメト二世はほぼ一貫してイスタンブルで冬営をおこなっており、一四五〇年代末頃からはイスタンブル首都化政策が一定程度成果をあげたものと思われる。クリトヴロスが記したように、一四五五年のイスタンブルでの大々的な建設事業によって市内の環境が整備され［Kritovoulos 1954: 104–105］、イスタンブル旧宮殿とトプカプ宮殿が相次いで完成したことから、宮廷活動に十分なインフラが整ったのである。例外となるのは一四六二年のエディルネ滞在と［Oruç Beğ 2008: 118］、一四六六年冬（八七一年）にブルガリアのフィリベにおいて冬営したというオルチュとケマルパシャザーデの記事である［Oruç Beğ 2008: 119; Kemalpaşazâde 1991: 268］。

ところが、一四七三年八月にアナトリアのオトゥルクベリにおいてアクコユンル朝のウズン・ハサンとの決戦に勝利したのち、年末から年始にかけてメフメト二世は久しぶりにエディルネに長期滞在した可能性が高い(11)［Oruç Beğ 2008: 125］。翌一四七四年からはアルバニアなどバルカン方面での軍事活動が計画されており、そのためイスタンブルではなく前線により近いエディルネが滞在地として選ばれていたと考えられる。他にはヒジュラ暦八八一年後半にエディルネに滞在したとの記録から［Oruç Beğ 2008: 129］、一四七六年の冬にもここで冬営したものとみられる。冬営以外では、一四七五年と一四七九年にエディルネ郊外のチョケ（Çöke）において夏営をおこなうなど［Oruç Beğ 2008: 127, 130］、エディルネに留まる期間が比較的増えている。メフメト二世の治世後半には、アクコユンル朝やカラマン侯国、トレビゾンド帝国らアナトリアにおける主だった勢力を征服または敗退に追い込むことで、西方のバルカン半島での軍事行動に専念することが可能になって前線基地としてエディルネの重要性に再び目が向けられたためであろう。

以上の分析より、スルタンの滞在地の観点から、メフメト二世の治世期は三つの時期に区分することができるだろう。第一期は一四五一年の即位から一四五〇年代末までの時期で、この時期はイスタンブルが再建途上にあり、依然エディルネがスルタンの主たる滞在先となっていた。第二期が一四五〇年代末からアナトリアでアクコユンル朝に対して勝利をおさめる一四七三年までの時期で、イスタンブルでの滞在が中心となりエディルネの役割は低下した。第三期は一四七三年からメフメト二世が亡くなる一四八一年までで、東方での軍事活動が一段落し、西方での軍事行動に主眼が置かれるようになると、再びエディルネに滞在する機会が増えたのである。

前節で検討した他の王朝に比べると、メフメト二世は「首都」イスタンブルに滞在する期間は長い。ルーム・セルジューク朝のように頻繁に複数の都市に移動・滞在することはなく、あくまで旧都エディルネが副次的に用いられるだけであった。第1章でみたように、ドゥ・ラ・ブロキエールによればムラト二世は北ギリシアのセレスに冬営したが、メフメト二世になると毎年のように冬営地と夏営地間を長距離移動する行動パターンはほぼ失われていたと考えられる。さらにルーム・セルジューク朝の移動宮廷は、都市からの距離に応じて三段階の儀礼の舞台をもっていたことをのべたが、オスマン朝では都市間の駅亭で都市住民が出迎えたというような記録は確認できない。その一方で、チョケのように都市郊外の夏営地（yayla）がスルタンの滞在地として好まれていたことは年代記からも明らかである。この点については第4節で検討する。

バヤズィト二世　一四八一年にメフメト二世が遠征直前に死去すると、先述したように王位継承争いを経てバヤズィト二世がスルタンとなった。征服活動に明け暮れたメフメト二世に比べると、バヤズィト二世は穏健派であり、自ら遠征に赴くことが少ない君主であった。在位三一年のうち、自身が出征したのは五度だけで、一八回も外征したメフメト二世の時代と比較するとスルタンによる直接的な軍事行動への関与の度合いは大きく後退した。

バヤズィト二世は表に示した年代記からわかる記述だけでも、八度エディルネで冬営していたと考えられる。ソラクザーデはエディルネからイスタンブルに戻った一四九三年一月以降六年間（ヒジュラ暦八九七―九〇二年の期間で実質的には四年半ほど）バヤズィト二世がイスタンブルにとどまったことを伝える［Solakzâde 1297: 305］。これは逆説的に、スルタンが長期間イスタンブルにのみ滞在すること自体がまれであり、宮廷が両都を往来するのはごく普通であったことを示唆している。

ところで年代記から判明する範囲でバヤズィト二世のエディルネ滞在を確認していくと、その滞在した季節がかなりまちまちであったことがわかる。一四八二年には一一月、一四八四年には五月、一四八五年には一月にエディルネに到着するなど、特定の時期にここを訪れるという意識はほぼ存在していなかったと考えられる［Oruç Beğ 2008: 134

–136]。ルーム・セルジューク朝などでは夏営と冬営のサイクルが、宮廷の滞在先に明確に現れていた。しかしこの時代のオスマン朝では、季節的に滞在先を選択する慣習は失われており、特定の季節に特定の場所に移動することはなかったと考えられる。そもそもイスタンブルとエディルネを比較した場合、後者は夏暑く冬寒いため、気候の観点からここに滞在する利点はあまり感じられない。たとえば一四八八年、一四九〇年、一四九二年、一五〇〇年には年末にエディルネからイスタンブルに移動しており、これは相当量の積雪をともなうバルカンの厳寒を避けるためにもみえるが、その一方でエディルネで春まで越冬する事例も多い。つまり晩秋から春までは温暖な冬営地で過ごすという、定型的な宮廷の移動形態ではなく、政治・軍事的な必要性あるいはスルタン個人の意思に応じて滞在地と移動時期が決定されていたのであろう。

さて、バヤズィト二世の滞在地を明らかにする主要な史料であるオルチュとケマルパシャザーデの年代記では、一五〇一年以降スルタンに関する記述が極端に減少し、治世後半期の滞在地に関する分析は困難である。だが、やはりこの時期もバヤズィト二世がエディルネに長期滞在していたことは、ヴェネツィアの駐イスタンブル大使（バイロ）や近隣のヴェネツィア共和国領から本国に送付された報告書から判明する(12) [Sanuto 1969–70]。たとえば、一五〇二年一一月末にはスルタンがエディルネからイスタンブルに向かった報告が発せられ [Sanuto 1969, vol.3: 1266, 1313]、逆に一五〇二年一〇月には、スルタンがエディルネに行かなかったことが報告されている [Sanuto 1969, vol.4: 390]。ちょうどこの時期ヴェネツィアはオスマン朝と交戦状態にあり、スルタンの居場所は重要な軍事情報であったからスパイ網を駆使して確認していたと考えられる。

一五〇三年に和議が成立すると、オスマン朝とヴェネツィア共和国の外交関係は復活し、駐在外交官からの報告も増加する。たとえば一五一〇年の七月には、エディルネからイスタンブルにバヤズィト二世が戻ったことを伝えるなど［Sanuto 1969, vol. 11: 100］、オスマン宮廷の動静のかなりの部分がエディルネから報告されている。報告書の発信者と発信地の記述からは、駐イスタンブル大使であるバイロは通常任地のイスタンブルに滞在しており、彼の秘書官（secretario）がエディルネに常駐してオスマン宮廷との折衝に当たっていたことがわかる。スルタンの滞在地がイスタンブルとエディルネのどちらかに定まらないため、ヴェネツィア共和国はこれに対処するため両都に外交官を常駐させる必要があったのである。一五一〇年にはイスタンブルのバイロはアンドレア・フォスコロで、エディルネからの発信者には彼の秘書官ルドヴィコ・バルドリンと商人のニコロ・ジュスティニャンの名前が頻出する。[13]

さらに一五一一年三月三一日（ユリウス暦）には、ヴェネツィア共和国本国から派遣された使節アルヴィゼ・アリモンドが、エディルネ新宮殿を訪れてバヤズィト二世と謁見した様子を記述する、以下の手紙の要約が存在する。

そののち、三一日に、家を大勢のトルコ人らとともに出た。そのうち一〇〇人は騎兵で大変美しく整列し、五〇人はイェニチェリで徒歩であった。使節一行は騎乗した五〇名からなっていた。宮殿のとある区画に行くと、賞賛に値すべき集団が完全に沈黙を保っていて、それから宰相たち（li signor bassà）のロッジアに近づいた。彼らと一緒にルメリ・ベイレルベイ（il bilarbei di la Grecia）もいた。そこまでは相当な距離を進んだ。［宰相たちは］使節には半時間話をさせ、その間最高に名誉ある椅子に座っていた。

それから宰相たちは昼食をもってこさせ、椅子の上に大きくて細かく細工された銀の盆を準備させた。この上には金と絹でできたいくつかのテーブルかけを三種類のパンと一緒に置いた。その後次々と磁器の皿にもられて見事に調理された肉と魚の料理がもってこられ、飲み物も与えられた。使節一行は少し離れた絨毯の上で食べて、大いにもてなされた。昼食の半時間のち、宰相たちはスルタンの御前に赴き、しばらくして我らの使節をスルタンのいた部屋の中に、これは平屋で［部屋の中は］白く塗られ火の入った暖炉があったのだが、招き入れた。使節はスルタンにしかるべき敬意を表してお話しし、ヴェネツィアのドージェの信任状をお渡しした。スルタンはこの信任状をじっと眺められ、触れてみたりした。〔使節は〕それほど長い時間はここにいなかった。スルタンのお手に口づけしたのち、外に出て、馬に乗って上述の騎兵たちを同行させた。［Sanuto 1969, vol. 12: 147］

ここからわかるように、エディルネ新宮殿における使節謁見の儀礼は、詳細に至るまで第2章で検討したトプカプ宮殿のそれとほぼ同じものであった。イェニチェリが整列する中庭を抜けると宰相たちが御前会議を開く閣議の間に至り、ここで用件を伝えて昼食をともにした。そののち内廷にある平屋の上奏の間でスルタンとの謁見がおこなわれたのである。つまり一六世紀初頭のエディルネ新宮殿は、空間・儀礼の両面においてイスタンブルのトプカプ宮殿を補完しうる宮殿であった。

実はこの直前の一五〇九年八月ないし九月に発生した、「小さな終末」ともよばれたイスタンブル大地震によって、市内の建物が相当の被害を受けたため、宮廷は即時エディルネに移っていた(14)［Solakzâde 1297: 321-324］。メフメト二世治世期より継続したスルタンのエディルネ滞在の結果、イスタンブル遷都後もエディルネには依然として宮殿や高官の邸宅が維持されており、非常時にここに移って長期滞在することが可能であったものと考えられる。バヤズィト二世による頻繁なエディルネ滞在の記録は、メフメト二世がイスタンブルを首都とすることを企図したにもかかわらず、エディルネが実質的に副都として機能していたことを示唆するのである。

セリム一世　一五一二年にイェニチェリ軍団の支持を得て父のバヤズィト二世を退位に追い込んだセリム一世は、祖父のメフメト二世に似て僅か八年の短い在位期間中は遠征に明け暮れる常在戦場型の君主であった。そのためイスタンブルで冬営した可能性があるのは一五一九年の一回のみで、他の年にはエディルネやブルサ、遠征先のエジプトなどで冬営しており、そもそもイスタンブルにいた期間がきわめて短い。

即位直後にはコンヤに赴任していた兄アフメトが王位を求めてアナトリアで蹶起したため、セリム一世は速やかにブルサに移って対応する必要に迫られた［Hoca Sadettin 1979, vol. 4: 151］。ここで越冬したとする研究がある一方で［Emecen 2009: 408］、ホジャ・サアデッティンは翌一五一三年四月ブルサから西方約五〇キロメートルのイェニシェヒルでおこなわれた決戦前にエディルネを進発してアナトリア側へと再び渡ったことを伝える［Hoca Sadettin 1979, vol. 4: 174］。一五一二年から一三年にかけて冬営した場所がどこかは確定できないものの、王位継承争いという特殊な状況下においては、軍事的な見地からこれが選定されたことはたしかである。

戦地にいないときも、セリム一世はイスタンブルよりはエディルネに滞在するのを好んだように思われる。スルタンの日誌の記述を分析したエメジェンによれば、対マムルーク朝遠征直前の一五一五年七月一一日から九月一〇日まででセリム一世はイスタンブルに滞在し、九月一七日から翌年四月一〇日まではエディルネで遠征の準備をおこなった[15]［Emecen 2009: 410］。ヴェネツィア外交官の報告も、エディルネが軍団の集結地点とされスルタンがここから出発したことを伝える［Sanuto 1969, vol. 22: 204］。さらに長期遠征に備えて本国には皇太子スレイマンを筆頭とする留守政府が残され、これも大変興味深いことにイスタンブルとエディルネの両政府（governo）に人員が配置された［Sanuto 1969, vol. 22: 348］。またマムルーク朝を征服し、一五一八年五月に越冬したシリアのダマスカスを発ったセリム一世は、一五一八年七月二五日にイスタンブルに凱旋したがここで座を暖める間もなく、わずか一〇日後には皇太子スレイマンが待機するエディルネへと出発してしまっている［Emecen 2009: 413; Solakzâde 1297: 413］。バヤズィト二世期後半によって積極的に利用されたエディルネが、次代のセリム一世期になるとイスタンブル以上に宮廷が長期間滞在する都市となり、イスタンブルとエディルネの両都に二つの政府があったとまで報告されているわけである。

またヴェネツィア使節の報告書からは、バヤズィト二世時代同様にやはりエディルネが外交交渉の舞台となっていたことが判明する。たとえば一五一三年冬に各国の使節団をエディルネで受け入れたとするソラクザーデの記述は、ヴェネツィア側の史料によっても裏付けられる[Solakzâde 1297: 358; Sanuto 1969, vol. 17: 539–540]。翌春からのサファヴィー朝への遠征をみすえて、この際には平和条約も締結された。

以上一五世紀後半から一六世紀前半にかけてのオスマン朝スルタンの滞在地を分析した。他王朝の宮廷移動の特徴、すなわち複数の主要都市間の移動、郊外の庭園・牧地の利用、冬営地と夏営地の三点をここに当てはめると、次のような結論にいたる。まず、第一点目の都市間移動については、新都イスタンブルと旧都エディルネの間において顕著である。それ以外の都市、たとえば最初の首都であったブルサに長期間滞在することはなく、宮廷は二つの「首都」を主要拠点としたといえる。ルーム・セルジューク朝では、主要都市間の街道に点在する駅亭が宮廷一行を出迎える都市住民との儀礼の場となっていたが、オスマン朝の場合このような儀礼は確認されない。第二点目の庭園・牧地の利用については後述する。

一方、第三点目に関連して、両都のうち、特定の都市が夏営地ないし冬営地として意識されていたわけではない。この点、元朝のクビライが上都を夏都、大都を実質的な国都である冬都とした事例とは異なる[杉山 2004: 132–133]。エディルネ近郊のチョケ夏営地のように、特定の場所を指示する言葉としてこそ夏営地・冬営地の名称は用いられていたものの、ルーム・セルジューク朝のように毎年定められた場所に移るという慣習はなかった。イスタンブル、あるいはエディルネ滞在は特定の季節が意識されていたわけではない。

前章まででみたように宮殿建築とそこでの儀礼が確立することによって、相当程度イスタンブルとエディルネという二つの都に宮廷が定着したかにみえる。だが、次節で検討するように、年代記などの分析からはスルタンが頻繁に郊外の庭園・牧地に滞在し、ここで儀礼もおこなわれていた事実が浮かび上がる。

3　宮廷と牧地

ここまでみてきたように、一六世紀初頭にはエディルネとイスタンブルがオスマン朝の都として機能し、そこにはそれぞれメフメト二世のカーヌーンナーメの規定に沿った空間をもつ宮殿が建設されていた。ところが、年代記の記述からは、メフメト二世やバヤズィト二世が郊外の牧地に長期滞在していたことも判明する。イスタンブルとエディルネには儀礼用中庭を備えた宮殿が存在していたが、ここを離れて都市郊外にスルタンが長期滞在する伝統も継承されていたのである。

年代記から滞在が確認できるのは、一四七五年と一四七九年のチョケ、一四八五年のチョケ［Oruç Beğ 2008: 136］、一四九〇年サカルとチョムレクチ［Oruç Beğ 2008: 146］である。これらはいずれもエディルネ近郊の牧地であったと考えられる(16)。具体的にどの程度の期間滞在し、どのような宮廷生活が送られたかは不明であるが、わざわざ年代記に記録されるほど重要な出来事であったことはたしかである。

台所支出台帳からみたメフメト二世の滞在地

年代記以外に、都市の外部に滞在していたことを裏付ける貴重な史料に、メフメト二世期の一四六九―一四七四年（八七三―八七八年）に作成され、断片的に現存する宮殿台所支出台帳がある(17)［Barkan 1979］。月ごとに記録された八冊の台帳は、年代記等の記述には表れないスルタン個人の滞在地とその日時を伝える貴重な記録である。ほぼ毎日、チーズから野菜、鶏肉に至るまでの台所支出の細目が価格とともに記録され、さらに支出がおこなわれた場所が記載される。つまり宮廷厨房はスルタンとともに移動しており、その所在地はすなわちスルタンの滞在地であった。八冊のうち三冊はイスタンブル滞在中に記録されたものであり、残る五冊がスルタンのさまざまな所在地を示す。

たとえば一四六九年九月七日—一〇月六日（八七四年レビユルエッヴェル月）の台帳によれば、スルタンはエディルネを出た後、ゆっくりとトラキア地方を移動している［Barkan 1979: 211–221］。同月五日にはミュセッリム村の牧地（yurt）、翌六日にはソユトル谷の牧地、八日にはアクプナルの牧地、九日にはコユンオーラン村の牧地、一〇日にはクルクケニセ（現在のクルクラーレリか）の牧地に滞在した。しばらくここにとどまったのち、一四日には再びソユトル谷の牧地、一五日にはバーネ村の牧地、一七日にはプナルヒサルの牧地、一八日にはソウジャク川の牧地、一九日にはヴィゼの牧地、二一日には再びアクプナルの牧地、二二日にはボザパ村の牧地、二五日にはチョルル川の牧地に達し月末までここに滞在した。

一九日に到着したヴィゼはエディルネから東方約一〇〇キロメートル、月末のチョルルはそこから南へ五〇キロメートル余りの町である。通常イスタンブル–エディルネ間をまっすぐ移動すれば一〇日前後の旅程だが、レビユルエッヴェル月中にはチョルル川の牧地にまでしか到達しておらず、かなりゆっくりとした移動であったことがわかる。つまりスルタンと宮廷厨房の一行は、エディルネとイスタンブル間の東トラキア地方を一か月以上、おそらく各地の狩り場を回りながら移動していたのである。そして秋が深まるにつれ、冬営地となるイスタンブルに戻ったのであろう。ここでの滞在先は、エディルネあるいはイスタンブルからは相当離れた場所にあり、郊外の庭園・牧地とは性格を異にする。

さらに、一四七一年八月一八日—九月一六日（八七六年レビユルエッヴェル月）の台帳をみるとメフメト二世はレビユルエッヴェル月一二日より、イスタンブル近郊ヨーロッパ側の黒海沿岸にあるテルコスの夏営地（yaylak）に移動している［Barkan 1979: 237–250］。この際台帳はトプカプ宮殿の台所用と、スルタンに随行する台所用の二つに分割されている。さらにこの一か月後の一四七一年一〇月一五日—一一月一三日（八七六年ジェマーズィルエッヴェル月）にはテルコスからみて南西方向にあるインジュエズにメフメト二世は滞在している。途中羊を千頭購入したとの記録からは、この地で相当の人数を招いた饗宴が開催されていた可能性を指摘できる［Barkan 1979: 251–259］。これに続く一四七一年一一月一四日―一二月一二日（八七六年ジェマーズィルアーフル月）には旅中ヴィゼで再び一か月弱滞在している［Barkan 1979: 260–267］。ここから、一四七一年にはメフメト二世はほとんどイスタンブル市内に入っておらず、首都から数十キロメートル離れた夏営地あるいは牧地の間で移動を繰り返していたことが読み取れるのである。

興味深いことに、オルチュの年代記ではヒジュラ暦八七四年には、スルタンは遠征せずに「イスタンブルに滞在した（Kostantin'de karâr idüp）」とされている［Oruç Beğ 2008: 120］。ところが台所支出台帳によれば、前年末の一四六九年六月一一日―七月九日（八七三年ズィルヒッジェ月）にはスルタンは全期間イスタンブルに滞在したが［Barkan 1979: 187–210］、一四六九年九月七日―一〇月六日（八七四年レビユルエッヴェル月）にはエディルネを出発しているのである。明らかにオルチュの記述は誤りで、この年メフメト二世はイスタンブルを長期離れてエディルネとその周辺を移動していたのである。年代記史料はスルタンの滞在地を網羅的に確認するのに便利な史料である反面、このような遺漏や誤りがかなりあると考えられる。そのため表3-1ではメフメト二世とバヤズィト二世がかなりイスタンブルに滞在していたようにみえるが、実はエディルネやトラキア地方の牧地などに長期間滞在していた可能性が高い。

メフメト二世のカーヌーンナーメでは、スルタンは週四回内廷の上奏の間で大宰相らの上奏を受けることが規定されていた。ところが、このように長期間スルタンが牧地に滞在していれば、当然トプカプ宮殿ないしエディルネ新宮殿に戻って儀礼をおこなうことは不可能である。厳密に宮廷儀礼が規定されていたにもかかわらず、スルタンが首都を離れた結果、宮殿での上奏は実行されなかったと考えられる。逆に先述したインジュエズでの羊千頭の購入記録は、ここでイェニチェリらとの大規模な謁見儀礼と饗宴がおこなわれた可能性を示唆する。本来宮殿でおこなわれるべき儀礼が、移動するスルタンの後を追って、その滞在地で開催されていたのである。

郊外の牧地と宮廷儀礼

ティムール朝ではサマルカンド郊外に複数の庭園が建設され、ここに天幕群が設営されて宮廷儀礼の一環として大規模な饗宴が開催されていたことは第1章でのべた。一方のオスマン朝では、メフメト二世が長期郊外に滞在してはいたものの、これは狩猟などあくまでスルタン個人の遊興目的のためであったようにみえる。主要な宮廷儀礼は主宮殿であるエディルネ新宮殿やトプカプ宮殿においておこなわれ、その内容はメフメト二世のカーヌーンナーメによって規定されていたはずである。ところが年代記の記述をみると、オスマン朝でも郊外の牧地が儀礼の空間として用いられていた事実が判明する。

たとえば一四五七年にはエディルネ新宮殿周辺にある、メリチ川中州の「島（ada）」とよばれる場所に、スルタンの天幕群（pâdişâhuñ otâğların ve ḫaymelerin）を設営し、皇子バヤズィトとムスタファの割礼式が執りおこなわれた。初日はこの地方のウラマーたちが招待されて、談話したのちに食事が振る舞われ、賜衣もおこなわれた。年代記作者のアーシュクパシャザーデは自身がこの場に臨席したことを伝える。二日目には神秘主義の修道者（fukarâ）たちが招かれ、三日目にはこの地方の長官ら（ümerâ-yı vilâyet）が招かれて競馬競技などが開催された［Âşıkpaşazâde 2007: 421–423; Neşrî 1995, vol.2: 724–727］。ケマルパシャザーデもこの儀式について詳細を伝える。割礼式に先だって「島」に設営されたのは赤い天幕と白い小天幕で、各地には式への招待のため使者が派遣された。饗宴では数々の料理と甘い飲料であるシェルベトが振る舞われた。講談師（meddâhlar）と祈禱師（dâ'îler）が物語や祈願をおこない、工芸品も展示され、夕刻には花火も打ち上げられた。ケマルパシャザーデによれば祝宴は丸一週間続いたという［Kemal-paşazâde 1991: 139–143］。式への招待要請は国外にも送られており、ヴェネツィアのドージェも招待されたが辞退したという［Babinger 1979: 148］。

皇子の割礼式とそれにともなう祝祭は、一六世紀以降は首都における一大ページェントとしてさらなる発展をとげ、中でも一五八二年の祝祭が最大規模のものであった。一五八二年の祝祭の主会場となったのは都市郊外の牧地ではなく、イスタンブル市内中心部に位置する「馬の広場（at meydanı）」、すなわちビザンツ時代のヒッポドロームで、五〇日間にわたって出し物が繰り広げられたという。祝祭プログラムを詳細に分析した奥美穂子によれば、ここでは軽業や相撲、競馬などがおこなわれ、砂糖菓子の動物などさまざまなオブジェが陳列された。また日々集まった市民には大量の食事が振る舞われ、商工業者たちは組合ごとに山車を引きその技術を披露した［奥 2013］。一六世紀以降の祝祭と、一四五七年の祝祭を同等の性格をもつものとみなすことは難しいかもしれないが、花火や工芸品の展示など多くの共通点を指摘することができる。

さらにやや時代は下るが、宮廷が長期間イスタンブルを離れてエディルネに移っていた一六七五年にもここで割礼式が開催された。これはメフメト四世が子ムスタファのためにおこなったもので、五月一四日から二九日まで続いた［Nutku 1972: 42］。主要な会場となったのは、エディルネ新宮殿前にある、かつて「ジリットの広場」とよばれた広場で、ここにはスルタン以下政府高官たちの天幕が設営されたことをイギリス人のコヴェルが伝えている［Nutku 1972: 45–46］。

割礼の祝祭は日々の宮廷儀礼ではなく、不定期に開催される特殊な儀礼である。だがこれに加えて、郊外の牧地では外国使節の接見もおこなわれた次の記録が一件ある。一四八五年に、エディルネのチョケ夏営地にいたスルタンのもとを、マムルーク朝と「インド（Hindüstân）」、そしてハンガリーの使節が訪れたのである［Oruç Beğ 2008: 136］。この時どのように謁見儀礼が挙行されたかは不明であるが、エディルネ新宮殿ではなく、スルタンの滞在地であった牧地で使節が接見された点は興味深い。第2章でみたようなオスマン朝の宮殿儀礼のプロトコルにしたがえば、外国からの使節はトプカプ宮殿、あるいはエディルネ新宮殿で大宰相らが主宰する御前会議に出席後、上奏の間でスルタ

図3–3　メフメト3世の使節接見風景（トプカプ宮殿博物館所蔵 Şehnâme-i Sultan Mehmed III）（Atasoy 2000: 57）

ンに謁見しなければならない。宮殿外のチョケ夏営地での謁見は、あきらかにこの規定から逸脱したものであった。牧地などでの儀礼に際しては天幕群が設営されたと考えられ、これについてはアタソイが研究をおこなっている［Atasoy 2000］。スルタンの天幕は「帝王の天幕（Otağ-ı Hümâyûn）」とよばれるもので、他の天幕と一緒に設営されて天幕群が形成されていた。これは単なる野営地であるにとどまらず、遠征時などにはここでスルタンが使節を接見したことが細密画などから知られる。その例として、一五六六年スレイマン一世の最後のハンガリー遠征における使節接見や、一五九六年メフメト三世の対ハプスブルク戦争時におけるハンガリーの使節接見の風景がある［Atasoy 2000: 56–57］（図3–3）。

　図中左上にみえる天幕群全体は幕で囲い込まれていた。そして興味深いことに、左中央における絵画表現をみる限りでは謁見がおこなわれたのは巨大な天幕の中ではなかった。幕による囲い場の前面に玉座と敷物が用意され、その上には天蓋が差し伸べられ、使節はここでスルタンに謁見したのである。また時には櫓が組まれてスルタンがここから祝祭などを見物することもあったという。

　クラヴィホによれば、同じく天幕を宮廷儀礼で用いた一五世紀初頭ティムールの天幕群にも、同様に囲い場（「サラパルデー」）があってその中に複数の天幕を設営していた。オスマン朝の天幕群同様に、帆布製の四角い塔もあり、さらに囲い場の入り口にはアーチ型の門すらあったという。その一方で、君主との謁見がおこなわれたのは、囲い場手前の天蓋下ではなく、中にあった君主の大天幕であった(18)［クラヴィホ 1967: 212–217］。

ネジプオールやアタソイはトプカプ宮殿の構造と天幕群の空間の類似性を主張する［Necipoğlu 1991: 248; Atasoy 2000: 55–56］。囲い場を内廷、その外側を外廷、そして入り口にある天蓋を至福門と読み替えれば、その共通点は多い。ただし、一足飛びに「遊牧王権」は天幕群の空間をモデルとして恒常的な宮殿を創出したと結論づけるのは危険であろう。第1章でみたように、エディルネ旧宮殿成立以前のアナトリアの宮殿はいずれも小規模で中庭をもたないもので、大規模な天幕群に比定することはできない。さらに第2章で検討したように、トプカプ宮殿の空間と儀礼はかなりの長い時間を経て徐々に形成されたものであった。単純に天幕群の空間構造が宮殿へと転換されたのではなく、逆に宮殿での儀礼に対応させるべく天幕群の構造も随時変化したと考えられる。たとえばオスマン朝の天幕群では、至福門に相当する天蓋下で使節接見がおこなわれたが、これはエディルネ旧宮殿の成立から、メフメト二世晩年の上奏の間建設までの謁見儀礼に対応する。もしそれ以前の「遊牧王権」の天幕群がモデルとなっていたのであれば、ティムール同様囲い場内の大天幕で謁見はおこなわれなければならないだろう。

4　オスマン朝の二つの都と庭園・牧地

以上、本章前半では、イルハン朝、サファヴィー朝、ルーム・セルジューク朝の三つの王朝の宮廷移動を事例として、その特徴をのべた。それぞれ時代と地域性に応じた宮廷のあり方を示す一方で、複数の主要都市間の移動、郊外の庭園・牧地の利用、冬営地と夏営地の滞在という三つの共通点をみいだすことができる。

後半では、エディルネからイスタンブルへの「遷都」を経験した一四五一年から一五二〇年までのオスマン朝スルタンの滞在地を考察した。メフメト二世のイスタンブル再建と首都化の意図が明らかだったことは、少なくとも年代記の記述からは一四五〇年代末以降エディルネ滞在の記事が激減することからもうかがえる。だが彼の後継者であるバヤズィト二世とセリム一世は、相当長期間旧都エディルネに滞在し、実質的には複都制に近い体制がとられていたとみてよいだろう。

前半の検討から浮かび上がった三つの共通点のうち、主要都市間の移動はイスタンブルとエディルネの間でのみおこなわれ、定まった冬営地と夏営地の間を宮廷が季節的に移動することはなかったことは明らかである。一方で郊外の庭園・牧地の利用は引き続き頻繁であったことが、年代記や台所支出台帳の記録からわかる。メフメト二世のカーヌーンナーメ制定とトプカプ宮殿のいったんの完成をもって、オスマン朝の宮殿儀礼は完成したかに思われた。だが、スルタンは都市内の宮殿に常時滞在していたわけではなく、相変わらず郊外や首都から遠く離れた牧地に天幕群を設営し、ここでは使節接見などもおこなわれていた。

エディルネは一七世紀後半に再び脚光をあびる。メフメト四世（在位一六四八―一六八七）は在位期間のほとんどをエディルネで過ごし、続くスレイマン二世（在位一六八七―一六九一）、アフメト二世（在位一六九一―一六九五）、ムスタファ二世（在位一六九五―一七〇三）はいずれもイスタンブルではなくエディルネに滞在した［林 2008: 270–271］。ほぼ半世紀にわたって、宮廷はイスタンブルを離れてエディルネを首都としたのであった。本章でみたように、コンスタンティノープル征服後の一五世紀後半以降も、エディルネは副都としてスルタンの長期滞在先となっており、エディルネ新宮殿をはじめとして首都としての都市インフラが整備されたことは、一七世紀以降も宮廷がエディルネに滞在することを可能としたのだった。

（1）イルハン朝君主ガザンは首都としたタブリーズの城壁内に入った形跡はなく、おそらく城壁外の草地や庭園に天幕を張って滞在した［本田 1991: 344-345］。また羽田正も以下のようにのべている。「君主は都市の内部には入らず、郊外のバーグ（庭園）に天幕を張って滞在し、都市のさまざまな問題を処理した」［羽田 1987: 327］。

（2）最も最新の成果を反映し、建築類型別に概説したものには、たとえば以下のものがある［Kuban 2002］。

（3）イブン・ビービーの年代記唯一の写本は、トルコ共和国のアヤソフィア図書館に所蔵されファクシミリ版が出版されている［Ibn Bībī 1956］。一九五〇年代におこなわれたイブン・ビービーの年代記の校訂は、残念ながらカイクバード一世即位直前までの、前半三分の一程度を出版したところで中断されている［Ibn Bībī 1957］。また近年イランにおいて校訂本が出版された［Ibn Bībī 2011］。また年代記の現代トルコ語訳も参照した［Ibn Bībī 1996-97］。

（4）「マンズィル」とは、元来旅客の一日行程（三〇―四〇キロメートル）を意味する語であったが、転じて街道の駅亭、隊商宿などに対して用いられ、さらには家を意味するようにもなった一般名詞である。そのため都市間を行軍中に「マンズィル」に滞在したとあれば、これは家の意味ではなく駅亭あるいは隊商宿であると考えられる。

（5）新規に征服された都市でも城外からの軍事パレードとスルタンの玉座への着座がおこなわれ、新たな支配者の威光を示した。黒海岸の都市スィノプ（Sinop）をケイカーウス一世が攻略した際には、城外で軍団が隊列を組み、籠城軍側が城門の鍵を引き渡した後、入城と着座、それに引き続き饗宴が開催された［Ibn Bībī 1956: 152; Ibn Bībī 1996: 173］。

（6）たとえば、ケイカーウス一世とカイクバード一世の父であるケイホスロー一世は、スルタンの地位を追われ漂泊していた際に途中エルビスタンの城主に歓待され、次の目的地に出発した時にはまちから出て最初の駅亭まで見送りを受けている［Ibn Bībī 1956: 41; Ibn Bībī 1996: 59-60］。また、ケイカーウス一世もアンタリア（Antalya）遠征時にコンヤ郊外のルズベ平原に軍勢を集結させている［Ibn Bībī 1956: 142-143; Ibn Bībī 1996: 163］。

（7）交通の要所となるこれらの駅亭は、約三〇〇年後のオスマン朝時代でも用いられていたようである。たとえばスィヴァス―カイセリ間のチュブクの駅亭は、一六世紀に作成された絵地図にもその名をみることができる［Naṣūḥü's-Silāḥī 1976: 22-b］。

（8）イブン・バットゥータはキプチャク草原を旅行中に、馬に牽かせる荷車の上に天幕を置いたものを目撃したことを記録している［イブン・バットゥータ 1999: 19–21］。

（9）ピーコックによれば、イブン・ビービーの年代記から判明するだけでも、カイクバード一世は一二二一年にはアランヤ周辺、一二二二年と一二二三年にはアンタリア、一二三〇年にはアランヤ、アンタリア、クーバーダバード宮殿、一二三一年にはアランヤ、一二三二年には再びアランヤ、アンタリア、クーバーダバード宮殿、一二三五年にはアランヤとアンタリアで冬営した［Peacock 2013: 217–218］。また地中海岸のルーム・セルジューク朝の庭園と離宮を扱ったものについては以下を参照［Redford 2000］。

（10）ちなみにバヤズィト二世の弟ジェムはエディルネ以前の古都ブルサを拠点に抗戦したが敗れた。かつての首都が他の都市に比べ政治的権威を有していたことは間違いないだろう［Solakzâde 1297: 274］。長子相続の原則がなかったオスマン朝ではスルタン位は王位継承者の間で争われるべきものであり、敗者は処刑されるのが慣習となっていた。たとえばジェムは敗れた後、ヨーロッパに亡命したがそこで客死した。またバヤズィト二世の三人の息子の間でもスルタン位をめぐる争いは起きたが、最終的にセリム一世が勝利し、残る二人の兄弟と家族は誅殺されている。

（11）東部アナトリアの遠征に先立って、バルカン方面の抑えとしてエディルネには皇子ジェムが配されていた［Imber 1990: 214］。

（12）一六世紀にヴェネツィア人貴族のサヌートによって編纂された全五八巻の公式文書集成はオスマン朝に関する情報の宝庫である。インバーがのべるように、初期オスマン朝史研究において、ヴェネツィア共和国の文書群は最も信頼に足る史料のひとつである［Imber 1990: 8］。なお、この時期ヴェネツィアではユリウス暦が用いられているため、グレゴリオ暦とはずれが生じる。

（13）ヴェネツィア共和国のイスタンブルでの外交活動については以下の研究を参照［Bertelè 1932］。

（14）地震に関する報告はサヌートもラテン語で記録している［Sanuto 1969, vol. 9: 563–565］。この時の地震の被害とその後の復興については澤井一彰の次の研究を参照［澤井 2012］。スルタンと宮廷は地震による大被害を受けたイスタンブルを離れてエディルネに移動した。だがこののちエディルネ周辺でも地震が発生し、エディルネ新宮殿なども大きな被害をうけた。イスタンブル地震の発生日時については一五〇九年八月一二日と九月一〇日の二説ある［澤井 2012: 157］。オスマン語年代記は一四八八年一〇月の地震を皮切りとしてこの最後の大地震まで、およそ二〇年間地震が頻発していたことを伝える[Oruç Beğ 2008: 143]。

(15) ハイダル・チェレビーの日誌は、フェリドゥンの書簡集に掲載されている [Haydar Çelebi 1264–1265]。ここではエメジェンの分析を引用するにとどめた。

(16) チョケはエディルネから北東へ約三五キロメートルにある、現在のハジュダーニシュメンド村を中心とする地域だと考えられる。チョムレクチもチョケ近くの、エディルネから北へ約二〇キロメートルの地点である。サカルは、エディルネから北西へ約三〇キロメートルのところに位置する、現在ブルガリアとなっているサカル山地を指すと考えられる。また、バヤズィト二世は一四九一年にはエディルネから南西に約一五〇キロメートルの町ギュミュルジネ（Gümülcine、現ギリシアのコモティニ）に狩猟のため長期滞在している [Oruç Beğ 2008: 146]。

(17) ユンヴェルも同様の史料を紹介している [Ünver 1995]。また鈴木董は同じ史料を用いて、宮廷の食事内容を分析している [鈴木 1995: 156–170]。

(18) ルーム・セルジューク朝でもこのような天幕群は存在し、さまざまな用途の天幕が存在したことをイブン・ビービーは伝えている。一二三〇年カイクバード一世が同盟者であるアイユーブ朝の君主マリク・アシュラフを出迎えた際、スィヴァス近郊のクズルウルマク河畔の牧草地には天幕群が設営された。ここには御座所となる天幕に加えて、浴室、宝物庫、護衛屯所、什器室、ワイン庫、厨房などがあったという [Ibn Bībī 1956: 386–388; Ibn Bībī 1996: 389–392]。

第4章　イスタンブル旧宮殿の建設とその機能

本章では、一四五〇年代半ばの征服直後のイスタンブルに造営されたイスタンブル旧宮殿（以降旧宮殿と記す）を考察の対象とする。

一四五三年にメフメト二世によって征服されたオスマン朝の新首都イスタンブルでは、トプカプ宮殿の建設が一四五〇年代末より開始されて以降四〇〇年あまりにわたって主宮殿として用いられた。またトプカプ宮殿とは別に、数年早くイスタンブル市内中心部にも宮殿が建設されており、これがトプカプ宮殿の完成後は「旧宮殿（sarây-ı ‘atîḳ）」とよばれてスルタンのハレムが置かれる宮殿となったことが知られている。しかし現在イスタンブル大学のキャンパスとなった旧宮殿の跡地には宮殿時代の建造物はほぼ現存せず、発掘調査も事実上不可能であるため、今日までにその空間や機能について十分な学術的考察がなされてきたとはいいがたい。さらに、旧宮殿に関する文献・絵画史料がトプカプ宮殿に比べて少ないことも研究が進まない理由となっている。

一五世紀から一六世紀にかけてのオスマン朝では、首都であるイスタンブルやエディルネ、ブルサ、さらには王子たちが政治修行のために派遣されて小宮廷を営んだマニサやアマスヤなどの地方都市にも、大小さまざまな宮殿が存在していた（図4-1）。だが、一九二二年のオスマン帝国の滅亡まで宮殿として長らく使用されたトプカプ宮殿を除

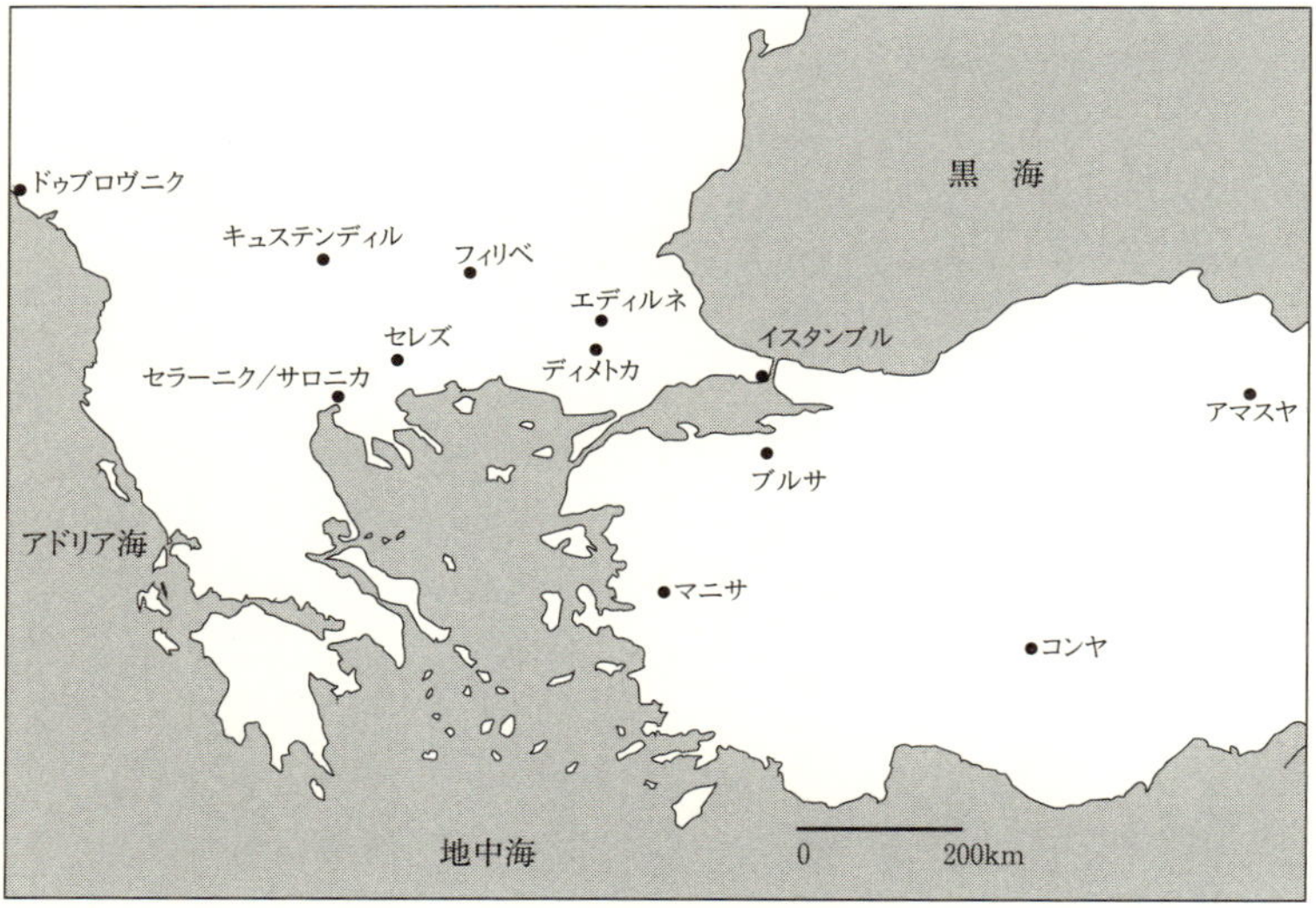

図 4-1　オスマン朝の主要都市（筆者作成）

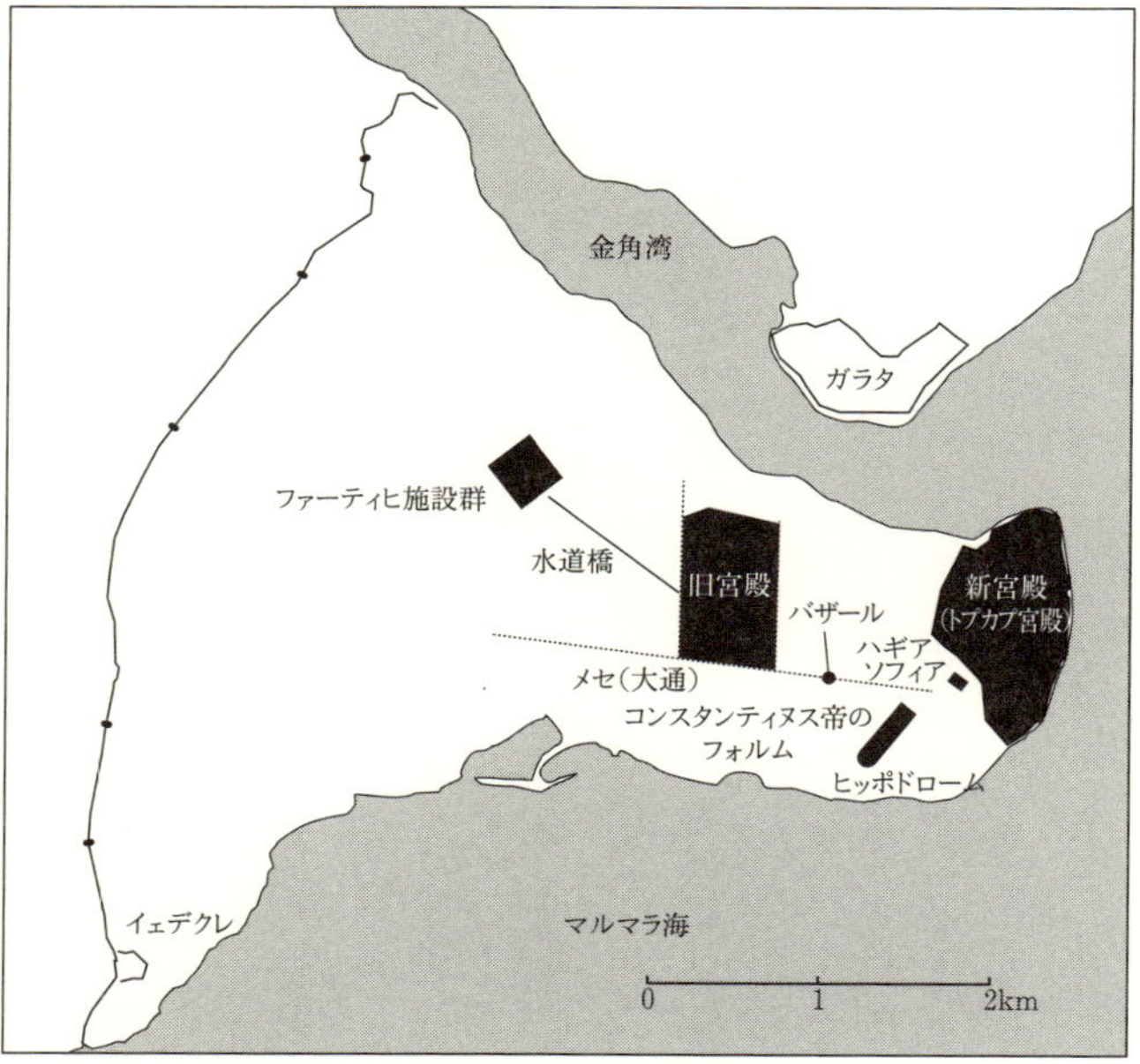

図 4-2　征服直後のイスタンブル（筆者作成）

けば、前近代に建設された右記の宮殿のほとんどはのちに放棄・破却されてしまったため、その全容は依然不明であり研究も少ない。

このような研究の現状に鑑みると、旧宮殿の空間と機能の分析は、前近代オスマン朝の宮殿群を理解するうえで重要な意味をもつ。また地図でみてもわかるように、旧宮殿はイスタンブル市内中心部に巨大な敷地を有していた（図4-2）。イスタンブルの都市史研究の観点からも、とくに創建期旧宮殿の敷地範囲の確定と周辺の状況を明らかにすることが必要である。

第1章では一五世紀初頭に建設されたと推定されるエディルネ旧宮殿の分析をおこない、ここには謁見儀礼などの舞台となった回廊が巡らされた儀礼用中庭が存在していたことや、居住空間である内廷と政治・儀礼の空間である外廷の分離が成立していたこと、またそれゆえエディルネ旧宮殿はのちのトプカプ宮殿の祖型となるものであったことをのべた。一四五一年に父ムラト二世の跡を継いだメフメト二世は、即位直後にエディルネに新宮殿を同様の形式で完成させ、それからほどなくして征服したイスタンブルで旧宮殿の建設に着手している。旧宮殿を考察するにあたって、一五世紀に先行してエディルネに建てられた二つの宮殿（エディルネ旧宮殿・エディルネ新宮殿）と、旧宮殿に続いてイスタンブルに建てられたトプカプ宮殿は主たる比較対象となる。はたしてイスタンブルの旧宮殿も、一五世紀に相次いで完成した国政の中心となり宮廷儀式の舞台となったこれら三つの主宮殿に類するものだったのだろうか。

エディルネの二つの宮殿とイスタンブルのトプカプ宮殿は、いずれも先述の儀礼用中庭を有し、これは外廷部分の中心的空間であった。鈴木董によれば、オスマン朝の宮廷の組織は外廷（bîrûn）と内廷に分けられ、前者は国政の場でありなおかつ内廷の維持・警護機能を果たして内廷と宮廷外部をつなぐ役割を果たす組織であった。一方の内廷はさらに二つの部分に分けられて、スルタンの日常の居所である狭義の内廷（enderûn）と、女人と宦官たちの世界である狭義のハレム（ḥarem）から成り立っていた［鈴木 1993: 131–132］。当然組織の区分は宮殿建築に正確に反映されており、今日みるトプカプ宮殿もちょうど外廷、内廷、ハレムの三部門によって構成されている。エディルネ旧宮殿では、私的領域すなわち広義の内廷と、公的領域すなわち外廷が並置される空間形態が形成されて、一五世紀以降のオスマン朝の宮殿建築の基礎が築かれた。本来スルタンの住まう小規模な住居建築であった宮殿では、オスマン朝が小侯国から世界帝国へと急成長して新たな組織や儀礼が形成されるのにともなって、これに十分対応する空間が外廷として整備され、さらにかつての私的領域は内廷へと再編されていったのである。もし旧宮殿がこの新しい宮殿形態に則るのであれば、当然これは内廷と外廷の空間によって構成され、とりわけ外廷には広大な儀礼用中庭が存在したはずである。

本章では、まず第1節で旧宮殿が建設された時代背景と宮殿の沿革、および既往研究を整理する。次に第2節では、創建当初一四五〇年代から一五五〇年頃までの宮殿の敷地範囲の変遷について論じる。第3節では旧宮殿を構成した建造物を限られた史料より考察し、ここには外廷が存在しなかったことを明らかとする。さらに第4節では、旧宮殿の使われかたからさらに外廷の不在を裏付ける。最後の第5節では、旧宮殿が「内廷の宮殿」であったこと、そして同様の宮殿がバルカン半島各地に存在していたことをのべる。

1　イスタンブル旧宮殿の概要

宮殿建設に至る歴史的背景

一四五一年に死去した父ムラト二世の跡を継いでエディルネで即位したメフメト二世は、即位後直ちにビザンツ帝国の首都コンスタンティノープル征服の意図を明確にした。市街地から北にあるボスポラス海峡を扼する地点には城塞を建設して海上交通を掌握し、またエディルネ新宮殿では中庭で大砲を鋳造するなどして万端の準備をおこなった。

一四五三年五月二九日に約二か月の包囲戦の末コンスタンティノープルがついに陥落するまでの過程は、攻防戦に参加した両陣営の人びとによって詳細な記録が残されている(1)。

メフメト二世は征服直後よりこの都市を自らの新首都としてふさわしく復興させるために、さまざまな施策を打ち出した。当時オスマン朝の都市造りの基本となるのは、「人が住んだ状態にすること（iskân）」および「栄えた状態にすること（i'mâr）」であり、この状態を目標とした施策がとられたのである［林 1992: 238–239］。具体的には、人口を回復する方策と、都市インフラを整備するという、二つの目標を達成するためにさまざまな再建計画が実行された［林 1995: 312］。第一の人口回復策として市内に残された家屋や教会、修道院などの建物が、征服に参加した者たちや、領内各地から自発的あるいは強制的に集められた移住者に無償で与えられ定住が推奨された。第二の都市インフラ整備策として、まずはハギアソフィアなどの教会建築の一部がモスクやマドラサへと転用された。さらにこれらを維持運営するため、スルタンや有力者の寄進によって市内中心部には商業施設が建設されてワクフ（宗教的寄進）財として運営されるようになった。メフメト二世本人のすまいとしては、先述のとおりイスタンブルの中心部にまず旧宮殿が建設され、そののちにトプカプ宮殿が建設された。

イスタンブル旧宮殿の沿革

以下では既往研究に依拠して旧宮殿の沿革を整理する。ただし第2節において筆者が分析する結果により、修正が必要とされることをあらかじめ指摘しておきたい。

征服直後より旧宮殿の建設がメフメト二世によって計画されていたであろうことは、諸史料によって裏付けられている。メフメト二世は近臣とともに征服まもない市内を視察し、邸宅や教会を住居として家臣たちに分け与えるとともに、市内中心部の区画を自らの宮殿用地として確保したという［Kritovoulos 1954: 83］。

この敷地はローマになぞらえて七つの丘が設定されたコンスタンティノープルの第三の丘にあたり、北側には金角湾、南側にはマルマラ海を望む景勝地であった。さらに旧宮殿周辺はメフメト二世のイスタンブル復興計画において最初に開発が進められ、後世に至るまで都市の核となる地区であった。とくに東側にはアヤソフィア・モスクのワクフ財としてバザール地区が建設されて商業活動の中心となっていった。また敷地の南端には四世紀末に建設されたテオドシウスのフォルム（別名「雄牛の広場 Forum Tauri」）があり、この広場の存在も旧宮殿の立地選定に影響を与えていたと考えられる［Müller-Wiener 2001: 258–265］。宮殿と広場のかかわりについては第2節で検討する。

一四五三年の征服直後に、この広大な敷地にどのような建物が存在していたかについての詳細は伝わっていない。だが一五世紀末頃に記された筆者不明のオスマン語年代記によれば、宮殿建設のため「教会」を破却した際、崩落した壁体によって多くの人びとが下敷きになったとの記述が現れるから、なんらかの宗教施設がここに存在したとみてよいだろう［Anonymous 1992: 118］。ドーソンも、宮殿建設前に修道院があったと根拠を示さないながらものべている［D'ohsson 2001, vol. 6–7: 159］。一四五五年の検地台帳からは、征服直後のイスタンブルにはビザンツ時代の修道院や教会が多数存在しており住戸などに転用されていたことが知られる［İnalcık 2012］。また旧宮殿のすぐそば、南側メセ大通りに面した場所にはメフメト二世時代の造幣所があったことが知られ、やはりこれもエヴリヤ・チェレビーによれば修道院が転用されたものだったという［Evliya Çelebi 2001, vol. 1: 293; Müller-Wiener 2001: 354–355］。旧宮殿の敷地にも同様に修道院が存在していたとみてほぼ間違いないと思われる。

オスマン語の諸史料によれば、旧宮殿は一四五四年（ヒジュラ暦八五八年）に建設が開始され、一四五八年（八六二年）には完成したとされる。宮殿の規模を考慮すればある程度の建設期間が必要であったとして多くの研究者はこの年代を採用する［Ayverdi 1989: 678］。一方でトプカプ宮殿の建設も、直後の一四五〇年代末に開始され、一四六五年頃にはその主要部分が完成したとされる。それ以降、旧宮殿にはハレム（後宮）が置かれてスルタンの家族が居住する場として知られるようになる。当初トプカプ宮殿にはハレムが存在しなかったとする説もあるが［Goodwin 1971: 132］、一四六〇年代から七〇年代にかけてはハレムがあったことを証言する史料がありこの時期までにはトプカプ宮殿と旧宮殿の両方にハレムが置かれていたことがわかる［Necipoğlu 1991: 159–160］。

また既往研究では、後述する都市図など図像史料の分析から旧宮殿が二重の壁で囲われていたことが指摘される。しかし第2節で考察するように、ここで用いられたいずれの図像史料も一五世紀末以降に作成されたものであり、実は当初二重の壁は存在していなかったことをあらかじめのべておきたい。

一五〇〇年からはバヤズィト二世によって敷地の南側にバヤズィト・モスクが建設され、その周辺に付属する施設が建てられたため、宮殿の領域は縮小した。さらに一五二〇年代になると、スレイマン一世が愛妃ヒュッレムのためにトプカプ宮殿のハレムを拡張してヒュッレムはここに移ったため、ハレムが置かれていた旧宮殿の役割に若干の変化が現れる。さらに一五四〇年二月五日の大火災によって旧宮殿の大部分が被害をうけると、ここでは大規模な増改築がおこなわれたことが知られている(2)。

そして一五五〇年から始まったスレイマニエ施設群建設は、旧宮殿にとっての一大転機となった。敷地の北側半分はモスクをはじめとする建物の建設用地に転用され、宮殿の領域は大きく縮小した。またこれ以降、宮殿の東西側の敷地も高官らの邸宅建設用地として下賜されたため縮小は続いた。ヒュッレムがハレム機能の大半とともにトプカプ宮殿に移ったのち、旧宮殿は皇太后や前スルタンの后たちや姉妹、そしてトプカプ宮殿のハレムから引退した女官たちが余生を過ごす副次的な役割を担う宮殿となった。

一七世紀以降も新たな建物が建設されるなど、旧宮殿が依然としてハレムによって利用されていたことは修復関連の台帳などさまざまな史料からも明らかであるが、この時期については本章が扱う範囲を超えるためここでは言及しない。最終的に旧宮殿は、一八二六年イェニチェリ軍団廃絶に伴って新設された陸軍省の敷地として割り当てられたため、宮殿としての使用はここで終止符が打たれ、ハレム機能はトプカプ宮殿とイスタンブル郊外のエユプ宮殿に移された［Bilgicioğlu 2009: 125］。さらに陸軍省として用いられた後には、イスタンブル大学のキャンパスがおかれて現在に至っている。

イスタンブル旧宮殿に関する既往研究とその問題点

さてここでは、建設当初一五―一六世紀の旧宮殿に関する研究のうち重要なものをいくつか紹介する。ただしいずれも限られた同じ史料の記述に基づくため内容に大きな違いはなく、またいずれも著書の一部や事典の項目で取り上げられる程度であり、今日まで旧宮殿を対象とする詳細な論考はなかった。

最初に史資料に基づく旧宮殿の学術的な分析をおこなったのは、初期オスマン建築史研究で知られるアイヴェルディである［Ayverdi 1989: 678–681］。アイヴェルディは建設当初の状況を一五世紀のギリシア人年代記作者クリトヴロスの記述から考察し、一七世紀の旅行家エヴリヤ・チェレビーの記述と一九世紀前半に作成された水路図を用いて、旧宮殿の敷地の範囲確定を試みた。さらにトプカプ宮殿の研究をおこなったネジプオールは、トプカプ宮殿建設前夜の状況としてごく簡単に旧宮殿に言及する際に、後述する一五―一六世紀に作成された二つのイタリア語史料を発見して紹介した。この史料には初期の旧宮殿の建造物や周辺の状況が詳細に記述されており、本章でも分析の対象とする［Necipoğlu 1991: 3–4, 10–11］。宮殿の概要について最も詳しい最新の成果は、ビルギジオールが『ＴＤＶイスラーム百科事典』に執筆した項目で、初期の状況を西洋人の記述を用いて整理したのち、文書館史料を用いて一八世紀以降の火災や増築をあきらかにした点に特色がある［Bilgicioğlu 2009］。(3)

オスマン建築・都市史の研究者以外では、ビザンツ史家のベルガーの研究がとくに重要である。ベルガーは、一五世紀末に作成されたと推定される都市図を原図に用いて作成されたヴァヴァッソーレの鳥瞰図の分析によって宮殿敷地の範囲を割り出した［Berger 1994: 329–355］。これはビザンツ時代の直線的な街路構造が征服以降の都市構造にも継承されたという大変説得力をもつ議論であり、筆者も基本的にベルガー説に同意する。ベルガーによる旧宮殿の敷地の推定範囲に関しては第2節で検討したい。

イスタンブル旧宮殿に関する史料

続いて本章で用いる史料の概要を整理する。一つひとつの史料を紹介するのはいささか煩瑣ではあるが、利用できる史料の限られる旧宮殿の研究において、そこで記述される内容の性格を把握し、論点を明確にするため必要な手続きであると考える。ここでの史料はオスマン語の文献史料、非オスマン語の文献史料、都市図などの図像史料の三種類に大別できる。

まずオスマン語史料について。一七世紀以降のオスマン朝は財務関係を中心として膨大な量の文書史料を作成しておりその多くが現在まで残存している。しかし本章が対象とする一六世紀以前の時期についてはごくわずかな文書史料しか存在せず、たとえば修復・増築関連文書の類から宮殿を復元することは不可能である。そこで初期の旧宮殿の研究にあたっては、一六世紀までに書かれた年代記などの叙述史料に依拠する必要がある。主に用いたのは次の五点である。

トゥルスン・ベイは一五世紀半ばにメフメト二世に仕えた人物であり、スルタン一代の業績を記した年代記には旧宮殿建設の経緯が描かれている［Tursun Bey: 1977:67］。一五世紀末から一六世紀前半にかけて宮廷に仕えたケマルパシャザーデ（Kemalpaşazade あるいは İbn Kemal）として知られる歴史家も旧宮殿建設を記録する［İbn Kemal 1991: 99］。また一五世紀末にバヤズィト二世に献呈されたネシュリーの年代記もトプカプ宮殿建設の模様とあわせて、旧宮殿建設の経緯を記す［Neşri 1995: 711］。若干時代が下った一六世紀後半の文人ゲリボルル・ムスタファ・アリの年代記は、メフメト二世が旧宮殿を好まなかったとする理由とトプカプ宮殿建設の様子を記録している［Gelibolulu Mustafa Âlî 2003: 63–65］。また、時期は大きく下るが、研究者たちによって最も頻繁に引用される一七世紀のエヴリヤ・チェレビーの記述も重要である［Evliya Çelebi 2001, vol. 1: 52–53］。

次に非オスマン語史料について。オスマン朝のイスタンブルには一四五三年の征服直後より周辺諸地域から人びとが外交・交易などの理由で来訪しさまざまな記述を残した。またビザンツ帝国滅亡以降もこの地に留まったギリシア人も年代記に征服直後の様子を記録した。ヨーロッパ人にとっては直接の軍事的脅威となりうるオスマン朝の宮廷組織や制度は当然関心の対象となり、これに関連して宮殿建築についての情報も伝えられている。ただし創建当初から一九世紀に至るまで膨大な記述の蓄積があるトプカプ宮殿に比べると、旧宮殿に関する記述はごく簡単なものしかない。これはハレムが置かれて厳重な管理下にあった旧宮殿の性格を考えれば当然のことであるともいえる。

ここで非オスマン語史料群はさらに三つのタイプに分類することができる。ひとつめはオスマン朝に仕えていたか、あるいは征服後もオスマン領に留まったギリシア人たち、二つめは商人や外交官など、オスマン領に留まっていた自由身分の外国人、最後に、捕虜・奴隷として長期にわたってオスマン宮廷やイェニチェリ軍団で使役されていた人びとの記録である。

第一のギリシア人のうち、クリトヴロスは親オスマンの態度を表明した一五世紀の人物で、指導的立場にあったエーゲ海のイムロズ島を平和裏にオスマン朝に引き渡したのちにイスタンブルへ移り、メフメト二世を賛美する年代記を執筆した人物である。年代記中には旧宮殿建設の経緯に関する以下の記述が現れる［Kritovoulos 1954: 83, 93］。もう一人イスタンブル旧宮殿建設に関して記録したドゥカスはクリトヴロスと同時代に活躍したトルコ語にも通じた知識人で、一四六二年のレズボス島陥落時の混乱の最中行方不明になるまで、一四一一五世紀の歴史を記している［Doukas 1975: 243–244］。

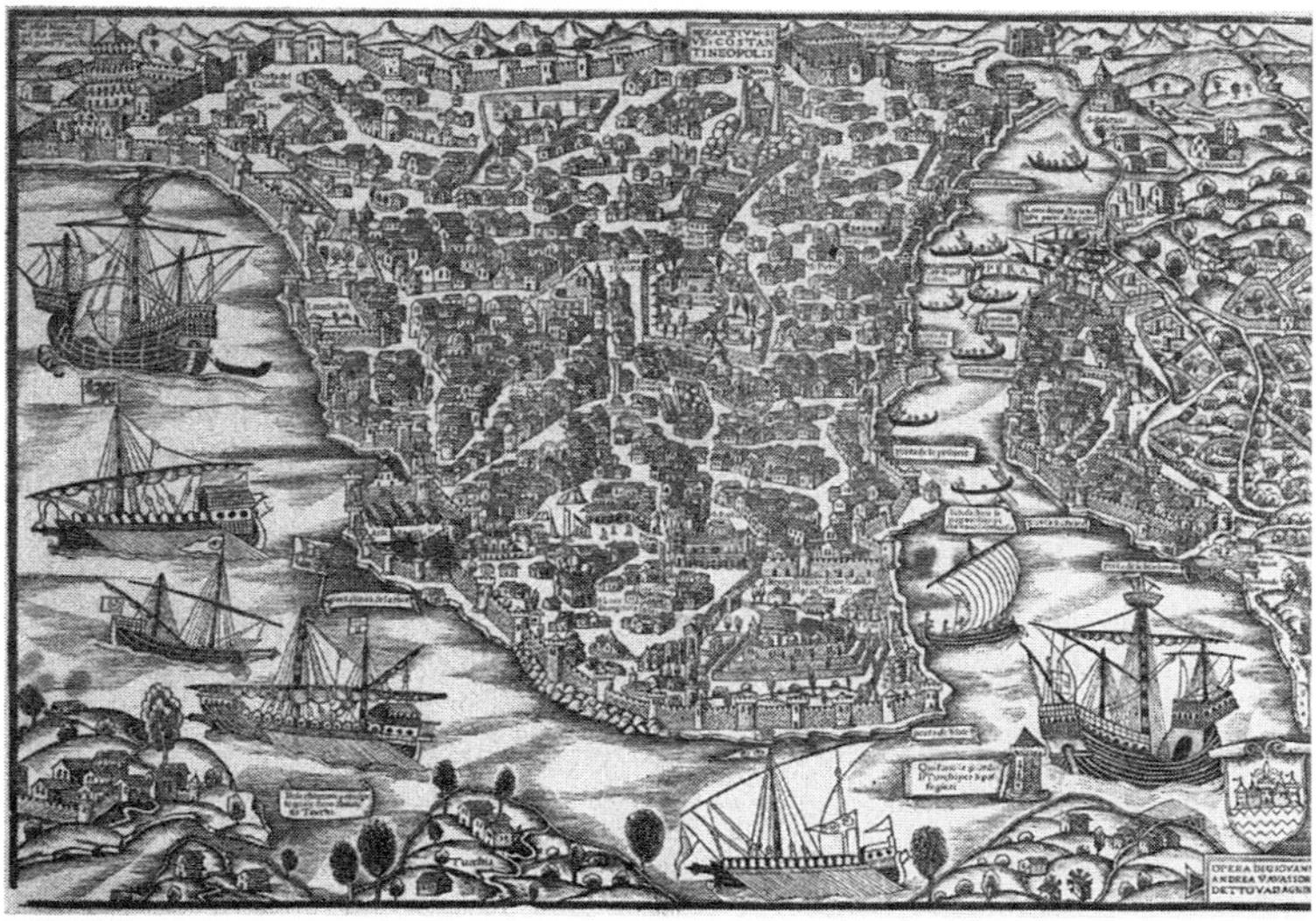

図4–3　ヴァヴァッソーレのイスタンブル図（Berger 1994: 343）

第二の来訪外国人として重要なのがヤコポ・デ・プロモントリオである。彼はメフメト二世の宮廷に出入りしていたジェノヴァ出身のイタリア人商人で、一四七五年に記した手記の中で旧宮殿を記述している[De Promontorio 1957: 24–25]。これについては第4節でのべたい。

第三の捕虜となったヨーロッパ人のうち、旧宮殿に関する詳細な情報を伝えるのがネジプオールの紹介した次の二人である。まずヴィツェンツァ出身のイタリア人アンジョレッロは、一四七〇年にヴェネツィア共和国領だったネグロポンテ（現ギリシアのエウボイア島）でオスマン軍の捕虜となったのち、メフメト二世の宮廷に書記として仕えたと推測される。おそらく一四八一年のメフメト二世死去直後に逃亡して故郷のヴィツェンツァに戻ってから執筆した回想録の中に、旧宮殿の記述がみられる[4] [Angiolello 1982: 32–33]。もう一人のメナヴィーノはジェノヴァ出身者で一五〇四年に海賊船によって捕らえられたのち、奴隷として売られた先のバヤズィト二世の宮廷に一〇年間にわたって仕えた。彼もまた一六世紀初頭の旧宮殿の様子を伝える貴重な証言を残している[Menavino 1548: 134]。

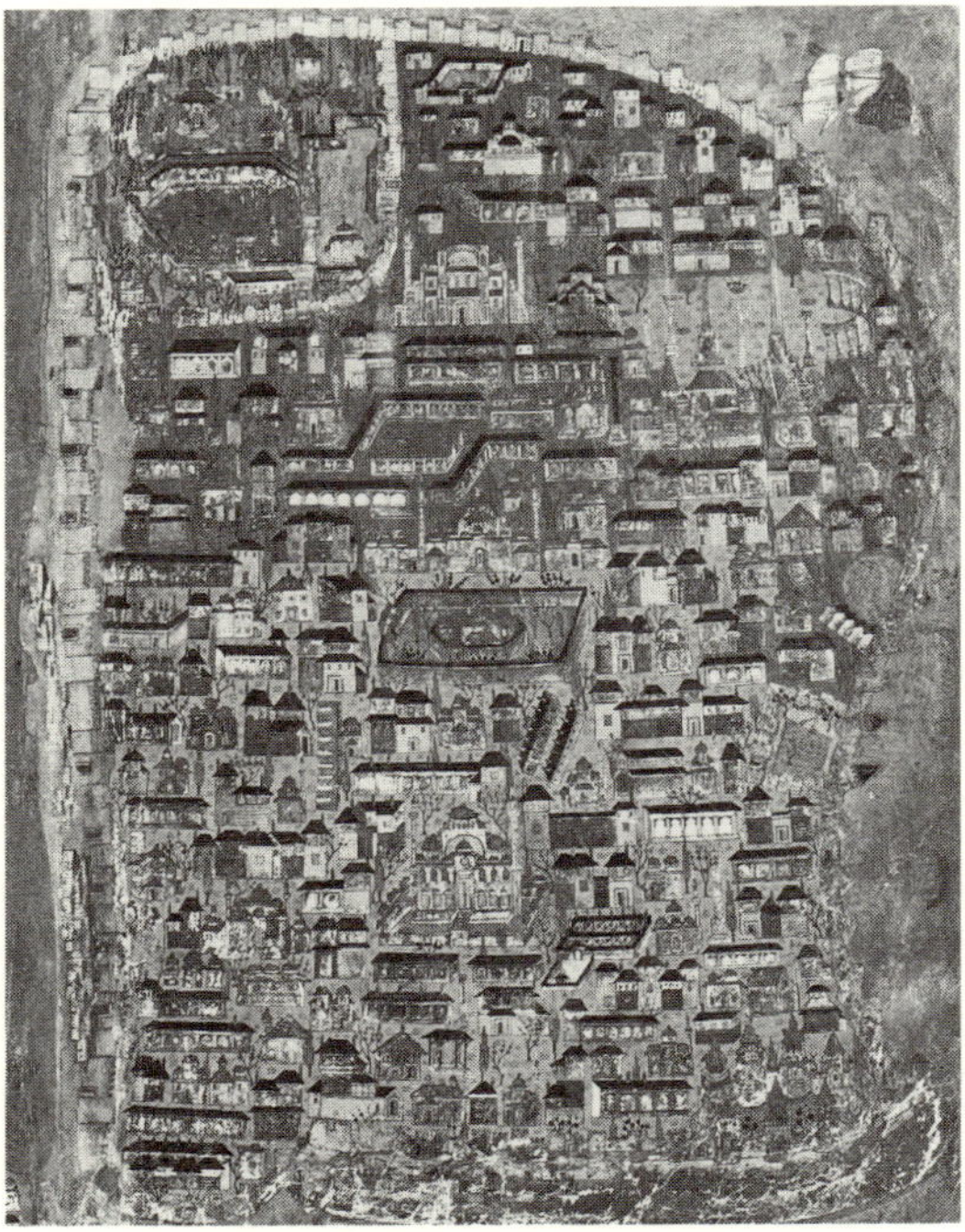

図4-4　マトラクチュのイスタンブル図（提供 Bridgem Images／アフロ）

最後に図像史料について。一五世紀後半から一六世紀半ばにかけて都市イスタンブルを描写し、なおかつ旧宮殿の姿をよく伝えるものには次の二つがある。ひとつめは、一四八〇年頃から一四九〇年頃の間にイスタンブルを描いたと推測される都市図である(5)。現存するものは、ヴェネツィア人画家のヴァヴァッソーレによって一五三〇年代に模写されたと推測される(6)（図4-3）。もうひとつの図像史料は、バヤズィト二世の時代より宮廷に仕えたマトラクチュ・ナスーフの手になる一六世紀前半の細密画である(7)。一五三四年にスレイマン一世がイラン遠征に向かう際同道し、道中滞在した都市や街道の様子を細密画として描いたことで有名である。一連の作品中には、遠征の起点となるイスタンブルの詳細な描写がある(8)［Gabriel 1928: 328–349; Denny 1970］（図4-4）。

2　イスタンブル旧宮殿の敷地

ベルガーによる旧宮殿の敷地範囲

本節では、前節で紹介した研究と史料を用いてまずは旧宮殿の敷地範囲とその変遷を分析し、次に敷地内に存在した建造物の推定をおこなう。

さて、旧宮殿がおおよそイスタンブル大学本部キャンパスとその周辺にあったことは周知の事実である。だが今日に至るまで正確な敷地の位置の分析はベルガー以外はおこなっておらず、またその範囲が通時的に変化したのかという点にも注意が払われてこなかった。しかし、当然ながら旧宮殿の空間と機能を考察するうえで、宮殿の敷地がどこまで広がり、そこに何があったかを明らかにすることは不可欠なステップである。

ビザンツ建築・都市史を専門とするベルガーは、オスマン期イスタンブルをビザンツ時代の街路網復元の成果に基づいて考察した研究の中で旧宮殿に言及している。彼はまずコンスタンティヌス一世時代のコンスタンティノープル西部地域の街路を図のように復元した（図4–5）［Berger 1997: 353; Berger 2000］。旧宮殿の南端に位置するテオドシウスのフォルムとコンスタンティヌスのフォルムは東西方向の大通りであるメセによって結ばれ、メセからは南北方向に五本の直線道路が金角湾方向に延びている。ここに一八八二年頃に作成されたイスタンブルの地図をあわせてみると、旧宮殿の周辺ではちょうどテオドシウスのフォルム西側から北に延びる道（Bozdoğan Kemeri Caddesi）と、その二本東側にある道（Uzunçarşı Caddesi）が一九世紀末に至ってもよく形を留めていることがわかる（図4–6）。そこでベルガーは旧宮殿一帯の通りの位置と形状はビザンツ時代から継承されており、旧宮殿の敷地形状も既存の街路網によって規定されたと推測した。

さらにここにヴァヴァッソーレのイスタンブル図に描写された「二重の壁」の条件をあてはめることで、ベルガーは旧宮殿の敷地の範囲を以下のように確定した。まず宮殿を市街地から隔てる外側の壁が、東西側ではビザンツ時代から継承される南北方向の通りに沿って設けられた。南側はテオドシウスのフォルムを敷地内部に含みつつかつてのメセを南端とし、北側は金角湾へと下る崖地の手前にあったとした。このようにしてできるややいびつな縦長の四角

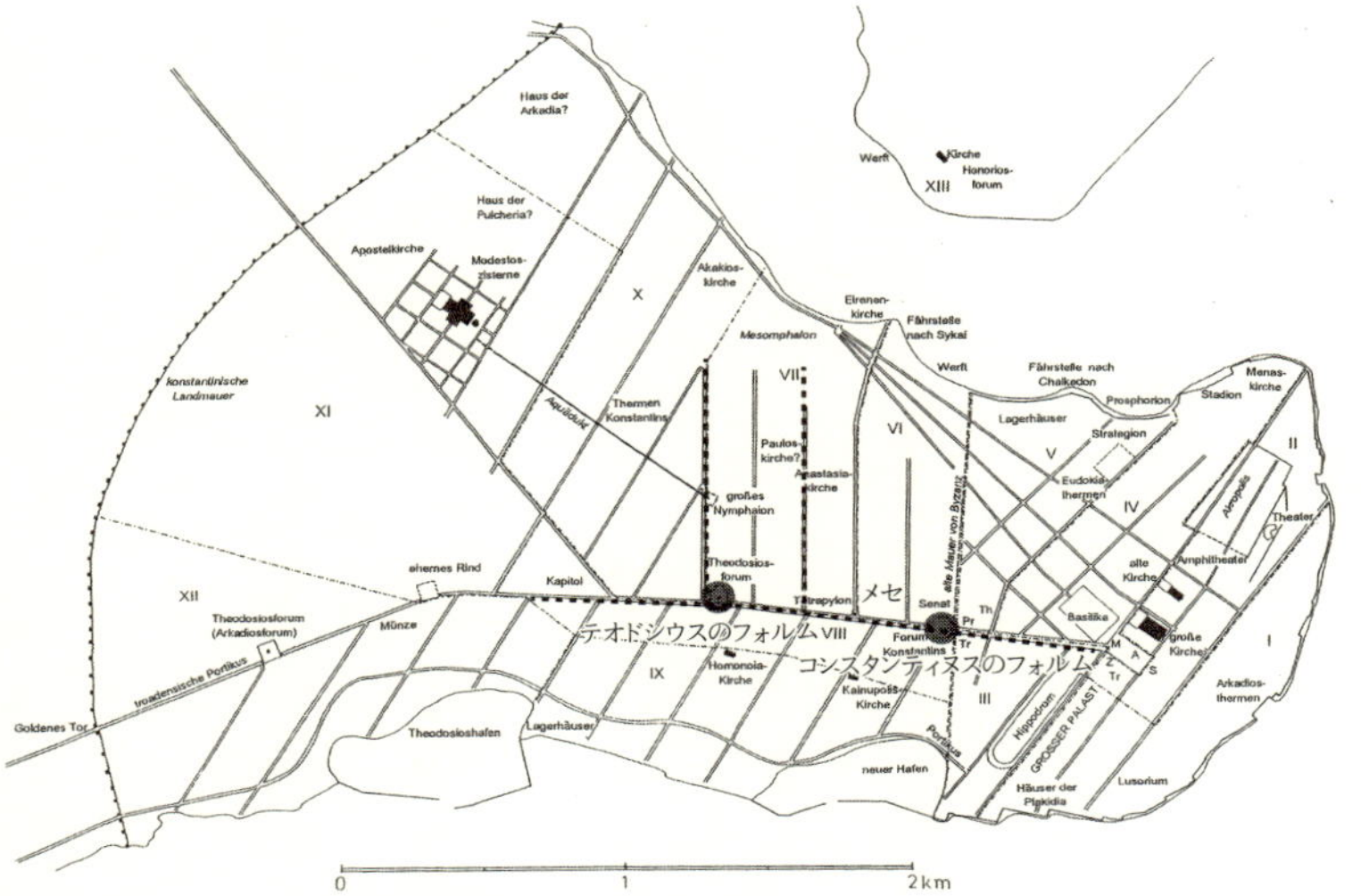

図 4-5　ベルガーによるビザンツ時代コンスタンティノープルの街路網（Berger 1997: 353 をもとに筆者加筆）

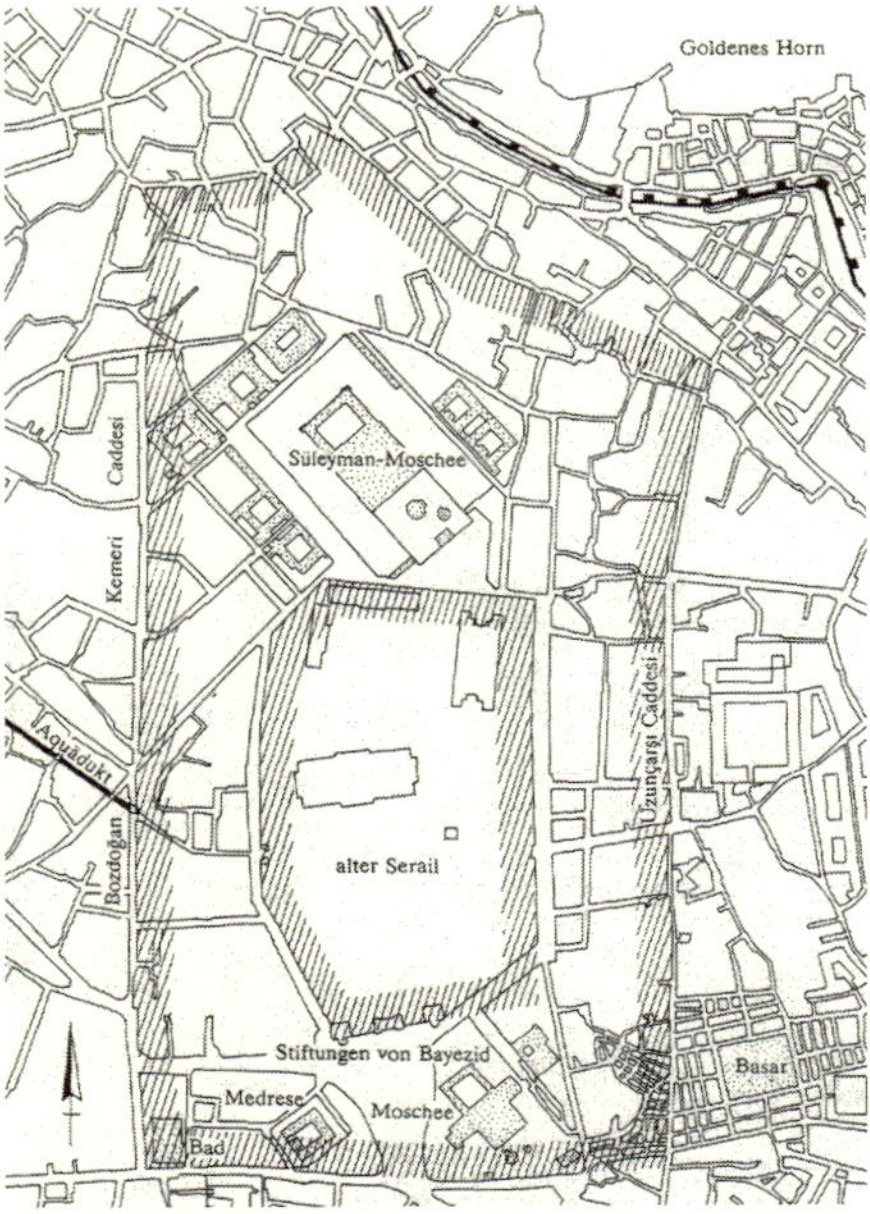

図 4-6　ベルガーによるイスタンブル旧宮殿敷地域（Berger 1997: 330）

形が、ベルガー説による旧宮殿の敷地である。さらにその内側に築かれた内壁は、現在のイスタンブル大学本部キャンパスを取り囲むものと同じ位置にあったと結論づけた(9)［Berger 1994: 342–344］（図4–7）。

ベルガー説はビザンツ時代のコンスタンティノープルの都市構造からの影響を緻密に考証したものであり、筆者も基本的には賛成するものの、他の研究者同様にやはり旧宮殿の通時的変化の問題はここでは等閑視されている点に難がある。ベルガーが論考の根拠として用いたヴァヴァッソーレのイスタンブル図はやや時代が下って一四八〇年代に描かれたものであるから、これは一四五〇年代のメフメト二世による創建当初の様子を伝えていない。さらに一五〇〇年のバヤズィト・モスクの建設開始から始まる一四九〇年以降の旧宮殿敷地の変化も考慮されていないのである。

図4–7　現イスタンブル大学本部校舎入り口（筆者撮影）

敷地範囲の通時的変化

そこでベルガーの復元をもとにして、旧宮殿の敷地範囲の通時的変化を文献史料を用いて検討していきたい。表4–1に、旧宮殿を目撃した主だった証言者とその記述の時期、彼らの伝える旧宮殿の外壁の周囲の長さとそこにある門の数をまとめた。

最も早い時期に記述をおこなったドゥカスによれば、メフメト二世は「町に入った後、長さ八スタディオン（約一・五キロメートル）あるいはそれ以上の町の中心部にある空き地を壁で囲み、その中に自身の宮殿を建てるよう命じた」という［Doukas 1975: 243–244］。市内中心部の土地を自らの宮殿用に取り置いていたことは、クリトヴロスも同様に証言している

表 4-1　旧宮殿の外周に関する証言（筆者作成）

証言者	年代	壁の外周	門の数
ドゥカス	1460 頃	8 スタディオン（約 1.5km）	–
クリトヴロス	1470 頃	–	–
ヤコポ・デ・プロモントリオ	1475 頃	–	–
アンジョレッロ	1480 頃	1 ミーリオ（約 1.5km）	4
トゥルスン・ベイ	1488 頃	–	–
メナヴィーノ	16 世紀初頭	2 ミーリオ（約 3km）	2
ピエール・ギル	1547	6000 パッスス（約 3.9km）	–
エヴリヤ・チェレビー	17 世紀	当初 12000 アルシュン（約 9km）	スレイマン 1 世が 3 つの門を建設

[Kritoboulos 1954: 83]。また一四八〇年頃の様子を伝えたと考えられるアンジョレッロも、やはり宮殿は一ミーリオ（約一・五キロメートル）の壁によって囲まれており大きな門のある入り口が四つあったと伝える [Angiolello 1982: 33]。残念ながらトゥルスン・ベイやネシュリーらオスマン語の年代記作者は、旧宮殿の壁の外周や門の数など具体的な情報を記録しておらず、ここでは参考にならない。

するとドゥカスとアンジョレッロの一致した記述から、一四八〇年頃までの旧宮殿の周壁の全長はおよそ一・五キロメートルであったと考えられる。その長さを勘案するとここでいう周壁とは、現在のスレイマニエ施設群の敷地までを含むベルガー説の外周ではなく、もっと狭い領域、つまりイスタンブル大学キャンパスを取り囲む壁を指しているのは明らかである。

ところがそれから少し後の一六世紀初頭のメナヴィーノによれば、宮殿を取り囲む壁は二ミーリオ（約三キロメートル）であった。さらに門の数はアンジョレッロのいう四つではなく二つで、一方は常に閉ざされ、他方は常に開かれていたとする記述を残している [Menavino 1548: 134]。さらに少し時代が下り一五四四年から四七年にかけてイスタンブルに滞在したフランス人ピエール・ギルも、旧宮殿の外周については六〇〇〇パッスス弱（約三・九キロメートル）という数字をあげている(10) [Gyllius 1729: 52]。

これら証言をまとめると、一六世紀初頭以降には旧宮殿の外周はおよそ三キロメートルとなっていたと考えられる。つまり一四八〇年頃までに目撃された一・五キロメートルの外壁とは異なる、全長にしておよそ倍の長さの壁が旧宮殿を取り囲んでいたわけである。これはベルガー説の外周に一致すると考えられよう。ここに一四八〇年代に描かれたヴァヴァッソーレのイスタンブル図では、旧宮殿が二重の壁によって囲われていた事実をあわせて考えれば、以下のような結論を導くことができる。

すなわち、メフメト二世が最初に建設させた旧宮殿の周壁は、現在のイスタンブル大学キャンパス敷地のみの狭い範囲を囲うものだった（図4-8）。しかし彼が一四八一年に没したのち、ヴァヴァッソーレのイスタンブル図の原図

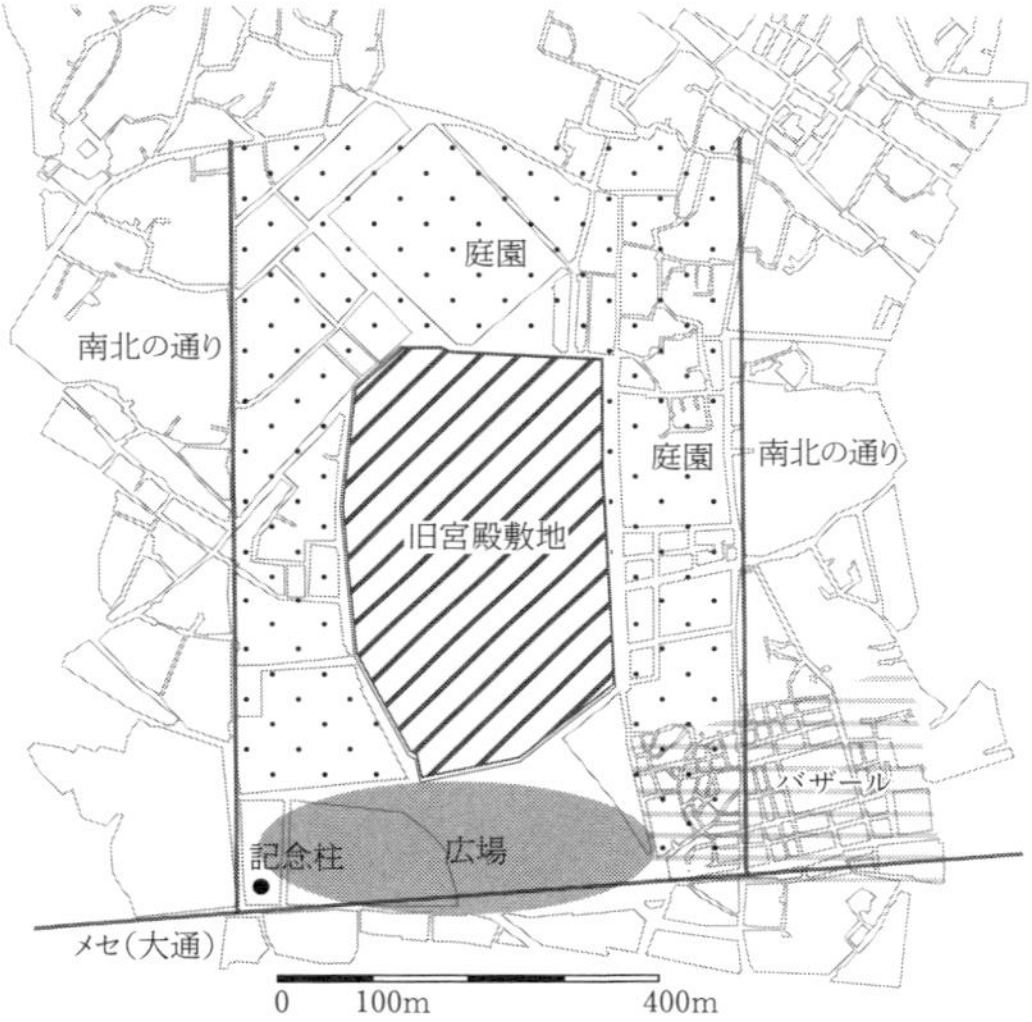

図4-8　イスタンブル旧宮殿第1期（筆者作成）

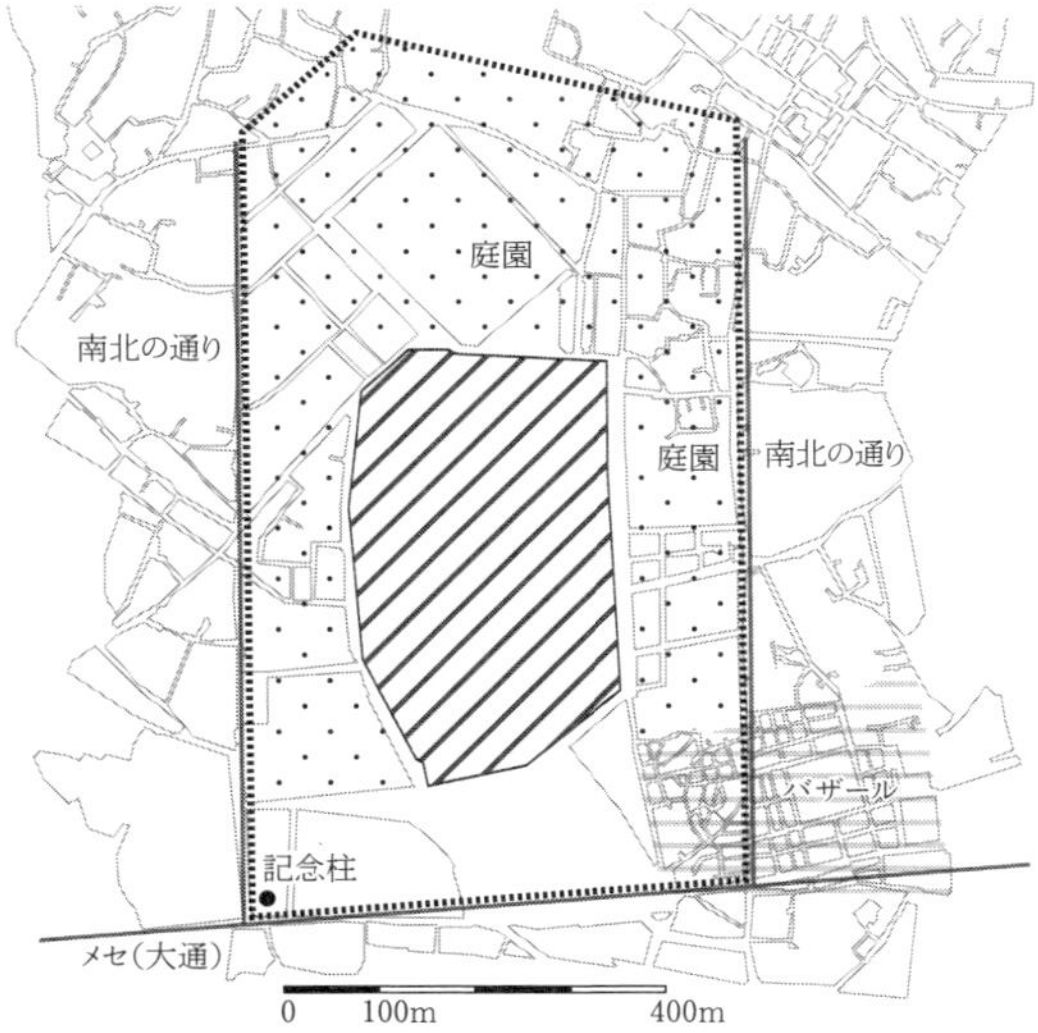

図4-9　イスタンブル旧宮殿第2期（筆者作成）

が作成された下限の年代である一四九〇年頃までの約一〇年間のあいだに、息子のバヤズィト二世は既にあった周壁を取り囲むように外壁を築かせて、はじめて旧宮殿は二重の壁を備えるようになったのであった（図4-9）。旧宮殿に関する記述を年代順に並べて壁の長さを比較すればこれは明白な事実に思われるものの、今日まで誰にも指摘されてこなかった事実である。ヴァヴァッソーレのイスタンブル図とマトラクチュの細密画に描かれた二重の壁が、研究者にあまりにも強い印象を与えており、当初より壁が二重になっていたとの思い込みがあったからであろう。

アンジョレッロの証言によればメフメト二世の旧宮殿には、周囲にさまざまな木と果樹が植えられた菜園と庭園（orti e giardini）があってさまざまな動物が放し飼いにされ、遠方から引かれた水で泉が設けられていた［Angiolello 1982: 33］。時代が下ってマトラクチュの細密画でも、内壁内部には多くの建造物が見られる一方で、その外側には庭園が広がっている様子が描写されている。旧宮殿周辺は征服直後から有力者に土地が下賜されて開発が進んでいた稠密な市街地であり、バヤズィト二世の宮殿敷地拡張と外壁建設にあたって一度下賜された住宅地が用地接収されたとは考えにくい。当初より宮殿に付属して最初の周壁を取り巻いていた庭園が、のちに外壁で囲い込まれてより一体的に宮殿の敷地に組み込まれたとみるべきである。つまりメフメト二世の最初の旧宮殿では、中心に周壁で囲まれた区画があり、その周辺には庭園があってビザンツ時代から存在した南北の通りが市街地との境界線となっていた。バヤズィト二世の外壁もやはり南北の通りを境界として建設されたとみられる。

ビザンツ時代より市内に貴重な水を供給したヴァレンスの水道橋が、現在ちょうど旧宮殿外壁の西端となるボズドアン・ケメリ通りで途切れていて旧宮殿の敷地を貫かない点も興味深い(11)。アンジョレッロがのべるように旧宮殿周辺の庭園には複数の泉が存在しており、ここで終点となる水道から庭園各所への配水がおこなわれたと思われる。イスタンブル征服直後メフメト二世はビザンツ時代の建物を積極的に活用したから、給水施設を備えた庭園も同様に再利用の対象となったはずである。宮殿建設にあたって破却された修道院とおぼしき宗教施設は、メフメト二世の最初の周壁が囲い込んだ敷地の中にあって、水道によって給水された周囲の庭園とはこれに付属する園地だったと推測される。

一四八〇年代に即位まもないバヤズィト二世が庭園を囲い込む外壁を建設させた動機と経緯はいかなる史料も伝えていないが、おおよそ以下のような背景があったと考えられる。

先述のとおり、旧宮殿はイスタンブル市内中心部に位置して周辺では征服直後よりメフメト二世の主導のもと開発が進められた。荒廃していたイスタンブルの復興は当初遅々として進まず、移住させた住民も逃散するなどの事態がみられたが、一四七七年の家屋調査によれば金角湾北側のガラタ地区を含めた市内の戸数は一万四八〇三戸を数えて当時の世界有数の大都市へと復興した［林 1992: 241–243］。とくに旧宮殿の東側にはバザールが建設されて東地中海世界の商業センターとなり殷賑を極めるに至った。このような場所に、周囲に庭園があるとはいえ、厳重に守られるべきオスマン王家の宮殿が壁一枚を隔てて存在しているという状況はさすがに好ましいものでなかったであろうことは想像に難くない。外壁建設の動機として、都市再建活動の結果繁華になった周辺の商業地区から、旧宮殿の中心部を隔てる必要が生じたことを挙げられよう。

ではなぜメフメト二世期には外壁が築かれなかったのか。実はこの時期のイスタンブルでは、復興の建設ラッシュともいうべき状況下で資材や人手不足のため建設の遅延が頻発していたことが、さまざまな事実によって裏付けられる。たとえばイスタンブルの北西部、かつて聖アポストレス教会があった場所では一四六三年からメフメト二世の名を冠したファーティヒ施設群の建設が始められたが、彼の死去した一四八一年になっても施設群全体は依然完成していなかったことを林佳世子は指摘している(12)［林 1988: 96］。メフメト二世の威信をかけておこなわれた国家的建設事業ですら、二〇年近くの歳月を経てもなお完成していなかったのである。トプカプ宮殿でもやはり外壁建設は遅れ、一四六〇年頃から宮殿建設が始まったにもかかわらず第一中庭へと至る最外壁の帝王門（bâb-ı hümâyûn）の碑文にはヒジュラ暦八八三年ラマダン月（西暦一四七八年）というかなり後の完成年が記されている。宮殿に外壁を築いて二重構造とする形式は、オスマン朝ではエディルネ旧宮殿が嚆矢となり旧宮殿とトプカプ宮殿でも継承されていた。だが、新首都イスタンブルに建設された二つの宮殿では、いずれも外壁設置が後回しとなったことに注意を払う必要がある。イスタンブル市内各地で建設活動がおこなわれる中、それほど重要ではないとみなされた旧宮殿外壁の建設が後回しにされ、バヤズィト二世によってようやく外壁が建設されて周辺の庭園を含む宮殿の敷地が市街地から隔てられたのではないか。

以上の検討より、一四八〇年頃から一四九〇年頃の間に大きな変化があったことが判明した。そこで以降の考察では、旧宮殿が創建された直後一四五〇年代から外壁が建設された下限の時期である一四九〇年までを旧宮殿の第一期、一四九〇年以降を第二期と区分する。

また旧宮殿敷地の南端では、四世紀末に建設されたテオドシウスのフォルムの一部が依然広場としてなんらかのかたちで存在していたとカフェスチオールは推測している［Kafesçioğlu 2009: 23］。一四八一年のメフメト二世死去とその後の混乱を伝える書き手不詳のフランス語書簡によれば、彼の葬列が「宮殿の広場（a la place du serraglio）」に到着するとハレムの女性たちはギャラリー（gallerie）からこれを見送ったという(13)［Ünver 1952: 35］。葬列はトプカプ宮殿から出発して、メフメト二世が自らの墓所として建設させたファーティヒ施設群へとむかっているから、一行はやはりメセ大通りを通過したと考えられる。するとここでいう宮殿の広場とは、メセに面した旧宮殿の南端に面し、現在バヤズィト・モスクが建つあたりに存在していたと考えられる。またヴァヴァッソーレのイスタンブル図（図4-3）からは、一五一七年までかつてテオドシウスのフォルムにあった記念柱が旧宮殿内に存在し（図4-8、図4-9の黒丸）、外壁の内側にあったことが知られる。

そこで旧宮殿第二期の南側の境界は次のように画定できる。バヤズィト二世が築かせた外壁は、南西は記念柱の位置を角とし、ここから広場を内側に取り込むようにメセ大通りを南端とするものであった。メフメト二世期には一般に開かれた公共空間であった広場が、旧宮殿の外壁によって宮殿の前庭へと変容したのである。だが宮殿の敷地の一部となったとはいえ、ここは依然一般の人びとも出入りが可能な場所であったと考えられる。メナヴィーノによれば、旧宮殿には常に開かれた門ひとつと常に閉ざされた門があった［Menavino 1548: 134］。この時期、旧宮殿はハレムとなって厳重に警備されていたことを考えると、常に閉ざされた門とはメフメト二世によって築かれた内壁の門で、常に開かれた門とはバヤズィト二世によって築かれた外壁の門と推測できる。同様にトプカプ宮殿でも、外壁から第一中庭へと至る帝王門は常に開かれており、第一中庭は誰でも訪れることができる空間であった。第二期の旧宮殿でも、かつての広場が宮殿の公共の前庭として機能をしていたことがうかがえる。

ところがせっかくの外壁が完成してからわずか一〇年ほどで、旧宮殿南側の敷地では今度はバヤズィト・モスク建設が始められる。以降この周辺ではハマームやマドラサの建設が相次ぎ、旧宮殿南側の前庭は大きく侵食されるに至った。この一五〇〇年から一五五〇年のスレイマニエ施設群の建設までの期間を旧宮殿の第三期とする（図4-10）。バヤズィト・モスクの建設後にはその隣りに付属するマドラサ、初等学校、給食施設、そして一五一七年には記念柱があった南西角の位置にハマーム（浴場）ができた［Yüksel 1983: 191–217］。また宮殿東側に広がっていたバザールも、このとき旧宮殿の敷地南側へと拡張されたと考えられる。地図をみてみても、第二期の外壁があったと推測される東側には、メフメト二世が建設させたグリッド状の商業地区が広がるが、西側では街路の規則性が失われており明らかに空間構造が異なる。両者の建設年代が異なるため、このような差異が生じたものと思われる。

第三期になってバヤズィト・モスクと付属施設が建設される際には、旧宮殿南側の広場があった場所を含む広い領域が開発された。ここでひとつ問題となるのが、この周辺での外壁の扱いである。モスクと付属施設を建設するにあたっては、当然市街地と宮殿の敷地を隔てていた南側の外壁は取り壊されなければならない。しかし、一五三〇年代

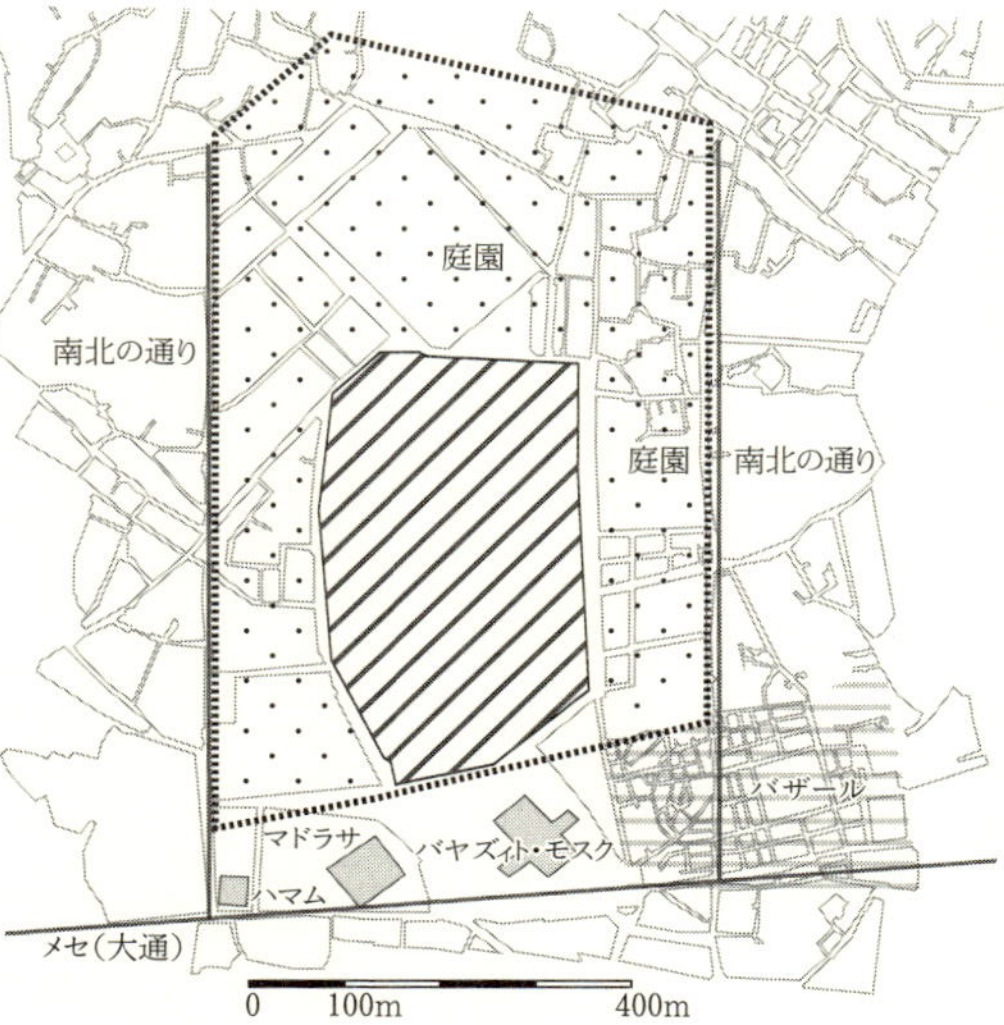

図 4-10　イスタンブル旧宮殿第 3 期（筆者作成）

図 4-11　イスタンブル旧宮殿第 4 期（筆者作成）

のマトラクチュの細密画では、旧宮殿が依然二重の壁によって取り囲まれる様子が描写されているのである。モスクと付属施設の建設のために南側の外壁を取り壊したうえで、これらを含まないやや北側、内壁のすぐそばの位置に外壁が再建されて、「二重の壁」が維持されたと想定することも可能ではあるものの、筆者は現在のところ十分な史料的裏付けを得られていない。図4-10はさしあたって内壁のすぐ南側に外壁が再建されたように作図した。いずれにしても、かつて広場のあった南側で大規模な建設事業がおこなわれ、場所の性格が大きく変容したのは間違いない。

そして旧宮殿にとって最終的な転機となる一五五〇年のスレイマニエ施設群建設着工は、旧宮殿北側のかつて庭園が広がっていた領域の分割と大規模な施設群の出現によって、それまでの旧宮殿のありかたを大きく変えるものであった。この一五五〇年以降の時期を、旧宮殿の第四期とみなすことができる（図4-11）。バヤズィト二世によって築かれた外壁は、この時の改変によっておそらく完全に姿を消した。ヴァヴァッソーレのイスタンブル図やマトラクチュの細密画からもわかるとおり、外壁建設後もかつての庭園があった内壁と外壁の間の区画には、建造物がほとんど建設されず庭園としての利用が続いていた。そのため外壁を壊して開発をおこなうにあたって既存の建造物をさらに取り壊す必要がなく、大きな利点となるものであった。メフメト二世の時代に内壁を取り囲む庭園だった場所は、北側ではスレイマニエ施設群、東西側では高官らの邸宅敷地に割り当てられ、旧宮殿の敷地はかつての内壁の領域のみへと縮小したのである。その一方で庭園以外の宮殿のさまざまな機能と空間は、メフメト二世の創建以来常に内壁の中に留めおかれていたため、第四期に周辺の庭園部分が大きく削られても宮殿本体の機能には直接的には影響がなかったはずである。

3　旧宮殿の建築空間

これまでの考察から、旧宮殿の敷地範囲は一四五〇年代の創建から一五五〇年のスレイマニエ施設群建設までの間に、核となる内壁内部を維持しつつも相当変化していたことがわかった。メフメト二世が最初に建設した内壁内部の区画にはほとんどの建造物と宮殿機能が集中していたと考えられるものの、残念ながら一五―一六世紀の旧宮殿全体の配置図と建造物を詳細に復元することは、史料的制約からほぼ不可能である。史料から読み取れる範囲で内壁の中にどのような建物があったかを、とくに内廷と外廷の区分、そして儀礼用中庭の有無を中心に検討していきたい。

既往研究の中でも旧宮殿を最も詳細に分析したビルギジオールは、一六世紀のケマルパシャザーデの記述を用いて、ここに広い中庭と高層建造物があったとのべている。そしてこの中庭を外廷の中庭だったとみなして、メフメト二世は居住区画と執政区画、つまり内廷と外廷を明確に区分して宮殿を計画させたと結論づけている［Bilgicioğlu 2009: 122］。これは旧宮殿の空間がトプカプ宮殿建設以前に、トプカプ宮殿同様の空間を構成するよう主宮殿として計画されたとする見解である。

本書の第1章と第2章で検討したように、スルタンと廷臣が政務と儀礼をおこなう主宮殿は、大きく外廷と内廷に分けられ、前者には儀礼用中庭が、後者にはスルタンの居所となるハスオダが存在していた。旧宮殿が建設された一四五〇年代には、閣議の間と上奏の間はオスマン朝の宮殿建築にはまだ存在しておらず、エディルネ新宮殿のジハーンニュマー塔にみるようにハスオダは高層建造物であったはずである。

ではビルギジオールのいうように、はたして旧宮殿に高層建造物と外廷の中庭が存在していたかを、メナヴィーノの以下の記述から検討してみたい。

> 中には二五棟の独立した建物がある。それと一緒に大部屋、（いくつかの）小部屋、給食の台所、そして二つの大変美しいロッジア（loggie）がある。そこをスルタンはしばしば訪れて、食事をし、夏期は昼寝をする。この建物のうち四棟には、スルタンの息子たちと彼らと一緒にいる母親たちがいる。［Menavino 1548: 134］

これによれば旧宮殿には合計二五棟の建物があり、うち二つはロッジアで、ほかの建物はハレムの女性らが暮らす空間になっていた。アンジョレッロもやはり宮殿には多くの部屋（stanze e camere）があって女性が暮らしていたとのべており、メナヴィーノの記述が裏付けられる［Angiolello 1982: 33］。

このうち高層建造物に関しては、二棟のロッジアがこれに対応すると考えてもよいだろう。なぜなら、先述の一四八一年のフランス語書簡には、ハレムの女性がメフメト二世の葬列を「ギャラリー」から見送ったという記述があり、これはなんらかの高層の建物を指していると考えられるからである[14]。

だが一方で、メナヴィーノとアンジョレッロの記述からは、儀礼用中庭の痕跡は確認されない。両者はトプカプ宮殿については明確に中庭があったことをのべているから、ケマルパシャザーデの記述に基づくビルギジオールの見解とは相違して、旧宮殿にはトプカプ宮殿のような外廷の中庭空間が存在しなかったと推測される［Angiolello 1982: 30–31; Menavino 1548: 126–128］。さらに付け加えれば、本来外廷にあるべきその他の建物についても言及されていない。たとえばアンジョレッロは、トプカプ宮殿にはスルタンの馬を繋ぐ大きな馬屋や、宮廷の人員に食事を供給する巨大な厨房があったことを伝えるが、旧宮殿に関しては同様の記述はない［Angiolello 1982: 30］。とくに厨房は、謁見儀礼の大勢の参加者に食事を用意する施設で、トプカプ宮殿では儀礼用中庭とならんで外廷には不可欠な建物である。

そもそも、旧宮殿に関する『ケマルパシャザーデ史』の記述は、きわめて文学的なレトリックに満ちたものであって、ここに現れる記述はそのまま事実とは認めがたいものである。なるほど、「建物は高く、豊かさを継ぐものにして、中庭の中は夢の広場よりも広く、幻の地よりなお大きい。掲げられた屋根は天頂よりも高く、視線の矢は届くことができない[15]」という旧宮殿の描写は、広い中庭と高層建造物の存在を示唆するかにみえる。だが、高名なウラマーでもあったケマルパシャザーデの文章はペルシア語歴史叙述の影響を強く受けた美文体であり、冗長華美な比喩と形容詞を用いて宮殿を「高い」や「広い」と讃頌することは、当時の文章では一般的な表現技法であった。そのためこれを史料として用いる際には、その具体的内容に関しては批判的に検討する必要がある。

また、マトラクチュの細密画とヴァヴァッソーレのイスタンブル図の二つの図像資料での旧宮殿の描写からも、高層建造物の存在は確認できるものの、儀礼用中庭は確認できない。

まずは前者の描写をみてみよう。旧宮殿をみる前に、トプカプ宮殿の描写を検討するとこれがきわめて詳細に描か

図 4-12　マトラクチュ描写のトプカプ宮殿（Kuban 2010: 286）

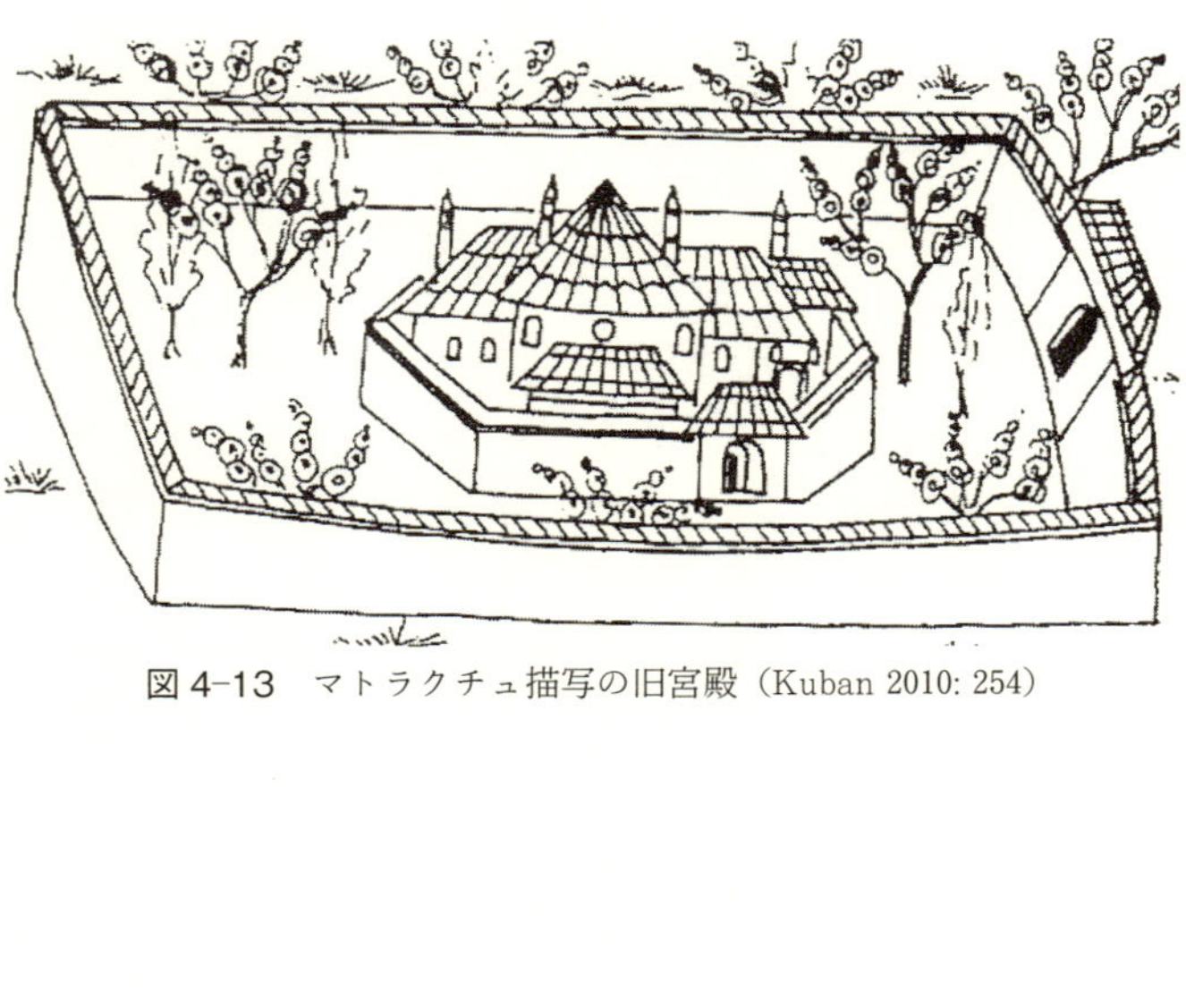

図 4-13　マトラクチュ描写の旧宮殿（Kuban 2010: 254）

れていることがわかる（図4-12）。宮殿の敷地全体を囲む外壁から第一・第二・第三中庭や聖イレーネ聖堂、上奏の間に至るまで、宮廷に仕えたマトラクチュは知悉した空間を余すことなく描出しているのである。この細密画を研究したデニーによれば、作成にあたって画家の主眼は都市内のモニュメントを列挙することにおかれていた［Denny 1970: 51］。彼と近しい関係にあったと思われる高官たちの寄進したモスクと救貧施設などの付属施設は逐一描かれており、主要な施設・建造物を可視化するある種のリストとして細密画が作成されていたと考えられる。そのため当時権力の中枢であったトプカプ宮殿では、第二中庭をはじめとする重要な建築空間が、ほぼ完璧な形で写しとられていたのである。

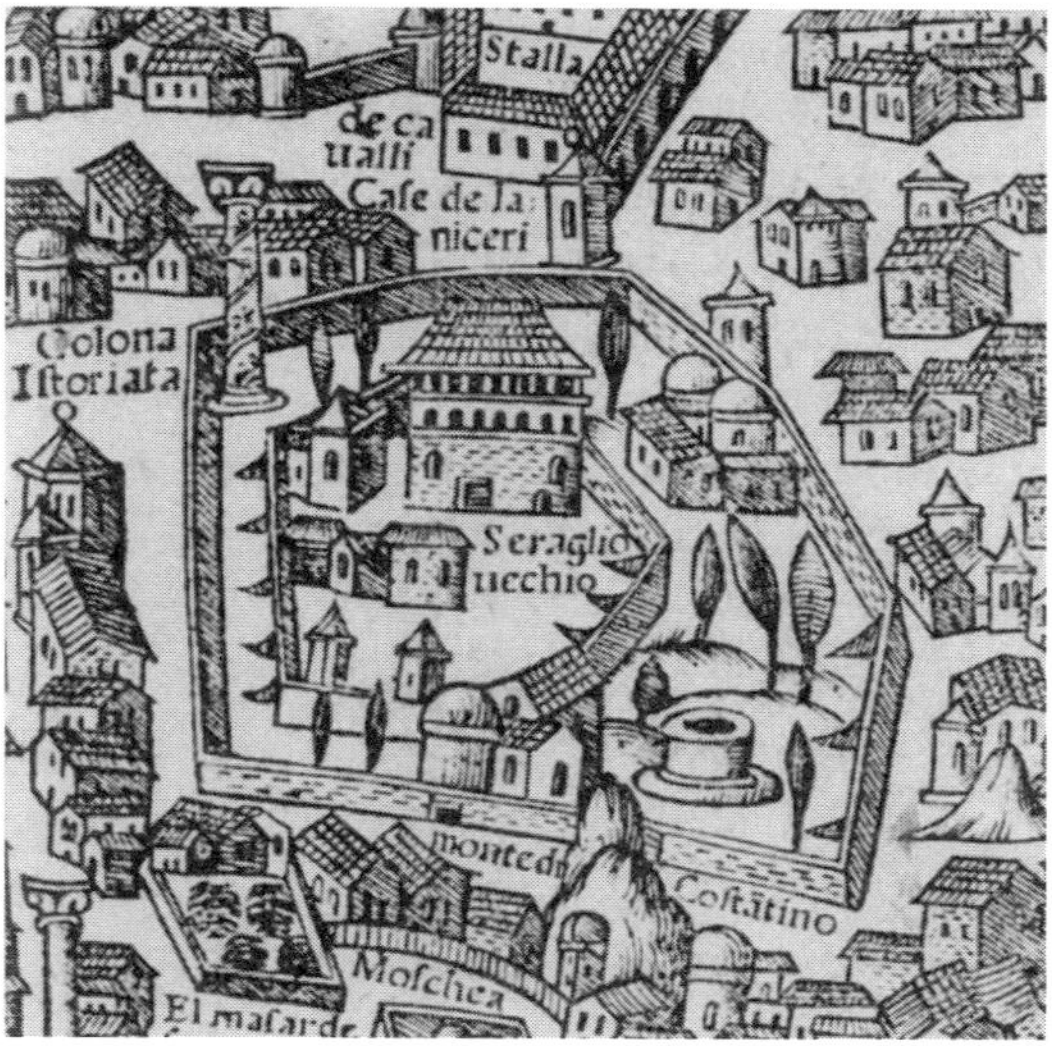

図4-14　ヴァヴァッソーレ描写の旧宮殿（Kafesçioğlu 2009: 23）

ところが一方の旧宮殿（図4-13）では、ハレムの区画内の建物を除けば建造物を確認することはできない。重要な建造物を列挙する細密画の性格に照らし合わせれば、少なくともマトラクチュとその周辺の人びとにとって旧宮殿とはそれほど大きな意味を持たない空間であったことになろう。トプカプ宮殿では列柱廊を備えた第二中庭が注意深くかつ正確に描かれている一方で、旧宮殿には中庭らしきものはまったく描かれていない点はとくに重要である。トプカプ宮殿にあったような儀礼用中庭が、少なくともマトラクチュが宮廷に仕えた一六世紀前半には、旧宮殿に存在していなかったと結論づけられる。

ヴァヴァッソーレのイスタンブル図を検討してみても、

やはり同様のことがいえる（図4-14）。内壁の中には高層建造物の姿は確認できるものの、とくに中庭を示すと思われる表現は皆無である。トプカプ宮殿にあったような中庭ほどの大規模な空間があれば宮殿の中でかなり大きい割合を占めたはずであり、完全に描き落としてしまったとは考えにくい。やはり旧宮殿には儀礼用中庭がなかったと考えるのが妥当である。

以上より、旧宮殿には外廷の中心的な要素である儀礼用中庭が存在しなかったことはほぼ明らかである。一五世紀初頭エディルネ旧宮殿で既に外廷に儀礼用中庭が設けられ、カプクル軍団の参加する謁見儀礼が登場していた点を考慮すると、儀礼用中庭がなかったということは旧宮殿に外廷区画そのものが存在しなかったことを示唆しているように思われる。これを裏付けるように旧宮殿には、巨大な馬屋や厨房など外廷の運営には不可欠な設備があったという記述もないのである。

メナヴィーノがいう二五棟の建物とは、その多くがハレムの女性たち、あるいはスルタンの子供が暮らす居住空間となっていたことは明らかである。つまりここはスルタンとその家族が生活する内廷に相当し、旧宮殿とは外廷部分を欠いて内廷の空間と機能のみを備えた宮殿であったと考えられるのである。この二五棟の建物がどのように配置され、どの程度の大きさだったかはまったく定かではないが、敷地の広さからみてある程度分散して建てられていたはずである。そしてその中でも主要な建造物が、高層建造物であった。エディルネ新宮殿でもジハーンニュマー塔は内廷に建てられていたから、この点もまったく矛盾しない。

ところで、ゲリボルル・ムスタファ・アリによれば、旧宮殿には「閣議の間（dîvân-ḫâne-i hümâyûn）」があって、トプカプ宮殿建設以前には嘆願のため人びとがここを訪れていたという［Gelibolulu Mustafa Âlî 2003: 65］。エヴリヤ・チェレビーも、スレイマン一世が建てた東側の門の名前を「閣議の門（dîvân ḳapusu）」と伝えており、東門の近くに「閣議の間」とよばれる何らかの建物があったと推測される［Evliya Çelebi 2001, vol. 1: 53］。仮に、これがトプカプ宮殿の外廷にあった「旧閣議の間」と同等の建物であったとするならば、旧宮殿にも外廷が存在していなければならない。ところが、一六世紀の台帳の記録では、トプカプ宮殿の上奏の間のさまざまな名称のひとつに、「内廷の閣議の間（divânhâne-i enderûn）」があることをネジプオールは指摘している［Necipoğlu 1991: 98–99］。元来閣議、つまり御前会議とはスルタンのいるところで報告や討議をおこなう行為であるから、閣議の間（divânhâne）とは相当広い意味をもつ言葉であったと推測される。つまりゲリボルル・ムスタファ・アリのいう閣議の間とは、スルタンが臣下と接見をおこなう広義の閣議の間であって、トプカプ宮殿でいえばハスオダに相当する、高層建造物だったと結論づけるのが妥当であろう。

以上の検討内容より、一五世紀後半の創建当時の旧宮殿に存在した建造物は次のようなものであったと考えられる。まず建物はメフメト二世によって最初に築かれた内壁の中に集約されていて、ここには外廷に相当する空間はなく内廷のみで構成されていた。スルタンの家族が暮らす生活空間となる建物が数棟存在し、南側の広場を望むようにハスオダに相当すると考えられる高層建造物が存在していた(16)。

4　外廷機能の不在

前節では、文献および図像史料を用いて、内壁の内部にあったと考えられる建造物の分析をおこなった。この結果、宮殿が当初より内廷のみによって構成されていたとの結論が得られた。加えて、続いて検討するように、機能的な観点からも宮廷儀礼の舞台となる外廷の不在が示唆される。

まず史料全体を俯瞰した際に注意を引くのが、外国人による旧宮殿の記述があまりにも簡潔であるということである。旧宮殿が政治・行政が執行される空間となっていたのであれば、当然内外の同時代人によってその様子は記録されたことであろう。しかし私見の限りでは、オスマン語および非オスマン語史料ともに、捕虜となってオスマン宮廷に仕えたアンジョレッロとメナヴィーノという二人の例外を除けば、宮殿の内部について詳述した記述はまったくといっていいほどみあたらない。先のケマルパシャザーデの記述は紋切り型な宮殿建築への讃頌であるし、アンジョレッロとメナヴィーノの記述にしても建物の数を伝える程度のごく簡単なものである。彼らは外廷部門に所属していたため、内廷のみの旧宮殿内部に入ることはできず、宮殿内部の詳しい構造を知る機会をもたなかったと考えられる。

さらに、外国使節が旧宮殿の内部構造とそこでの宮廷儀礼をまったく伝えていない点も興味深い。オスマン朝の宮殿について、たとえば第1章でみたように、一五世紀前半のベルトランドン・ドゥ・ラ・ブロキエールやチリアコ・ダンコーナの二人はエディルネ旧宮殿内での謁見儀礼を宮殿の空間構造とともに記述している。さらに時代が下れば、トプカプ宮殿に関する外国使節の記述も多数存在している。ところが、イスタンブルの旧宮殿は史料の真空地帯ともいうべき状況にあり、外国人の使節や旅行者が旧宮殿について言及する場合でも、壁で囲まれた中にハレムの宮殿があるとする外部からの観察とわずかな伝聞情報によるものばかりとなる。

もっともこれに対しては以下のように反論することもできよう。旧宮殿は完成直後の一四五五年頃から、トプカプ宮殿が主宮殿として機能するようになった一四六〇年頃までの、わずか五年程度しかスルタンと宮廷によって用いられなかったため、ここを訪れる機会を得た外国人使節の数もごく限られるのではないか、と。

そこで参考となるのが、第2章にも登場したジェノヴァ商人ヤコポ・デ・プロモントリオ、別名ヤコポ・デ・カンピの記述である。一四三〇年頃から兄弟とともにエディルネのオスマン宮廷に出入りして商業活動をおこなっていたデ・プロモントリオは、イスタンブル征服後のメフメト二世の宮廷とも密接な関係をもっていた［De Promontorio 1957: 24-25］。そのため、オスマン宮廷でのデ・プロモントリオはここを訪れるイタリア人たちにとって一種の顔役となっていたことが、一四五八年にオスマン朝に来朝したアドリア海沿岸のラグーザ（ドゥブロヴニク）共和国使節団の報告からうかがい知ることができる。これによると、共和国よりオスマン朝に貢納金支払いのため派遣された二人の使節には、宮廷に「ジェノヴァ人のヤコモ・デ・カンピ（Jacomo de' Campi, Zenovexe）」がいないかどうかを調査するよう指令が下されているのである［Iorga 1915: 164］。もし旧宮殿が一四五〇年代後半にメフメト二世によって主宮殿として用いられていたのならば、当然デ・プロモントリオもここに出入りしており、その構造を知悉していたことは容易に想像がつく。

ところがデ・プロモントリオの旧宮殿に関する記述を確認してみると、そこに暮らす女性の人数やそれを管轄する宦官らの俸給などごく簡単な内容しか伝えておらず、宮廷儀礼や空間構造についてはまったく言及していない［De Promontorio 1957: 45］。対照的にトプカプ宮殿については、中庭での謁見儀礼の様子が詳細に記述されていることは第2章でのべた。もし旧宮殿が一四五〇年代イスタンブル征服直後、オスマン朝の宮廷活動の舞台となっていれば、そこに頻繁に出入りしたデ・プロモントリオが仔細を記さなかったとは考えにくい。つまり彼は、当初より旧宮殿を「女性たちの宮殿（Serraglio di Damiselle）」としてのみ認識しており、内部に入ったことがなかったと結論づけられよう。当然ながらこのような宮殿には、宮廷活動がおこなわれる外廷は付属していなかったであろう。旧宮殿の内廷にはスルタンが臣下と接見するハスオダが存在していたと思われるものの、これは大宰相ら限られた側近がスルタンへの報告に訪れる建物だったと考えられる。

そして第二に、オスマン朝の年代記作家ネシュリーも当初の旧宮殿の性格を示唆するきわめて重要な記述を残している。以下に引用する。

伝えられるところによると、スルタン・メフメトは、まずイスタンブルにひとつの塔［イェディクレ］を建てて宝物庫とした。それから旧宮殿を建てて、城のような禁域を巡らした（Eski Sarâyı yapıp, kal'a-veş bir harem

çevirdi)。そこに居住した。のちにそれを気に入らず、城をひとつまた建てられて禁域とし、中に至高の建物を建て（'âlî sarâylar yapıp)、玉座の地とならしめた。異教徒の時代にはゼイティンリキ［オリーブ園］とよばれた場所である。そこに居を構えられた。そして御門の衆のすべてを送って、イスタンブルに住まわせた（Ve ḳapu ḫalḳının daḫi cemi'ini sürüp, İstanbul'da ḳarar ettiler)。そしてまた一方に至高の庭園を作り、禁域を取り囲んだ。
［Neşri 1995: 711］

この記述にしたがってイスタンブルでの建設活動と出来事を時系列順に整理すると、イェディクレ建設—旧宮殿建設—トプカプ宮殿建設—「御門の衆」のイスタンブル移住—トプカプ宮殿の庭園建設、となる。

ここに現れる「御門の衆（ḳapu ḫalḳı）」とはいったい誰だったのだろうか。一五世紀末の用法では、彼らがスルタン直属の常備軍団であるカプクル軍団に属し、歩兵軍団のイェニチェリと並んでオスマン軍の中核を担った騎兵部隊のアルトゥ・ボリュク・ハルクを筆頭とする集団であったことはほぼ間違いない(17)。トゥルスン・ベイの年代記でも、この「御門の衆」がイェニチェリとともにたびたび遠征で活躍した様子が描かれている［Tursun Bey 1977: 115］。トプカプ宮殿の完成後に、「御門の衆」をイスタンブルに集めたという記述からは、それ以前に建てられた旧宮殿には彼らが集うことはなかったという推論を導くことができる。つまりイスタンブル征服からトプカプ宮殿が完成するまでのおよそ一〇年間、「御門の衆」は依然旧都のエディルネに駐留し、スルタンと中庭で謁見する儀礼もエディルネ新宮殿でおこなわれていたと考えられるのである。

第3章の検討からは、イスタンブル征服と「遷都」以降もスルタンが頻繁に旧都のエディルネに滞在していたこと、そしてとくに一四五七年まではイスタンブルよりもエディルネが滞在先として選択されていたことが明らかになった。イスタンブル再建がある程度進捗するまで、スルタンと「御門の衆」はともにエディルネにいたのである。外廷組織に所属する「御門の衆」が、旧宮殿を飛ばしてトプカプ宮殿完成後に初めてイスタンブルに来たという記事は、旧宮殿には当初より外廷が存在しなかったことのひとつの傍証となろう。

以上より、オスマン宮廷を訪れたヴェネツィア人ら外国人が旧宮殿に立ち入った形跡は記録からまったく確認できず、さらにオスマン朝内部においても外廷組織に属する集団がトプカプ宮殿完成までイスタンブルに移らなかったという事実が明らかとなった。一四七〇年代までトプカプ宮殿外廷の第二中庭ではカプクル軍団との謁見儀礼が開催され、これとともに御前会議や外国使節との接見がおこなわれていた。これらの宮廷儀礼を構成する要素をまったく旧宮殿においてみいだすことができないという事実は、ここには外廷空間が存在していなかったということを裏付けるであろう。

5　内廷の宮殿

以上の検討内容より、エディルネ旧宮殿、エディルネ新宮殿、そしてトプカプ宮殿の三者は内廷と外廷を備えてあらゆる宮廷儀礼に対応し、国政の場となる宮殿であったのに対し、イスタンブルの旧宮殿は内廷のみを有する副次的な宮殿であることがわかった。

ネジプオールら大半の研究者は、旧宮殿建設直後にトプカプ宮殿が建設された理由を、旧宮殿はいわば「旧式」の宮殿であって、帝国建設に邁進するメフメト二世は新たな構想の下、トプカプ宮殿として建設させたからだとする[Necipoğlu 1991: 10–11]。だが第1章と第2章でみたように、トプカプ宮殿はそれ以前のエディルネ旧宮殿とエディルネ新宮殿の空間を祖型とするものであり、けっして新奇な宮殿ではなかった。当然ながら、当初より旧宮殿を外廷・内廷を共に備えた主宮殿として計画して、トプカプ宮殿を建設しないという選択肢もあり得たわけである。

ではなぜ内廷のみによって構成される旧宮殿が、主宮殿となるトプカプ宮殿に先立って征服直後のイスタンブルに建設されたのだろうか。史料的な制約から現段階では確定的な解答を導き出すことは難しいものの、ひとつの見通しを示しておきたい。

一五世紀末に巡礼の途中にオスマン領を旅したケルン出身のフォン・ハーフによれば、各地にバヤズィト二世の妻らが暮らす「女性の宮殿(vrauwen pallas)」があったという。ここでは、イスタンブルにあった旧宮殿の他に、アドリアノープル(エディルネ)、フィロポリス(現ブルガリアのプロヴディフでトルコ語名フィリベ)、ヴルスカバルナ(現ブルガリアのキュステンディルか)の宮殿が列挙されている[von Harff 1860: 207; von Harff 1967: 242]。フォン・ハーフがいうところの「女性の宮殿」という表現がはたして当時のオスマン語の呼称を正しく反映しているかという問題はさておいて、一五世紀末バルカン半島の主要都市にオスマン宮廷の宮殿が存在していたというのはきわめて重要な証言である。さらに、現在ギリシア北部に位置するセレス(トルコ語名セレズ)やディディモテイホ(トルコ語名ディメトカ)にも宮殿があったことが他の史料から確認できる(18)。

とくにエディルネの近くに位置したディメトカの宮殿はオスマン王家にとって重要な意味をもつ施設だった。エディルネからメリチ川沿い南に四〇キロほど下った位置にあるディメトカは、ビザンツ時代より丘陵の地形を生かした城塞都市として知られる東トラキア地方の要衝の地である(19)。一三五九年ないし一三六一年にオスマン朝によって征服されると、やはりバルカン征服の拠点として利用されるようになった。エディルネ征服以前にはここには城壁内に宮殿が築かれてスルタンが滞在し、またバヤズィト一世(在位一三八九—一四〇二)は当時バルカン側では最大のモスクを寄進するなど、都市インフラも整備されていった[Kiel 1994: 306]。そして興味深いことに、ディメトカはバヤズィト二世が一四四八年に誕生した地であり、その父メフメト二世も一四三〇年頃にここで誕生した可能性が高い(20)。

なぜ二人は当時首都だったエディルネではなく、ディメトカの宮殿で誕生したのであろうか。このことは一五世紀前半にはスルタンの妻子を含むオスマン王家のハレム組織がディメトカの宮殿に常時存在していて、王子の出産というきわめて重要なイベントもここでおこなわれたことを示唆する。この時期までには首都エディルネにエディルネ旧宮殿が完成していたにもかかわらず、これとは別にハレムの置かれる宮殿が別の都市に存在していたことになる。またアンジョレッロによれば、一四七〇年ネグロポンテ遠征からの帰途メフメト二世はディメトカに立ち寄って自身の姉妹と面会しており、イスタンブル征服後の一五世紀後半にもここには引き続きオスマン王家のハレムの一部が置かれていたことがわかる [Angiolello 1982: 18–19]。

さらに、一五世紀前半には、スルタンをはじめオスマン朝の宮廷自体がかなり頻繁に移動して領内の諸都市に長期滞在していた。一四三二年から三三年にかけてオスマン領を旅したドゥ・ラ・ブロキエールは、ムラト二世との謁見を求めてエディルネに赴いたものの、宮廷は越冬のためここにおらず、越冬先のトラキア地方を移動して宮廷の集団を探し求めることを余儀なくされた[21] [De la Broquière 1892: 171–178]。ムラト二世は移動中通常天幕に滞在していたが、これはドゥ・ラ・ブロキエールによれば「よいまち (bonnes villes)」でなければ泊まるところがなかったからであるという [De la Broquière 1892: 171–172]。逆にいえば、「よいまち」にはスルタンが滞在可能な宮殿が存在していたことになり、たとえば道中ディメトカに立ち寄ったドゥ・ラ・ブロキエールは、ここに厳重に管理された宝物庫がおかれた城塞があると伝えている [de la Broquière 1892: 173]。この城塞とは、王子が誕生した宮殿であったことはいうまでもない。さらにドゥ・ラ・ブロキエールはアナトリア側で旧都のブルサに立ち寄った際、市街地を見下ろす城塞内に宮殿があり、ここには美しい池と庭があってスルタンの女性五〇人が暮らしていたという話も伝えている [De la Broquière 1892: 136]。

つまり一五世紀末にフォン・ハーフが目撃した「女性の宮殿」とは、一四世紀半ばからオスマン朝がバルカン半島を征服する過程で各地の都市に築かれた宮殿群であった。これらは単にハレムの女性が滞在するだけの宮殿ではなく、ムラト二世のように首都を離れて移動・越冬するスルタンが一時的に宿泊する施設だった。フォン・ハーフは宮殿の出入りが厳重に管理されている様子を見聞して「女性の宮殿」、つまりハレムだと早合点したのだろうが、実はこれはハレムだけではなくスルタンの私的領域をも含む「内廷の宮殿」だったと考えられる。

するとイスタンブルの旧宮殿もやはり、新たに征服された都市イスタンブルでのスルタンの一時滞在を目的として建てられた、内廷の宮殿であったと解釈できるのである。儀礼と国政がおこなわれる巨大な外廷空間は原則としてオスマン領全体にひとつだけあれば事足りるものであり、再建途上のイスタンブルでは直ちに準備される必要もなかった。そもそも第3章や前節でのべたようにスルタンと外廷組織はコンスタンティノープル征服後もしばらくの間エディルネに留まっていたのである。

征服直後メフメト二世が綿密に計画を練ったイスタンブル復興プランには、当初より半島先端部に外廷を設置したトプカプ宮殿が建設されることが織り込まれていたはずであり、旧宮殿はこれに比肩するものではなかった。[22] エディルネに新旧の二つの宮殿が同時に存在したように、ひとつの都市に複数の宮殿があることはオスマン朝においてはけっして不自然なことではなく、本格的な遷都に先だってスルタンのイスタンブル滞在施設としてまず旧宮殿が築かれたと考えられる。[23]

さて、このようにトプカプ宮殿完成までの間、内廷のみを備えてイスタンブルでの仮の御座所となるように計画された旧宮殿の空間は、もともとの起源をどこまで遡ることができるのだろうか。

本書の前半で検討したように、オスマン朝の宮殿建築では、一五世紀初頭のエディルネ旧宮殿において外廷の儀礼用中庭が成立した。それまでは高層建造物が謁見などの場所として用いられていたことは、さまざまな史料が伝えている［Ṭaşköprüzâde 1287: 34; Ibn Hâcer 1948: 192; イブン・バットゥータ 1998: 299–300］。第2節でのべたように、メフメト二世期の旧宮殿の南側にはかつてテオドシウスのフォルムとよばれた広場があって、これを見下ろすように壁の中に高層建造物が存在していた。広場と高層建造物がセットとなって宮殿を構成する形式は、一五世紀以前ブルサなどにあったオスマン朝の宮殿を彷彿とさせるものである。

つまり旧宮殿とは、一五世紀にエディルネで登場した中庭を備えた新式の宮殿タイプではなく、それ以前の一四世紀に都市内部において造営された高層建造物の上でスルタンが接見や御前会議をおこなう、古い宮殿の形式を踏襲するものであった。エディルネ新宮殿やマニサ宮殿にも同様の高層の建物が存在していたことをあわせて考えると、一四世紀半ばから征服が進められたバルカン半島各地に建設された宮殿も、やはり同型であったと推測できる。エディルネ旧宮殿で儀礼用中庭を備えた外廷の空間が成立することで、かつての単なる「スルタンのすまい」であった宮殿では公的領域である外廷と私的領域の内廷の分離が生じた。中庭を有さないそれ以前の宮殿は、限定的な謁見の空間(ハスオダ)を除けば居住機能だけをもつものであったから、結果としての内廷のみの宮殿として機能するようになったのである。そしてイスタンブル最初の宮殿にはスルタンとその家族の一時的な居住機能が要求されたため、外廷が付属しない旧来の形式が選択されたのだと結論づけられる。

本章では、イスタンブル征服直後に建設された旧宮殿を、一四五〇年代の創建当初からおよそ一〇〇年の期間を対象として考察した。同時代史料を丹念に分析することで、既往研究において見逃されてきた、以下に挙げるような多くの事実が判明した。

第一に旧宮殿の敷地範囲は、一〇〇年弱の間に三度の変遷を経たことが明らかとなった。メフメト二世によって建設された当初の旧宮殿は、現在のイスタンブル大学キャンパスの範囲を囲む周壁の中に集約されており、その周辺には庭園が広がっていた。バヤズィト二世の即位後一四八〇年代になってこの庭園を取り込む形で外壁が建設され、絵画史料に見られるような二重の壁をもつ宮殿の姿が初めて完成したのであった。ところがこの状態も、宮殿の南側で一五〇〇年から始まるバヤズィト・モスクとその付属施設の建設によって長続きはせず、最終的に一五五〇年からのスレイマニエ施設群建設によって宮殿の敷地は再びメフメト二世時代の範囲へと縮小したのだった。

第二に、旧宮殿の内壁の中に集約されていたと考えられる建造物を分析し、その性格を明らかとした。とくにエディルネにあった新旧二つの宮殿と、トプカプ宮殿にあった外廷空間に相当するものが旧宮殿には存在しなかったことが、儀礼用中庭やその他の建物の不在から推測される。旧宮殿はスルタンの私的な居住領域である内廷であり、そこにはエディルネ新宮殿にあったような、高層建造物がハスオダとして存在していたと考えられる。

第三に、旧宮殿は内廷のみから構成される宮殿であり、これと同型の宮殿がとくにバルカン半島の主要都市にスルタンの一時滞在用として多数建設されていたことが明らかとなった。イスタンブルにおいてはトプカプ宮殿のみが外廷空間を擁する主宮殿として計画され、当初より旧宮殿は副次的な宮殿として計画されていた。そして、内廷に高層建造物を有する旧宮殿の宮殿形式は、おそらく一四世紀オスマン朝が都市内部に造営した、古いタイプの宮殿空間を踏襲するものであったと結論づけることができる。

(1) 各国語による征服前後の記述を編纂したものとして以下のものがある。[Pertusi 1976]。

(2) 一五四〇年の火災に関しては、トプカプ宮殿の Revan Kitaplığı 所蔵の年代記史料 (TSMK Revan Kitaplığı No: 1099) が言及する記述をジェザルが発見し紹介している [Cezar 1963: 331]。私見の限りでは他にこの火災に言及したものはない。ネジプオールとアルタンは一五四一年の出来事であったとしているがこれはおそらく誤りである。

(3) 他に旧宮殿に関する研究としては、アルタンの『イスタンブル百科』の項目や、カフェスチオールの研究がある。両者は後述する二つの都市図を用いた点が重要である [Artan, 1994: 204–205; Kafesçioğlu 2009: 22–24]。さらにジェザルやクバンによる記述もあるが、これらは他の研究と大きく異なるものではない [Cezar 2002: 51–54; Kuban 2010: 254–255]。他に宮殿建築にはほとんど言及しないものの、オスマン朝のハレム組織を分析したピアースの研究も重要である [Peirce 1993]。

(4) アンジョレッロについては以下の文献も参照 [Babinger 1961: 275–278]。

（5）ベルガーは図中に一四七八／九年に完成したトプカプ宮殿が描写されていることから作成年の上限をここに定め、「サン・ルカ教会」と表記された建物が、一四九〇年一月に破壊されたことから一四九〇年を下限であるとしている［Berger 1994: 331–332］。

（6）この鳥瞰図に関する詳細な議論は以下を参照［Berger 1994: 329–335; Kafesçioğlu 2009: 154–164］。ヨーロッパ風のドームの表現などからヴァヴァッソーレ本人はイスタンブルを訪れたことがなかったと考えられ、オスマン宮廷にごく近い立場にあったヨーロッパ人が作成したより詳細な原図を基にして、ヴァヴァッソーレは都市図を作成したと考えられる。原図の作成者は宮廷から許可を得て市内各地を見聞して回った上で作品を描いたと推測され、街路や密集した街区の様子など当時のイスタンブルをかなり正確に描写していたはずであるが、ヴァヴァッソーレの模写ではかなりの変更や省略がおこなわれている。

（7）マトラクチュはその名が示すとおり、マトラクとよばれる武道の名人であったとされるがその経歴については不明な点が多い。

（8）史料のファクシミリ版とラテン文字転写には次のものがある［Naṣûhü's-Silâḥî 1976］。

（9）イスタンブル大学のキャンパスは今日も壁によって囲まれており、基礎部分には旧宮殿時代内壁のなんらかの痕跡が存在しているものと推測される。

（10）なおベルガーは、一パッススの長さは約六一五センチメートルであるとしている［Berger 1994: 344］。また一七世紀のエヴリヤ・チェレビーの一二〇〇〇アルシュン（約九キロメートル）という数値は誇張が過ぎるため参考にはならないが、スレイマン一世が三つの門を築かせたというのは興味深い［Evliya Çelebi 2001, vol. 1: 52–53］。

（11）ケメル（kemer）とはトルコ語で「水道橋」そのものを意味する語である。

（12）このの ち一六世紀半ばに旧宮殿の敷地に建設されたスレイマニエ施設群全体が、一〇年足らずで完成に至っていることを鑑みれば、ファーティヒ施設群の建設はかなりゆっくりしたものだったと考えられる。

（13）フランス語で〝place〟は「広場」以外にも「場所」を意味する語ではある。しかし同史料中にはこれ以前にトプカプ宮殿の第一中庭を指す語として〝place〟が用いられており、ここでも旧宮殿の広場と解釈することができる。

（14）カフェスチオールはこれをローマやビザンツ建築、さらにはイスラーム建築でもみられる門と高層建築が一体となったものであるとしているが、ヴァヴァッソーレとマトラクチュはいずれも独立した建物を描写しており、さらなる検討が必要である［Kafesçioğlu 2009: 23］。

（15）“Refîʻü'l-binâ, vaṣîʻü'l-gınâ, meyân-ı sahngâhı meydân-ı vehmden ferâḥ ve ʻarṣa-i ḫayâlden vâsiʻ. Saḳf-ı merfûʻı evc-i ʻayyuḳdan yüce, tîr-i naẓar yetişmek iḥtimâli yoḳ, içi envâʻı emkineyi câmi. Bir ṭarafında şerîf bârgâh” ［İbn Kemâl 1991: 99］。

（16）ただし、宮殿の敷地範囲が創建後一〇〇年足らずのうちに三度も変化していたように、宮殿を構成する個別の建物もこの間に相当入れ替わっていた可能性を考慮する必要がある。だが限定された史料の内容からこれ以上を分析するのは困難である。

（17）カプクル軍団については第2章も参照のこと。

（18）フィリベとセレズの宮殿については、オスマン語の史料よりその存在が確認できる。ギョクビルギンによれば、一四五六―一五〇〇年（八六〇―九一二年）の台帳に、フィリベにある橋と宮殿の厩の修理、ならびに宮殿の諸経費として六四五七〇アクチェがフィリベのカーディー（法官）に支給された記述がみられる［Gökbilgin 2007: 132］。もう一方のセレズの宮殿に関しては、一四八三年一一月一二日（八八八年シェッヴァル月一一日）に、三年間で三一〇〇アクチェの代金と引き替えに宮殿内のハマームの用益権が貸与される記述がある［Gökbilgin 2007: 150］。この時期までにはセレズの宮殿の一部機能は喪失されていたか、ハマームがここから分離されていたと考えられる。

（19）そのため、たとえば一三四四年にのちのビザンツ皇帝ヨハネス六世カンタクゼノスが同盟者であるアイドゥン侯国のウムルとここで会合した際、ヨハネスの家族と宝物庫がアドリアノープルから移されていたという［Doukas 1975: 27］。ビザンツ時代よりディメトカにはエディルネからしばしば宝物や女性が移管されていたと考えられる。

（20）一般にメフメト二世はエディルネで誕生したとされるが、実は同時代史料でこれを裏付けるものはシュクルッラーの年代記のみである。一方でシュクルッラー同様に一五世紀後半の人物であるオルチュの記述によれば、メフメト二世は一四三〇―一四三一年（八三四年）にディメトカで生まれた［Oruç Beğ 2008: 58］。同じく一五世紀の人物であるネシュリーは一四二九―一四三〇年（八三三年）にメフメト二世が生まれたことを伝えるが、生誕地に関しては記述がない［Neşrî 1995: 612-13］。メフメト二世の誕生日時と生誕地に関する分析をおこなったバービンガーは、誕生日は一四三二年三月三〇日（八三五年レジェプ月二七日）であると結論づけたが、生誕地に関してはシュクルッラーのエディルネ説とオルチュのディメトカ説を併記して判断を留保している［Babinger 1949］。

(21) またドゥ・ラ・ブロキエールは、スルタンのいる集団とは別に行動していたハレムの女性たちの集団と道中遭遇している。

(22) なぜトプカプ宮殿が征服直後から建設されなかったのかという疑問も当然ここで生じる。おそらくこれには水の供給の問題があったはずである。第2節でみたように、旧宮殿まではビザンツ時代の水道によって征服後直ちに給水可能だったが、半島の先端部に位置するトプカプ宮殿までは荒廃した水道網を整備しない限り水を得ることができなかったと思われる。また旧宮殿周辺では市街地開発が早く進むが、トプカプ宮殿やハギアソフィア周辺の地域ではモスクの創建年代は比較的遅く、開発も遅れていたと考えられる。給水と水道網整備の時間差が、開発の地域的偏差の要因となっていた可能性がある。

(23) 他にもエディルネでは、メフメト二世に嫁したドゥルカディル家のシッティ・ハトゥンが一四五三年以降もイスタンブルに移らずにエディルネに留まり、市内の自らの宮殿に住んでいたという［Uluçay 2001: 40; Peirce 1993: 40］。

第5章　一六世紀以降のイスタンブルにおける都市儀礼と宮殿群

一五世紀後半以降、イスタンブルの復興・開発が進展すると、トプカプ宮殿やイスタンブル旧宮殿以外にも、市内外には数多くの離宮や庭園、邸宅が出現した。これらは、宮廷儀礼の主要な開催場所であるトプカプ宮殿とともに、首都イスタンブルの都市空間を形成し、王権を表象する要素となっていた。また、「宮殿」を建設したのはスルタンだけではなかった。トルコ語で宮殿を意味するサライ（saray）の語は、それ以外にも邸宅や居住用以外の宮廷関連施設などを指示し、「立派な建物」のようなニュアンスが込められている。とくに一六世紀後半以降、大宰相をはじめとする政府高官や皇太后の政治的な影響力が強まると、彼らも市内外に邸宅（サライ）を造営して活動の拠点とした。

これらすべてを網羅的に論述することは本書の扱いうる範囲ではないから、本章ではイスタンブル郊外に建設されたユスキュダル宮殿とダウト・パシャ宮殿の性格をそこに造営された建物から考察し、加えてその周辺で開催された都市儀礼とのかかわりをさぐる。これはイスタンブルに数多く存在した離宮・庭園のうちわずか二つの事例ではあるが、その点描を通してトプカプ宮殿など宮廷儀礼の中心的な空間となった主宮殿とは異なる役割をもった宮殿が存在したことを明らかとし、オスマン朝宮殿建築の全体像の提示を試みた本書の締めくくりとしたい。

第3章で言及したように、ルーム・セルジューク朝の宮廷は都市内部の宮殿に加えて、都市の外部では庭園などを活動の拠点とした。また、ティムール朝やサファヴィー朝など他の西アジアの王朝でも、君主が滞在する都市郊外の庭園や牧地では謁見や饗宴が開催されており、これらは政治的機能を担う首都の重要インフラとなっていた。コンスタンティノープル征服後のオスマン朝のスルタンもまた、郊外の庭園や牧地に長期間滞在していたことも明らかとされた。

このような事例に鑑みれば、一六世紀オスマン朝においても郊外の離宮・庭園が謁見の開催地などとして、なんらかの政治的機能をもっていたと推定される。だが、この時期のオスマン朝の離宮・庭園は、あくまでスルタン個人の静養・行楽の施設として解釈されてきた。後述するネジプオールの研究は、一六世紀後半にイスタンブルに滞在したヨーロッパ人の記述を丹念に読み解き、リクリエーション空間としてイスタンブル郊外の離宮・庭園の性格づけをおこなっている［Necipoğlu 1997］。たしかにボスポラス海峡沿いに数多く建設された離宮・庭園はそのほとんどが、スルタンが少数の随員とともに一時的に滞在するものであった。

ところが本章で分析する一六世紀後半から一七世紀前半までの年代記の記述からは、ユスキュダル宮殿とダウト・パシャ宮殿の異なる性格が浮かび上がる。両宮殿はトプカプ宮殿を離れたスルタンが長期間滞在し、廷臣がスルタンとの閣議（dîvân）にも臨む場となっていた。さらにその周辺の平原（ṣaḥrâ）は、軍隊の遠征前に都市住民が参加する大規模な祝祭の舞台となり、きわめて政治的な役割をもっていた。郊外の離宮が都市儀礼と密接な関係をもっていたことは、イスタンブルにおける都市儀礼の問題と関連づけて本章後半で考察を加えたい。

1　イスタンブルにおける離宮・庭園の建設

イスタンブル郊外に一六世紀から一七世紀にかけて建設された離宮と庭園の位置とその創設時期は、エルドアンの論文において整理されている［Erdoğan 1958］。大半のオスマン朝の宮殿建築同様に、離宮と庭園も創設当初の姿を留めるものは現存せず、研究にあたっては文献および絵画史料に依拠する必要がある。エルドアンは宮廷台帳や一七世紀のエヴリヤ・チェレビーの記述をもとに、合計二九の庭園を列挙している。それをまとめたものが表5―1および図5―1である。

離宮・庭園の地理的分布と創建時期

図5―1から地理的な分布を確認すると、大きく二つに分類することができる。第一のグループはヨーロッパ側の市壁外に位置するものである。その大半は、現在ではハルカルやバクルキョイなど、イスタンブルの都市圏に含まれる市街地となっているが、当時は都市近郊の田園地帯であった。第二のグループは、ボスポラス海峡沿いのヨーロッパ側・アジア側の両岸に建設されたもので、こちらでは明らかに海上交通の便、とくにトプカプ宮殿からのアクセスのよさが立地条件に大きな影響を与えている。多くは気候のよい春から夏にかけての時期に用いられたと考えられる。

イスタンブルにおいて、これら庭園の建設がかなり早い時期から始まっていたことは、ベシクタシュやトカトなど、メフメト二世やバヤズィト二世らによって一五世紀後半から一六世紀初頭に建設された庭園の例から理解される[1]。またユスキュダルの北にあるチェンゲルキョイには「小城（Kûtel Kasr）」とよばれる宮殿・庭園が一五―一六世紀には存在しており、スレイマン一世が増築をおこなったことが指摘されている［Aysu 1994: 485］。これは明らかに表中のクレ庭園と同一のものである。一六世紀のユスキュダル法廷台帳の内容からは、同じくチェンゲルキョイに「国家庭園（Mîri Bahçe）」あるいは「故スルタンセリム庭園（Merḥûm Sulṭan Selim Bahçesi）」があったことがわかり、「小城」と同じものを指していると考えられる［Gültekin 2010: 256］。とくに後者の名称からは、庭園がセリム一世によって建

表 5-1　イスタンブルの離宮・庭園一覧（Erdoğan 1958 をもとに筆者作成）

地図中番号	庭園名	創建年	付記
1	トカト	メフメト 2 世期	Beğçe-i Beykoz とも若干内陸？
2	ベベキ	メフメト 2 世期？	
3	テルサーネ	メフメト 2 世期	造船所
4	ベシクタシュ	バヤズィト 2 世期	
5	ダウト・パシャ	バヤズィト 2 世期（15 世期末）	11 世紀ビザンツの離宮あり
6	スルターニーイェ	スレイマン 1 世期ないしバヤズィト 2 世期	
7	クレ	セリム 1 世期	ユスキュダル法廷文書参照
8	イスケンデル・チェレビー	スレイマン 1 世期	
9	ハルカル	スレイマン 1 世期？	水道施設，狩り場
10	コジャ・ユースフ・エフェンディ	スレイマン 1 世期	Karaağaç 周辺
11	ユスキュダル	スレイマン 1 世期	
12	アヤズマ	スレイマン 1 世期？	
13	ハイダル・パシャ	スレイマン 1 世期	ビザンツ時代の離宮あり
14	インジルリ	スレイマン 1 世期	
15	ピヤーレ・パシャ	スレイマン 1 世期〜セリム 2 世期	位置不明，ユスキュダル？
16	イスタヴルズ	セリム 2 世期以前	
17	ビュユクデレ	セリム 2 世期	
18	ドルマバフチェ	セリム 2 世期	
19	スィヤーウシュ・パシャ	ムラト 3 世期	狩り場
20	ハラーミー・デレスィ	ムラト 3 世期	
21	カンディルリ	ムラト 3 世期	
22	フェネル	1583（991）年以前	
23	ギョクス	1583（991）年以前	
24	チュブクル	1583（991）年以前	
25	カラバーリー	スレイマン 1 世期〜メフメト 3 世期	
26	エミルグネ	16 世紀後半？	Feridun Paşa が創設か
27	ヴィドス	オスマン 2 世期	
28	ハサン・ハリーフェ	ムラト 4 世期	
29	カラアァチ	アフメト 3 世期	

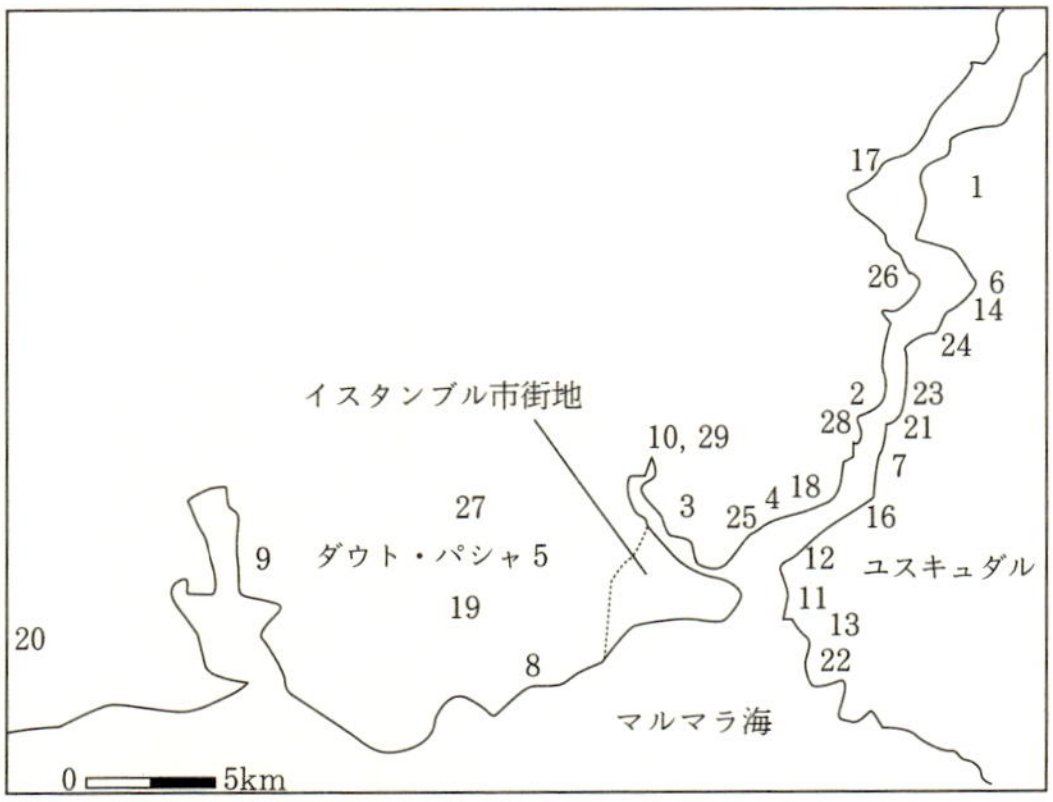

図 5-1　イスタンブルの離宮・庭園の分布（筆者作成）

設されたことが示唆される。

だがその一方で、表5-1の離宮・庭園の大半はスレイマン一世（在位一五二〇―一五六六）期以降に建設されたものである。第3章でみたように、セリム一世、そしてスレイマン一世までの歴代スルタンは、軍事遠征のため長期首都を留守にし、またイスタンブルではなくエディルネに滞在する時間も長かった。ところが、スレイマン一世の継嗣セリム二世以降の時代に入ると、スルタン親征の機会はほとんど失われて、イスタンブル滞在がスルタンの生活の中心になった。一六世紀以降イスタンブルに数多くの離宮・庭園が建設されていった背景には、首都での滞在が常態化するオスマン朝スルタンの行動パターンの変化があり、これとともに郊外へと展開する新たな首都空間のあり方が模索されていったと考えられる。

ネジプオールによる一六世紀庭園の解釈

ではこれら離宮・庭園はどのように用いられたのであろうか。ネジプオールは一六世紀にイスタンブル内外に建設された庭園を紹介し、その分析をおこなった。ここでオスマン朝の庭園は、カラバリ庭園の例を除けば、いわゆるイスラーム世界の幾何学的な四分庭園（チャハールバーグ）とは異なった、ギリシア・ローマのヴィラの系譜に連なる地中海世界のランドスケープ庭園であるとされている［Necipoğlu 1997: 32］。逆にローマのヴィラの復興を志向したかに思われるルネサンス期のヴィラは、幾何学的な対称性を重んじる自然環境を取り込まないものであるとの評価が下されている［Necipoğlu 1997: 45］。

庭園の利用方法については、ヨーロッパ人訪問者の記述から検討がおこなわれている。たとえば一五二四年にはヴェネツィアの外交官ピエトロ・ゼンの記述から、スレイマン一世が「気ばらしのため」イスタンブル周辺の庭園をほぼ毎日少数の随員とともに舟で訪れていたこと［Necipoğlu 1997: 33］、さらにセリム二世もユスキュダル離宮にほぼ毎日舟で行っていたことが一五七三年のフィリプ・カナエや一五七四年のピエール・ルスカロピエの記述などから紹介されている［Necipoğlu 1997: 36］。いずれの記述でも離宮・庭園の美しい植生や噴水などが伝えられ、スルタンの離宮・庭園滞在が遊興であったような印象が与えられる。ネジプオールは、一七世紀以降にこそ庭園は大使の謁見にも用いられるようになったが、一六世紀の小規模なキョシュクは儀礼用ではなくあくまでスルタンの静養用に建てられたものであり、サファヴィー朝の庭園に建設された大規模な儀礼用の建造物とは性格が異なるとしている［Necipoğlu 1997: 42］。

もっとも、第3章でもみたように、一五世紀後半から一六世紀にかけてのオスマン朝歴代のスルタンたちは、首都であるイスタンブルないしエディルネに滞在していても、都市内の宮殿ではなく周辺の庭園や牧地に頻繁に足を運んでいた。むしろ主宮殿であるはずのトプカプ宮殿やエディルネ新宮殿を恒常的な生活の場としなければならないという意識が薄かったようにも思われる。少し時代を遡れば、エディルネ旧宮殿において謁見儀礼などの宮廷儀礼を開催したはずのムラト二世もまた、エディルネに滞在中は家族とともに都市郊外の天幕に滞在して、入浴するときだけ行列を組んでまちのハマムに向かったとスペイン人のペロ・タフールは伝える［Tafur 1926: 127］。つまり中庭のある主宮殿はあくまでも儀礼用の空間で、これとは別の郊外の庭園などが日常生活の場となっていたことになる。イスタンブルへの遷都以降は、トプカプ宮殿の内廷とハレム、加えてハレムの大部分が置かれることになるイスタンブル旧宮殿が整備されたから、ムラト二世の時代のようにいつも都市外の庭園・牧地に滞在していたとは考えられない。それでも、都市内の宮殿を出て庭園に向かうという生活様式が一定度維持されたことは間違いない。むしろスルタンの日常生活は、単一の宮殿のみで送られるものではなく、都市内外各所に設けられた離宮や庭園を滞在先として複合的に用いるものであったことは、次節以降での分析より明らかにされる。

一八世紀の庭園文化

ここで、本章が対象とする時代から少し下った時期の状況をハマデーの研究にもとづいて紹介しておきたい。一六世紀から整備が進んだオスマン朝イスタンブルの離宮・庭園は、一八世紀に入ると新たなフェーズに入った。一七〇三年のエディルネ事件ののち、スルタンと宮廷はエディルネからイスタンブルに戻り、その後海峡沿いの景勝地では離宮・庭園の建設・改装ラッシュが起きた [Hamadeh 2004]。ハマデーは、一六世紀の離宮・庭園は一八世紀のものとは根本的に性格が異なるものであると指摘している。前者はスルタンをはじめとする政府高官に占有された空間であり、トプカプ宮殿をモデルとする、壁で閉ざされた場であったという [Hamadeh 2004: 56]。一方一八世紀になると、ボスポラス海峡・金角湾沿いの庭園は公共に向かって開かれた、ある種近代の公園の先駆けとなるような空間が創出されたと結論づける。たとえば金角湾を遡上した場所にあるキャーウトハーネのような庭園は、大衆にも開かれて新興の中産階級がリクリエーションを楽しむ、新たな公共空間となったのである [Hamadeh 2004: 113]。

一八世紀の庭園の性格に関するハマデーの指摘はきわめて説得力に富んだものである一方、一六世紀の庭園の特徴については、本書のここまでの議論をふまえると若干の修正を加える必要があるだろう。まず、庭園を壁で囲い込む伝統は、トプカプ宮殿からさらに時代を遡ることができ、一四世紀ブルサ宮殿やティムール朝サマルカンドの庭園にもみられるものであった。またすぐ後でのべるように、ユスキュダル宮殿やダウト・パシャ宮殿には、第4章で検討したイスタンブル旧宮殿同様に、儀礼用中庭は存在せず主要な宮廷儀礼を開催する舞台とはなりえなかった。一六世紀の離宮・庭園は、オスマン朝の主宮殿となるトプカプ宮殿やエディルネ新宮殿とはあきらかに異なる原理に基づいて建設されたものであり、その用途と性格については別途検討する必要があるのである。

2　ユスキュダル宮殿とダウト・パシャ宮殿

それでは、一六世紀イスタンブルの郊外に建設された宮殿であるユスキュダル宮殿と、ダウト・パシャ宮殿の具体的な検討に移ろう。

ユスキュダル宮殿

トプカプ宮殿からちょうどボスポラス海峡を渡ったアジア側の対岸に位置するユスキュダル地区は、コンスタンティノープル征服以前よりオスマン朝の支配が及んでテュルク化が進行していた。征服後は政府高官らがモスクを寄進するなどしてさらに市街化が進んだ [Bostan and Karakaya 2012: 365]。一方で、周辺には耕作地や牧地が広がっていたことも、シャリーア法廷台帳の記録などから明らかである。ユスキュダル宮殿以外にも、この周辺には政府高官や皇族の女性たちの宮殿や庭園が建設されており [Atasoy 2005: 147]、ユスキュダルはイスタンブル近郊の市街地であるとともに、風光明媚な別荘地という性格ももちあわせていた。

ここで論ずるユスキュダル宮殿は、ポプラの木を意味するカヴァク宮殿 (Kavak Sarayı) ともよばれ、史料中での名称はまちまちである。そのため、そもそも両者が同一のものかどうかも断定できず、その場所、創建年代などは不明な点が多いとされる [Artan and Neumann 1994: 494]。もっとも現在のセリミエ兵営やハレムとよばれる地域に何らかの庭園・離宮があったことはたしかであるから、ここではその施設の名称を「ユスキュダル宮殿」として論じる。

ミューラー＝ヴィーナーによれば、ユスキュダルに庭園があったことを示す最も古い史料は、一五四四年にイスタンブルに滞在したフランス人の聖職者モーランの記述で、「カルケドン (Chalcédoine)」にとても美しい塔と庭があっ

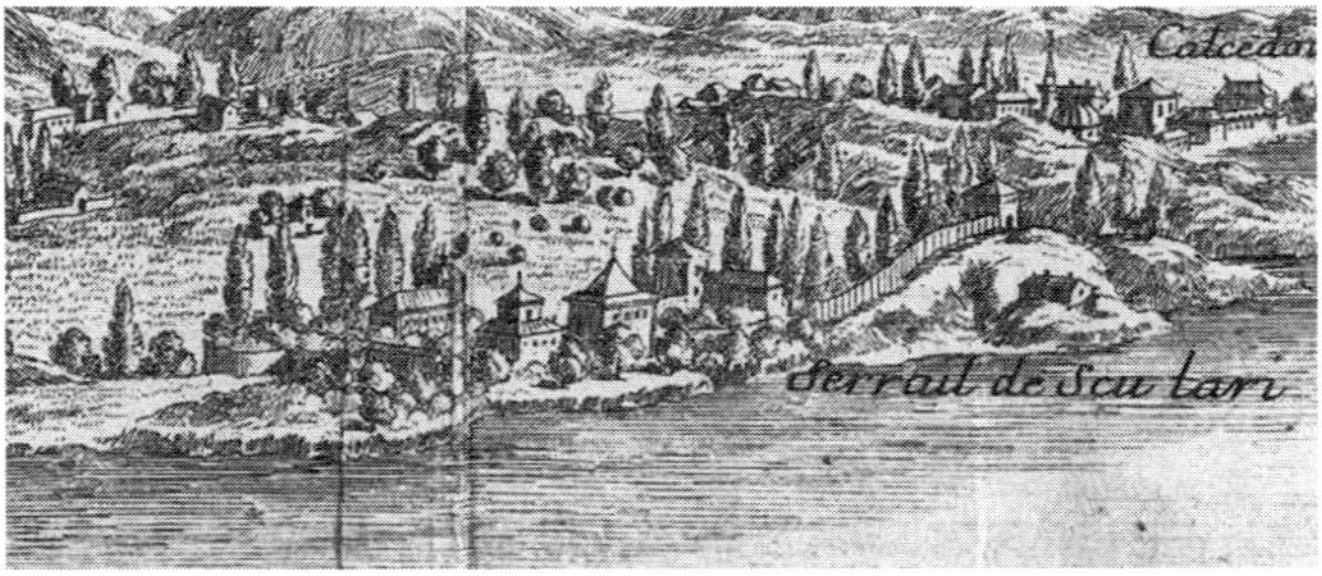

図 5-2　海峡よりみた 17 世紀後半のユスキュダル宮殿（Grelot 1680）

たという[2]。続いて一五五一年（九五九年）の枢機勅令簿にはユスキュダル側で建設作業中の労働者についての記述が現れ、この時期になんらかの増築がおこなわれていたことも判明する［Müller-Wiener 1988: 364］。宮廷建築家長のスィナーンはセリム二世（在位一五六六―一五七四）とムラト三世（在位一五七四―一五九五）の時代にここに計二棟のキョシュクと三つのハマームを建設し、アフメト一世（在位一六〇三―一六一七）期には礼拝所が建設された。ムラト四世（在位一六二三―一六四〇）は修復をおこなうとともにここに長期滞在が可能な施設を新たに増築した［Artan and Neumann 1994: 494］。

一五七六年三月にユスキュダル宮殿と考えられる施設を訪れたのはハプスブルク家の大使付き聖職者だったゲルラッハである。これによれば、丘の頂上に庭園があり、中では石工がプールや建物を建てていたという。またドームで覆われ絨毯の敷かれた大きなスルタンの家（ein königliches Hauss）も見学し、ここでスルタンが食事をし、就寝するとの説明を受けた。敷地全体は高い壁で囲われ庭には花木が植えられていた［Gerlach 1674: 170–171; Gerlach 2007, vol. 1: 303–304］。ここから一〇〇年あまりのちには、フランス人画家のグレロがユスキュダル宮殿も含むパノラマ図を作成しており、これをみると、庭園の中に数棟の建物が独立して建っている様子が理解できる［Grelot 1680］（図5–2）。

以上の史料からは、ユスキュダル宮殿は壁によって囲い込まれた丘の上にある広大な庭園であり、海岸に沿っていくつかの建物が並ぶという形式をとっていたことが理解できる。これは儀礼用中庭を中心に置くトプカプ宮殿というよりも、ティムール朝などにみられた都市近郊の庭園型宮殿に近いものであるといえるだろう。

ダウト・パシャ宮殿

もう一方のダウト・パシャ宮殿についても、文献史料から復元をおこなうことは難しい。さらにユスキュダル宮殿と違って、一七世紀以降のヨーロッパ人による絵画史料が存在しないため、図像からこれを考察することも困難である。その反面、現在大学のキャンパスとなっている敷地には、一六世紀末から一七世紀初頭にかけて建設されたと考えられる組積造の楼閣が一棟現存している。一九三〇年代から五〇年代にかけて調査・修復されたため、現在では非常に状態のよい建物をみることができる（図5–3、図5–4、図5–5）。

図 5–3　ダウト・パシャ宮殿の石のキョシュク（筆者撮影）

宮殿の創建者は、バヤズィト二世の大宰相を務めたダウト・パシャ（一四九八年没）で、もともと自らの所領だったところにユスキュダル宮殿のように周囲に壁をめぐらした広い庭園をスルタンのために建設したという［Özcan 1994: 44; Eyice 1994a: 45; Eyice 1994b: 8］。後にものべるように、この周辺は創建者の名前にちなんでダウト・パシャ平原（Davud Paşa Şaḥrâsı）とよばれる場所で、イスタンブルからバルカン方面へ出征する軍団の最初の屯営地となっていた［Özcan 1994: 44–45］。

現存する楼閣は史料中には「石のキョシュク」ないし「石の城」という名称で現れる。このほかにも敷地にはサンジャク・キョシュクとよばれる建物の遺構が現存している。一七世紀後半のメフメト四世時代には、ダウト・パシャ宮殿はスルタンの長期滞在用に増築がおこなわれ、随行員らの利用する建物が建設されたという［Eyice 1994a: 45–46］。一八世紀以降は利用される機会が減ったため荒廃が進み、一九世紀には倉庫として利用されたのち敷地内には巨大な兵営が建設された。

さて、ダウト・パシャ宮殿にあった石のキョシュクとサンジャク・キョシュクに関する研究をおこなったエルデムによれば、出典が明らかにされない一七〇四年の内装材に関する文書には宮殿内にさまざまな建物があったことが記録されている[3]。この多くは皇太后をはじめとするハレムの女性たちの部屋や倉庫、宮廷厨房であり、加えて閣議の間や礼拝所、多数のキョシュクが存在していた［Eldem 1969, vol. 1: 211］。またとくに興味を引くのが「田舎のハスオダ(taşradaki hâṣṣ oda)」なる建物が記録され、その隣には聖外套の間があったことである。この二つはトプカプ宮殿の

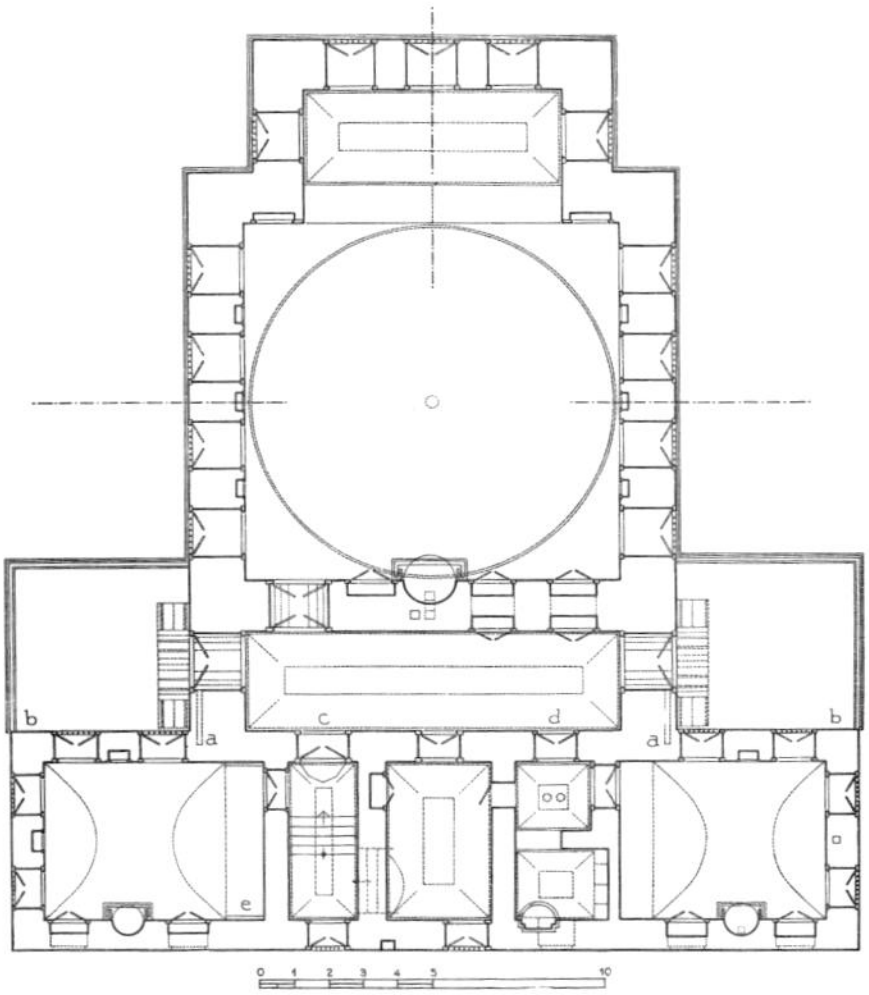

図5–4　石のキョシュク平面図（Eldem 1969, vol.1: 229）

図5–5　石のキョシュク立面図（Eldem 1969, vol.1: 231）

内廷にも存在し、儀礼時に使用されていたことは第2章でものべた。さらにここには、内廷に所属する高官であるシラーフダール長の部屋もあった。これらの点から、一八世紀初頭のダウト・パシャ宮殿には、長期滞在するスルタンとその家族のため、トプカプ宮殿の内廷、すなわち第三中庭とハレムに類似する機能と空間が存在していたことになる。

また、石のキョシュクは大ドームで架構された切石造の二階建ての建物である。一階の主室は一辺一〇メートル半の正方形で、二階にも同様の部屋があり宮殿滞在中のスルタンとの謁見はここでおこなわれたと考えられる。実質的にこの建物はトプカプ宮殿第三中庭にある上奏の間と同じ用途に用いられたとみてよいだろう。

詳細については文書等のさらなる分析が必要であるものの、内廷のみを備えたダウト・パシャ宮殿はトプカプ宮殿完成前のイスタンブル旧宮殿に近い性格をもつ宮殿であったと考えられる。外廷空間でおこなわれる御前会議をはじめとする宮廷儀礼は、政府がイスタンブルにある限りにおいては主宮殿であるトプカプ宮殿で開催されるべきものであったから、儀礼用中庭をはじめとする外廷の要素は、閣議の間を除けば見当たらない。

立地の観点からは、イスタンブル郊外に建てられたユスキュダル宮殿とダウト・パシャ宮殿は、一五世紀以前のアナトリアに存在した宮殿の二類型のうち、郊外の庭園に小規模な建造物を点在させるタイプを起源とするものであった。では具体的にこの二つの宮殿がどのように用いられたかを次節で検討しよう。

3　新たな儀礼空間としての郊外離宮——ユスキュダルとダウト・パシャ

ここからは年代記史料の内容を分析することで、一六世紀末から一七世紀初頭におけるイスタンブル近郊の離宮・庭園での滞在の実態を検討したい。一五世紀後半から一六世紀前半を対象とした第3章でものべたように、オスマン語年代記の記述は、一般に非政治的かつ日常的な出来事であるスルタンの都市内での移動を伝えることは少ない。だが一六世紀後半以降は年代記の数も増え、その内容もより詳細になっていくことから、スルタンの日常的な居所とそこでの活動を明らかにすることができる。

一六世紀末の離宮とオスマン宮廷

そこでまず、一六世紀後半の出来事を詳細に記録した年代記であるセラーニキーの『セラーニキー史』を用いて、一五九五年に即位したメフメト三世の離宮滞在の事例を検討する［Selânikî 1999, vol. 2］。ここから、スルタンはトプカプ宮殿を離れて、頻繁かつ長期間にわたって離宮に滞在していたことが判明する。

一五九五年一月に即位したメフメト三世は、同年の夏の間は常にユスキュダル宮殿に滞在していた。まず、一五九五年七月初旬に新たな浴室の建設が始まるとこれを口実として、「至福の家（Dâr'üs-sa'âde）」とともにユスキュダルの庭園（Üsküdar bağçesi）に移った［Selânikî 1999, vol. 2: 490］。ここでの「至福の家」とは通常宮殿を指す語であるが、ここではおそらく小姓たちとハレムの女性から成る集団のことを指すものだと思わる。滞在は一五九五年一〇月初旬まで続き、この後「至福の家」は引き続きトプカプ宮殿での建設が続くため今度はイスタンブル旧宮殿に移っている［Selânikî 1999, vol. 2: 525］。

ここで興味深いことに、大宰相らとの上奏などの公務の必要が生じたときには、スルタンはその都度トプカプ宮殿へと戻っていた。七月二二日にはユスキュダルの庭園から上奏の間に戻って、御前会議のメンバーが上奏し、アナドルのカザスケルや首席財務長官らが手に接吻したことが伝えられる［Selânikî 1999, vol. 2: 497–498］。八月初旬にも同じように御前会議のメンバーのもとに戻ったとあるから、やはりトプカプ宮殿での上奏に臨んだのであろう。このときはスィヴァスなど帝国東部の州長官や財務長官らが出席し、属国のラグーザ共和国の貢納金も引き渡された。同時に賜衣と手への接吻もおこなわれた［Selânikî 1999, vol. 2: 500］。次は八月二二日にやはりトプカプ宮殿で上奏がおこなわれた［Selânikî 1999, vol. 2: 503–504］。さらに九月前半には、金曜礼拝のためにヨーロッパ側に渡った後、トプカプ宮殿に戻って勅令発布をおこなっている［Selânikî 1999, vol. 2: 511–512］。

いわば一五九五年の夏は、スルタンはユスキュダル宮殿を住居として、ここから「職場」であるトプカプ宮殿に上奏のため通勤していたといえる。当時のユスキュダル宮殿には、スルタンとハレムの長期滞在に対応できる建造物群は存在していたものの、スルタンの日常的な業務である上奏を開催できる建物はここになかったことがわかる。そのため、スルタンは定期的に諸官が御前会議などの業務・儀礼をおこなうトプカプ宮殿に戻らなければならなかった。もっとも、最低でも上奏は週に一回おこなわれるはずのものであるが、ユスキュダル滞在中その頻度は月二回程度になっており、かなり柔軟な対応がとられていたことがうかがわれる。

翌一五九六年夏は対ハプスブルク戦争において、スレイマン一世以来三〇年ぶりにスルタン親征がおこなわれたため、夏期の離宮滞在の記録はない。一五九七年から一五九九年の夏は、今度はダウト・パシャ宮殿に長期滞在したことが史料から裏付けられる。一五九七年七月からはスルタンは、母で皇太后のサフィーイェとともに「ダウト・パシャの農場（Dâvud Paşa Çiftliği）」に赴いて、八月五日からの犠牲祭までの一か月弱の期間ここに滞在した。「農場」とよばれる一方で、宮殿で祝宴が開かれた旨も記されるから、なんらかの建物があったことは明らかである。さらにこの時の大宰相イブラヒム・パシャは、滞在中「農場」によばれて報告をおこない、翌日の御前会議はキャンセルされた［Selânikî 1999, vol. 2: 696–697］。この時期スルタンは御前会議を主宰しなかったから、これは遠方まで赴いた大宰相が開催地のトプカプ宮殿まで帰還できなかったためであろう。犠牲祭のため一度トプカプ宮殿に戻ったのちも、八月中旬からスルタンは再び「田舎の庭園諸宮殿（taşra bağçe sarâylar）」で過ごすためにトプカプ宮殿を留守にしており、この時は謁見に訪れたエジプトのカーディーらが面会できなかった。そのためスルタンに対しては批判が沸き起こったことをセラーニキーはのべている。この時の庭園滞在は短かったようで、二週間ほどでトプカプ宮殿に戻って御前会議と、おそらくそれと一緒に上奏がおこなわれたものの、スルタンの頻繁な出御が政治的にも問題を引き起こしていたことがうかがわれる［Selânikî 1999, vol. 2: 701］。メフメト三世は、翌一五九八年六月にも皇太后とともに、「ダウト・パシャの農場」に新たに建設させた宮殿に移った［Selânikî 1999, vol. 2: 747］。新築された宮殿とは、先述の石のキョシュクを含む建物であった可能性が高い。

ユスキュダル宮殿での滞在と異なるのが、ダウト・パシャ宮殿では高官との接見や宴会が開催されていた点である。一五九七年夏のトプカプ宮殿長期不在が批判の対象となったように、あまりに長い間上奏が開催されず、必要な業務が処理されないのはいかにスルタンが政治の第一線から身を引いていたとはいっても、宮廷の運営上支障を生んだ。そのため一五九七年八月の滞在中には大宰相が報告に訪れ、一五九八年の夏のケースではスルタン一行がここに移った直後に、大宰相メフメト・パシャやシェイヒュル・イスラームらが招待されて宴会がおこなわれた［Selânikî 1999, vol. 2: 749］。一五九八年の七月にもダウト・パシャ宮殿では謁見と賜衣がおこなわれた［Selânikî 1999, vol. 2: 754］。ようやくスルタンがトプカプ宮殿に戻るのは、再び犠牲祭のおこなわれる七月中旬で、第2章でのべたように祝祭とそれに付随する大規模な儀礼時のみには、トプカプ宮殿に戻って外廷である第二中庭での儀礼に参加する必要があったことがわかる［Selânikî 1999, vol. 2: 756–757］。

ダウト・パシャ宮殿からトプカプ宮殿へ戻る際には、陸路海路いずれのルートを選択してもほぼ一日がかりの移動となり、ユスキュダル宮殿では可能だった日帰りの「通勤」は不可能である。そのためダウト・パシャ宮殿での長期滞在時には気軽にトプカプ宮殿に戻ることができず、結果として、トプカプ宮殿の謁見空間であった上奏の間に相当する、石のキョシュクのような謁見儀礼にも対応する建造物が整備されていったのであろう。上奏の間がトプカプ宮殿の第三中庭、すなわち内廷にあったことからもわかるように、イスタンブル旧宮殿同様に内廷空間しか存在しないダウト・パシャ宮殿にも謁見空間が存在することは不自然ではない。その反面、外廷空間はトプカプ宮殿のみに存在したため、そこでおこなわれるべき儀礼挙行のためにはスルタンはトプカプ宮殿に戻らなければならなかった。

以上メフメト三世の離宮滞在の事例より、離宮滞在は必ずしも短期間なものに留まらず、ハレムを伴った長期にわたるケースが多々みられることが判明する。改築や夏の避暑など、さまざまな理由によってトプカプ宮殿を離れるスルタン一行のために、一六世紀以降イスタンブル周辺の離宮・庭園には各種の建造物が建設されていったのである。

第3章でみたように、スルタンがトプカプ宮殿を長期離れる事例は、イスタンブル征服直後より確認できる。メフメト二世のカーヌーンナーメによってオスマン朝の宮廷儀礼の中心となったはずのトプカプ宮殿であるが、スルタンの滞在地という実態に目をむければ、それ以外の場所での生活が大きな割合を占めるようになった。本章冒頭で確認したように、イスタンブル郊外の庭園の多くはスレイマン一世期以降に開発が進んだ。もともと一五世紀後半の宮廷台所台帳で牧地（yurt）とよばれていたような場所に、囲壁が築かれ庭園としての整備が進められたと考えられる。

一五六六年のスレイマン一世の没後、スルタンは軍事と政治の前線から消えて、代わりに大宰相を中心とするオスマン官人たちの支配が始まった［林 2008: 172］。戦地に赴かずイスタンブルに長期滞在するスルタンは郊外の離宮に長期滞在したが、これらは機能的にみれば、主宮殿であるトプカプ宮殿に取って代わるようなものではなく、スルタンとハレム、内廷の随行員が利用するだけのものであった。これはメフメト三世が上奏あるいは犠牲祭のためにわざわざトプカプ宮殿へ戻ったことに象徴される。

だが、トプカプ宮殿を長期留守にするスルタンが、日常業務である上奏と来訪者の接見をおこなえないことは、エジプトのカーディーが面会できなかったことへの批判が示すように、好ましいことだとは受け止められていなかった。トプカプ宮殿での宮廷儀礼が厳格に規範される一方で、スルタンの日常生活の実態は明らかにそれを逸脱していた。最終的に、ダウト・パシャ宮殿では謁見空間である石のキョシュクが建設されて、上奏機能を一部ここへ移管することによって解決が図られたのである。

一七世紀初頭の離宮と儀礼

スルタンの離宮滞在の長期化は、スルタン個人の政治への関与が後退したことのあらわれであり、その滞在地選定には政治的な思惑はもはや存在していなかったかに思われる。しかしながら、スルタンの滞在先となったユスキュダル宮殿とダウト・パシャ宮殿周辺では、一六世紀末から一七世紀初頭にかけて大規模な儀礼がおこなわれていたことが年代記史料から判明する。ここではセラーニキーの年代記に加えて、一六世紀末より砲兵隊の書記などを歴任し、アブデュルカーディルとして知られる人物の年代記を用いて検討をおこなう［'Abdülkādir 2003, vol. 1–2］。一五九二年から一六四四年を対象とする年代記中には、錯誤や重複などがある一方で、とくに著者本人が参加した遠征などの記述は詳細なものであり、また自身や火災の記述を伝えるなどイスタンブルの社会・経済的状況をよく伝える史料との評価を与えられている［Yılmazer 1988: 234］。

まずはダウト・パシャ宮殿周辺での儀礼を検討する。宮殿周辺のダウト・パシャ平原は、一一世紀のビザンツ皇帝の別荘も建設された風光明媚な地域で、一五世紀末の離宮建設以降はバルカン方面への遠征軍の集結地点となり、同行しない場合スルタンはここで軍団を送別した［Özcan 1994: 44］。

一五九六年一二月にハンガリー方面に遠征したメフメト三世がエディルネから凱旋した際は、ダウト・パシャ平原が出迎えの主会場となった。スルタン親征はスレイマン一世のハンガリー遠征以降三〇年間おこなわれなかったため、戦勝祝賀はオスマン朝にとっても久しぶりの都市儀礼となった。スルタンの到着前には、まず皇太后が新たに建設させた宮殿に入って出迎えの準備をした。スルタンが到着すると政府高官やウラマーたちがこれを出迎えた。市中のバザールの商人たちは手にさまざまな織物をもって一〇〇〇ズィラー（一キロメートル弱）もの行列を作って並び、他にはユダヤ教徒・キリスト教徒・アルメニア人もまた同様に整列して歓迎した。犠牲獣が捧げられてから一行はイスタンブル市内に入城した [Selânikî 1999, vol. 2: 651–654]。また、スルタンの帰還を受けて、市内では三日三晩灯明をともして祝祭がおこなわれた。商人たちは店舗を飾り付け、海では船舶が灯明をともし、祝砲も放たれたという ['Abdülkādir 2003, vol. 1: 176]。

一五九八年の春に対ハプスブルク戦争の一環として、大宰相イブラヒム・パシャにハンガリー遠征の命令が下ると、同年五月（一〇〇七年シェッヴァル月）にダウト・パシャに入った大宰相一行は、やはりここで幕営を設営して犠牲獣を屠るなどして祝祭をおこなった。続いて六月八日（ズィルカアデ月一四日）にはユスキュダルでの祝祭同様、イスタンブルのギルドなど市民と諸官が集って食事が振る舞われる祝祭が開催された ['Abdülkādir 2003, vol. 1: 244–245]。同月一七日にはイスタンブル市内で行進がおこなわれ、大宰相はトプカプ宮殿においてスルタンに謁見して剣を授けられた後、再びダウト・パシャに戻ったが道中は見物客で溢れ返っていたという。ダウト・パシャでは軍事法官であるカザスケルの天幕が設営され、毎日の閣議で遠征にかかわる諸事が決定された ['Abdülkādir 2003, vol. 1: 246–247]。

次にユスキュダルの検討に移ろう。アジア側のユスキュダルはスルタンや高官の離宮・庭園が置かれる場所であるとともに、古くよりイスタンブルを出発してアナトリア方面に遠征する軍団の最初の宿駅となっていた。そのため、一六世紀末よりアナトリア各地を荒廃させたジェラーリー反乱や一六〇三年より始まった対サファヴィー朝戦争に遠征軍が送られる時、ユスキュダルは重要な拠点となった。

たとえば一六〇七年七月（一〇〇七年レビユルエッヴェル月中旬）には大宰相ムラト・パシャに、シリアで蜂起したジャンブラット家の反乱とジェラーリー反乱鎮圧のため出征するよう勅令が下されると、まずユスキュダルに幕営を設営するよう命じられた。この日時には若干の錯誤があり、他の年代記によると実際に設営が完了し大宰相がユスキュダルに渡ったのはその一か月前のサフェル月中旬で、幕営はユスキュダルからやや南に下った「ハイダルパシャ平原の谷（Sahrây-i Ḥaydar Paşa Vâdisi）」に置かれた。ここには財務長官や書記官長、イェニチェリ長官らの天幕も設営されていたというから、相当大規模な幕営地がユスキュダルに出現したことになる。これを祝っておそらくイスタンブル市内では祝祭が開催され、商人や肉屋（tabbâh）、パン屋（ḫabbâzîn）、小間物屋（baḳḳāl）などエスナフ（ギルド）のメンバーによる行進や、犠牲獣を屠って貧者に振る舞うことなどがおこなわれたという。この際、行列は「スルタンのキョシュク（Köşk-i hümâyûn）」前を通って、無事を祈願した［ʿAbdülkādir 2003, vol. 1: 485–486］。

さらに遠征に従軍する者たちにはトプカプ宮殿において賜衣がおこなわれ、スルタンのアフメト一世（在位一六〇三―一六一七）との謁見が許された。一六〇七年六月一八日にはイェニチェリなど軍団の行進がおそらく市内でおこなわれ、再びイスタンブル側に戻っていたと考えられる大宰相も騎行してこれに参加し、トプカプ宮殿でスルタンに謁見した［ʿAbdülkādir 2003, vol. 1: 486–488］。

この後、再びユスキュダルの幕営に戻った大宰相を追って、スルタンはユスキュダル宮殿に移った。ここの周辺には、アナドルのカザスケル、チュウシュ長、首席財務長官の天幕が設営されて御前会議が開催され、民衆からの苦情が処理され罪人には処罰が下され、遠征のためのさまざまな命令が発布された。これは平時におけるトプカプ宮殿の閣議の間での御前会議ではなく、戦時や緊急時のアヤク・ディーヴァーヌに準じたものであったと思われる。大宰相が七月初旬に近郊のマルテペにむけて出発した後も、スルタンはユスキュダルに留まって行楽と狩りをおこなった［ʿAbdülkādir 2003, vol. 1: 488–489］。

イスタンブルから陸続きで行進していくことが可能なダウト・パシャ平原とは異なり、ユスキュダルは海峡を渡る必要があるため、市民による主立った祝賀はイスタンブル市内でのパレードであった。それでも、ユスキュダルの幕営で御前会議が開催されて民衆の嘆願が受け付けられたように、ユスキュダルもまた、大規模な儀礼空間となっていたことが理解される。また、当時一七歳の青年スルタンがユスキュダル宮殿に渡って名目的ながらも出発を指揮したことは、一連の儀礼がスルタンを中心としたオスマン国家像を可視化するページェントととらえられていたことの証左である。ユスキュダル宮殿の外に広がる空地はその舞台としてうってつけであった。

ユスキュダルでは同様の儀礼は、これに先立つ一六〇四年五月にもおこなわれたが、この時スルタンは渡海せず、祝祭に参加したのはイェニチェリら軍隊の人員で、市民によるパレードがおこなわれたとの記述はない［'Abdülkādir 2003, vol. 1: 381–385］。続いて一六〇六年五月にも大宰相はハイダルパシャ川に幕営を設営してアナトリアの反乱鎮圧に出発した［'Abdülkādir 2003, vol. 1: 457–458］。一六〇八年六月にはやはり大宰相が東方へ遠征するためユスキュダル周辺に幕営が設営され、このときはスルタンも参加して軍隊の行進を閲兵した［'Abdülkādir 2003, vol. 1: 537–539］。一七世紀初頭はアナトリアでの反乱の影響でほぼ毎年のように、ユスキュダルからの遠征出発がおこなわれ儀礼化していたことがここから読み取れよう。

以上の事例検討より、アジア側ではユスキュダル、ヨーロッパ側ではダウト・パシャが出征前の祝祭の舞台として重要な役割を担っていたことが明らかである。スルタンとハレムが利用する離宮・庭園の枠を大きく超えて、その外に広がる平地は都市郊外の儀礼空間として機能していたのである。

そして、ユスキュダルとダウト・パシャはともに、オスマン朝初期にみられた儀礼がおこなわれた牧地の性格を受け継ぐものであったと考えることができる。一六世紀末になるとスルタン本人の軍事・政治への関与が少なくなる一方で、大宰相の役割はきわめて重要になった。遠征前の祝祭において主役となるのは大宰相で、オスマン朝における新たな秩序構築の一端を両所における儀礼からみることができるであろう。

4　帯剣式と都市郊外での儀礼

続いて、ユスキュダルとダウト・パシャでの儀礼を、オスマン朝イスタンブルの都市儀礼全体の中に位置づけてみたい。先述した凱旋あるいは軍隊出陣時におこなわれた市民も参加するパレードや祝宴は、いずれもオスマン朝の都市儀礼において重要な要素であった。

都市儀礼はスルタンと民衆が直接的な交流をおこない、オスマン王権を可視化する絶好の機会であったことはいうまでもない。トプカプ宮殿での儀礼に目をむければ、ネジプオールが指摘するようにスルタンは周壁の内部に秘された不可視な存在になっていた。訪問者らと頻繁に祝宴を繰り広げた同時期のサファヴィー朝君主と比較すればいっそうその性格は際立つ［Necipoğlu 1993b］。

しかし社会経済史家のファローキーが指摘するように、スルタンはトプカプ宮殿での公的な儀礼ではまれにしか姿をみせず言葉も発しなかった反面、一七世紀にはさまざまな形で民衆の前へと姿を現すようになった［Faroqhi 1994: 616–618］。このような視座に立って、具体的な儀礼の数々を示したのがボヤルとフリートの研究である。ここではスルタンは頻繁に都市に姿をみせて民衆と交流する遍在（omnipresent）する君主だったとされる［Boyar and Fleet 2010: 29–31］。饗宴と祝祭こそ都市の秩序を保つものであり、民衆を楽しませることは統治の成功に不可欠なものであると認識されていたのである［Boyar and Fleet 2010: 47］。最も有名な例は、第3章でも触れた一五八二年の皇子割礼式で、市内の広場に集まった民衆には食事が振る舞われるとともに、ギルドのメンバーによる出し物がおこなわれた。

またスルタンと民衆が直接の交渉をおこなえる儀礼としては、モスクでの金曜礼拝と宮殿から往復する時の行進がその役割を担った。金曜礼拝前日には行き先となるモスクが宣告され、当日の朝には宮殿から先触れが出てスルタンの通る順路を知らしめたうえで、清めの砂が撒かれて御成道の視覚化が図られた。宮殿から騎乗して出御したスルタンは廷臣とともに行列を組んで市内を進み、沿道で出迎えるイェニチェリなど軍人や民衆と挨拶を交わした。参詣先のモスクでは大宰相など大臣やイェニチェリ長官が先行してスルタンを出迎え、一緒にモスクへと入った［İpşirli

1993: 91]。

モスクに向かう行進の最中には、民衆がスルタンの随員に嘆願書を手渡して不正などを訴えることができた。メフメト二世のカーヌーンナーメの規定によってスルタンが御前会議に出席して直接嘆願を受ける慣習は途絶えてしまったが、形式的とはいえ金曜礼拝が民衆の嘆願の機会として用意されていたのであった。嘆願に現れる人々はムスリムに限らず、キリスト教徒やユダヤ教徒も数多く含まれており、本来イスラームの宗教行事である金曜礼拝が非ムスリム臣民にとっても意思表示の場としてとらえられていたことがわかる。

図 5–6　エユプ・モスク（筆者撮影）

さて、儀礼がおこなわれる場所の性格を考慮した際、前節でみた郊外の平地における都市儀礼との共通点を指摘できるのが新スルタン即位後のパレードと帯剣式の儀礼である。即位儀礼は、オスマン朝の新スルタンとして即位し、権威を確立する上で最も重要な典礼である。第2章でみたように、即位時におこなわれる一連の儀礼は、トプカプ宮殿第二中庭でクライマックスの登極を迎えた。これに続く重要儀礼が、郊外のエユプ・モスクでおこなわれる帯剣式とそれに付随する市中での行列であった。

エユプ・モスクは、金角湾を北西に遡り、市街地を囲む城壁を出た先に位置する首都イスタンブルの聖地であった。ここには七世紀に預言者ムハンマドの教友で、伝説上コンスタンティノープル攻撃中に亡くなったとされるアブー・アイユーブ（トルコ語ではエブー・エユプ）の墓廟が存在する。一四五三年のオスマン朝によるコンスタンティノープル包囲中に、メフメト二世の師アクシェムセッティンが奇跡的にその墓所を「再発見」し、征服直後から墓廟とこれに付属するモスク、マドラサ、ハマームが建設されて、郊外の一大宗教施設へと発展した [Tursun Bey 1977: 75]（図

5–6）。帯剣式ではトプカプ宮殿からエユプ・モスクに移動したスルタンが、エユプ廟に入って剣を授けられた。ここで実際に剣を授けるのはシェイヒュル・イスラームや預言者ムハンマドの子孫のナキービュル・エシュラーフで、授剣者に関する規定はなかった。もともと剣を授ける行為は、軍事権の委譲を可視化する儀礼であり、イスラーム世界でも古くは預言者ムハンマドが教友に剣を授け、アッバース朝ではカリフが即位時に預言者の剣を帯剣した。オスマン朝で史料上最初に帯剣が確認されるのは、一三九六年ニコポリス十字軍との戦いに臨んだバヤズィト一世が、カイロにいたアッバース朝カリフから剣を授かったときである［Özcan 2002: 408］。

だが、即位直後に上述の帯剣式が史料上確認されるのは、一七世紀初頭のアフメト一世の即位からであり、実はそれ以前はエユプ・モスクを参詣したとの記録こそ現れるが、剣に関する記述はない［Özcan 2002: 409; Karateke 2004: 51］。一六世紀までの即位時には、後述するゲルラッハもセラーニキーも、エユプ・モスクで「帯剣式」がおこなわれたとはまったくのべていないのである。イスタンブルで最も神聖な場所であるエユプ・モスクに参詣するのは、元来宗教的行事であり、軍事的な意味合いをもつ帯剣がおこなわれるようになったのは、かなり後になってからであるといってよい。

さて、新スルタンの一行は、一六一八年のオスマン二世を除けば、いずれも朝に船でトプカプ宮殿を出てエユプに入った。帰路は随員と行列を組んでエディルネ方面への街道の出発点にあたるエディルネ門をくぐってから、歴代スルタンの墓廟を参詣しながら陸路トプカプ宮殿へと戻っていったのである。

たとえば、一五七四年一二月に即位したムラト三世は翌年一月五日にエユプ・モスクを訪問した。この時の様子についてゲルラッハは、夜明けの一時間後に新スルタンはエユプに赴いて儀礼をおこない、この時には祝砲が放たれたと記述している。昼の一二時にエユプを出たスルタンの随行員は二〇〇〇人であり、市街地を行進しながらトプカプ宮殿に戻ったという。この行列は先述の通常の金曜礼拝に似たものであるが、規模と壮麗さにおいてはるかに上回っているとゲルラッハは伝えている［Gerlach 1674: 77; Gerlach 2007, vol.1: 165］。

この時のエユプ・モスク参詣後帰路の道順は、セラーニキーの記述から明らかとなる。エユプ・モスクを出たのち、一行はエディルネ門に入り、その後順にセリム・モスク、ファーティヒ・モスク、シェフザーデ・モスク、スレイマニエ・モスク、バヤズィト・モスクを訪れ、父祖の墓廟に参った［Selâniki 1999 vol. 1: 105–106］。

同様の道順は、一五九五年一月末に即位したメフメト三世の事例からも確認される。この時、スルタンは即位後ようやく三月になってエユプ参詣と歴代スルタンの墓廟参詣を挙行した。エユプ・モスクでは犠牲獣が屠られて民衆に振る舞われた。帰路はエディルネ門から順に、セリム・モスク、ファーティヒ・モスク、シェフザーデ・モスク、バヤズィト・モスク、アヤソフィア・モスクを巡っており、おおよそ一五七四年のムラト三世と同経路であったことがわかる(4)［Selâniki 1999, vol.2: 455］。

エユプ参詣を都市儀礼としてユスキュダルとダウト・パシャでの凱旋・出陣式と比較した場合、共通するのがいずれもその舞台が都市の外部となっていた点である。そのため市内の要所を通り抜けるパレードが儀礼において重要な位置を占めた。この点は、同じく都市儀礼であっても広場という都市内部の一地点でおこなわれた割礼式とは性格を異にする。

また第3章で検討したルーム・セルジューク朝の即位時における入市儀礼と、オスマン朝の郊外での儀礼を比較すると、その類似性が明らかとなる。ルーム・セルジューク朝では儀礼空間は、都市内部、都市郊外、都市から一日行程の位置にある駅亭という、内から外にむかって三つの段階があったことは既にのべた。これをオスマン朝イスタンブルに当てはめると、城壁のすぐ外側にあるエユプは、都市郊外である第二段階にあたる。離宮のあったユスキュダルとダウト・パシャはイスタンブルから発する街道の最初の営地となったから、一日行程先の駅亭である第三段階に相当するだろう。都市儀礼の舞台は、第一段階である宮廷儀礼の舞台としてのトプカプ宮殿とその周辺のイスタンブル市内だけではなく、ここから同心円状に広がるイスタンブル大都市圏の多層的な空間にも設定されていた。

このように狭義の都市空間である市街地の外周に、段階的な空間構造が存在して儀礼空間が設定されると、君主あるいは民衆がパレードすることは、儀礼の挙行上不可欠な要素となる。ルーム・セルジューク朝のスルタンであれば、遠方から即位のためコンヤやカイセリのような拠点都市にむかって行軍してきたから、順次入市儀礼を執りおこなうことが可能であった。ところが、オスマン朝のスルタンはエユプ・モスク参詣以前に既にトプカプ宮殿に入って即位式を済ませていたから、あらためて儀礼的に「入市」するにはなんらかの操作が必要となった。そこで、最初から行列を組んでトプカプ宮殿から陸路エユプへ移動するのではなく（これでは「出市」になってしまう）、海路エユプに入りわざわざ市外に出てあらためてエディルネ門から入市することで、新スルタンが首都の外から内にむかうパレードの機会を設定したのだった。

カラテケの議論によれば、オスマン王家の正統性はさまざまな局面から主張された［Karateke 2005］。ここで正統性は大きく規範的正統性（normative legitimacy）と事実的正統性（factual legitimacy）の二種類に分類される。前者には王家の血統や宗教的な正統性が含まれ、後者にはプラグマティックな経済的繁栄の提供や正義（ʻadl）の実現、あるいは軍事的な成功などの要素がある。

これに即して先述の都市儀礼を分析してみよう。金曜礼拝は、モスクでの礼拝という信仰の実践であるとともに、民衆の嘆願を受け取って正義を実現するという表象でもあった。エユプ・モスク参詣も同様に宗教行為であったが、犠牲獣を屠って民衆に食事を提供するのは経済的な利益供与の一環であるといえるだろうし、一七世紀以降になって帯剣式がおこなわれるようになったのは武人スルタンを儀礼的に演出する軍事的な意味合いが付与されたためであるといえる。またその後の歴代スルタンの墓廟参詣は、始祖オスマン以来男系で継承されてきた王家の血統を再確認し、そこに連なる新スルタンの正統性を可視化するものであった。

ユスキュダルとダウト・パシャでの凱旋・出陣儀礼は、当然ながらスルタンとオスマン朝の軍事的成功を最も直接的に表象する儀礼である。不信心者との戦いを続け、「イスラームの地」をこれから守ることは、ガーズィー（聖戦士）たるべきオスマン朝スルタンの務めであった［Karateke 2005: 42–43］。ところが一六世紀末以降かつての軍事的優位が失われ、外ではハプスブルク家との戦いが膠着し、内では内乱が起きると、オスマン朝はあらためてその軍事力を臣民に誇示して統治の正統性を維持する必要に迫られたと考えられる。そのための儀礼が、ユスキュダルとダウト・パシャでの集会であり、また一七世紀初頭にはじめてエユプ・モスクでおこなわれるようになった帯剣式なのであった。

かつてスルタンが頻繁に親征していたときは、イスタンブルからの出陣はより日常的な光景であり、わざわざその詳細を年代記が記録することはなかったし、民衆も参加する大規模な祝祭は開催されなかったであろう。ところがオスマン朝の軍事的な退潮とスルタン個人のガーズィーとしての性格が薄れていく過程に反比例して、より形式的に出陣と凱旋が都市儀礼として再現されるようになったのであった。一五九六年メフメト三世の凱旋時のような、市民による出迎えの大行列と三日三晩にわたる市内での祝賀はまさにこのことを示すであろう。出陣・凱旋は軍事的な儀礼であるだけではなく、ユスキュダルでは民衆からの嘆願を受け付ける御前会議が開催されたことは、儀礼が王朝の正統性を担保する「正義の実現」という異なる要素を明示する機会としてとらえられていたことも示す。

トプカプ宮殿での宮廷儀礼がオスマン朝支配構造の中核をなすとすれば、その外に展開するさまざまな都市儀礼は民衆にむかって支配の正統性を主張するプロパガンダであった。かつて牧地であった都市郊外における儀礼の舞台の重要性は、もちろんのことながらオスマン政府によって認識され、近傍に離宮を建設することで拠点化が進められたのである。一六世紀末以降のオスマン朝の政治的軍事的変動は、スルタンの長期滞在も可能なユスキュダル宮殿とダウト・パシャ宮殿の拡張と、その周辺の平地での都市儀礼開催という二つの現象をもたらしたのだった。

5　離宮・庭園と郊外での儀礼

以上ユスキュダル宮殿とダウト・パシャ宮殿を題材として、一六世紀末から一七世紀初頭にかけてのイスタンブル郊外の離宮・庭園の考察をおこない、以下の結論を得た。

第一に、一六世紀以降イスタンブル近郊に多数の離宮・庭園が建設されたことが確認された。それ以前に比べてスルタンのイスタンブル滞在期間が長くなり、より近場へと目をむけるようになったことがこの背景にあると考えられる。もともと牧地としてスルタンと宮廷が利用していたような場所に、常設の建造物を建てることで開発がおこなわれたのである。

第二に、郊外に新たに建設された宮殿は基本的にスルタンの一時滞在のための場であり、主宮殿であるトプカプ宮殿のように宮廷儀礼を開催できる空間ではなかったことが、建物の機能などから明らかである。その反面、ネジプオールは一六世紀の離宮・庭園はあくまでスルタンの遊興施設であったとするが、メフメト三世の事例からはスルタンの滞在が長期化し、重要な宮廷儀礼である上奏の実施にも支障をきたすほどであったことが浮かび上がる。ユスキュダル宮殿からはトプカプ宮殿への「通勤」が可能であったが、ヨーロッパ側のダウト・パシャ宮殿からは日帰りで戻ることは難しかった。そのため、ダウト・パシャ宮殿には謁見空間である石のキョシュクが建設され、さらに一七世紀に入ると内廷の人員やハレムを収容する大規模な宮殿へと拡張されたのであった。

最後に、両宮殿の周辺に広がる平地が、首都イスタンブルの郊外における都市儀礼の開催地となっていたことはとくに強調されなければならない。オスマン朝の軍事的優位が失われスルタンが親征する機会もほとんどなくなると、逆説的に出陣や凱旋がオスマン朝の軍事面での正統性を主張する都市儀礼としてクローズアップされるようになっていった。その舞台となったのが、イスタンブルを始点として東西に移動するとき、アジア側での最初の営地となるユスキュダルであり、ヨーロッパ側ではダウト・パシャであった。両宮殿の当初の敷地選定はこのような事情を考慮したものであると推測され、離宮と郊外での都市儀礼の関連性の強さをうかがわせる。都市儀礼は都市内部だけではなく、ルーム・セルジューク朝やティムール朝のように都市郊外の空間でも挙行され、トプカプ宮殿での宮廷儀礼を補完するものであった。

(1) イスタンブル郊外に離宮を築いて滞在する事例は、はるかに時代を遡ってビザンツ帝国でも多数みることができる。ランシマンによれば、皇室の面々は夏を都市外で過ごし冬には狩りに出かけ、オスマン朝のスルタンとまったく同じ行動パターンをとっている［Runciman 1980: 219–220］。六世紀にはコンスタンティヌス一世がコンスタンティノープルから西へ七マイル行ったマルマラ海沿岸にヘブドモン（Hebdomon）離宮を創設しヨーロッパ方面への遠征時には軍事行進の起点となった。実はヘブドモン離宮のあった場所は、後世になってオスマン朝の離宮・庭園が集中して建設されたバクルキョイである。また六八〇年頃にはカルケドン（Chalcedon）、現在のカドゥキョイに離宮が建設され、同様にオスマン期に入るとこの地にはフェネルの庭園が存在していた。

(2) ただしここでのカルケドンとは、ユスキュダルからやや南の現在のカドゥキョイを指しており、はたしてこれがユスキュダル宮殿であったかについては議論の余地がある。

(3) 典拠となった史料は、おそらくトルコ共和国首相府文書館に所蔵されるものと推測されるが、詳細については今後の調査が必要である。

(4) ここで参詣対象となったスルタンの墓廟があるモスクは、エディルネ門からトプカプ宮殿へと続く、金角湾を望む尾根筋に配備されており、計画的な配置がおこなわれていたことをうかがわせる。

結び

1　帝国の宮殿群

オスマン朝はイスラーム世界の一国家であったにとどまらない。ムスリムの長年の夢であったコンスタンティノープル征服を成し遂げ、最盛期には地中海世界の約四分の三とバルカン半島、そしてイスラーム揺籃の地というべきアラブ世界を支配した、前近代最大の帝国のひとつであった。

このような巨大国家の屋台骨となる統治機構が物理的なよりどころとしたのが、宮殿であったことはいうまでもない。各地に張り巡らされた統治のネットワークは首都イスタンブルとトプカプ宮殿へと収斂しつつも、その周辺にはさまざまな宮殿が存在し、宮廷活動や都市儀礼の舞台となっていた。

本書では、このような宮殿群の考察をおこなった。オスマン朝の宮殿は歴史的にみた場合きわめて重要な研究対象であるにもかかわらず、史料的な制約から今日に至るまでその研究はごく限られたものであった。ほとんどの考察はトプカプ宮殿に集中してその他の宮殿は等閑視されたため宮殿群の実態は全体として像を結ばず、トプカプ宮殿は特別視されてその革新性ばかりが強調されるきらいがあったことは序章でのべたとおりである。トプカプ宮殿を筆頭に、オスマン朝の宮殿群がどのような歴史的背景の中から生み出され、発展し、用いられていたかを考究することが本書のテーマであった。

本書前半では、オスマン政府中枢が政治の舞台とした主宮殿の空間成立過程を検証した。トプカプ宮殿以前の宮殿群を、建築遺構やオスマン語史料から復元することはきわめて困難である。そこで第1章ではヨーロッパ人の記述を精査することにより、エディルネ旧宮殿という、トプカプ宮殿の祖型をみいだすことに成功した。一五世紀以前のアナトリアの人びとは、都市内には高層の楼閣を備えた小規模な宮殿を造営し、あわせて中小の建造物が点在する郊外や牧地の庭園を活動の舞台とした。一五世紀初頭にオスマン朝がブルサからエディルネに首都を遷すのに同期して建設されたエディルネ旧宮殿は、このような宮殿類型とはまったく異質な空間であった。

エディルネ旧宮殿はオスマン朝で初めて儀礼用中庭を備えた宮殿であり、一四三三年にここを訪れたドゥ・ラ・ブロキエールの記述からある程度宮殿の空間を復元することが可能である。敷地全体が壁で囲まれ、外廷である列柱廊を備えた中庭と、その背後にスルタンの居住区画である内廷があるなど、トプカプ宮殿に類似した空間構成であったことが理解できる。中庭ではイェニチェリなど軍団を構成する主要な人員による集会とこれとともに外国人の謁見儀礼が開催されていた点も、第2章で検討する創建当初のトプカプ宮殿での儀礼に酷似する。中庭とそこでの儀礼を主眼にすえた新式の宮殿は、イスタンブルのトプカプ宮殿ではなく、そこから数十年時代を遡ったエディルネ旧宮殿においてすでに誕生していたのである。メフメト二世によって儀礼形式が確立され、それに即した建築空間がトプカプ宮殿として完成したとする従来の説はこれによって否定される。

エディルネ旧宮殿がどのような建築に着想を得たのかについてはさらなる検討を要するものの、周辺地域の宮殿建築を俯瞰した際、ティムールがケシュに築かせた「白の宮殿」が巨大な中庭とその正面に謁見空間を備えた構成をとっており、なんらかのモデルとなっていた可能性を指摘した。ここにおいて、九世紀にアッバース朝が完成させた中庭を中心とする宮殿類型が、中央集権化を目指し大規模な儀礼空間を必要とした一五世紀オスマン朝において再受容されたと考えられるのである。

このようにしてオスマン朝ではエディルネ旧宮殿からエディルネ新宮殿、そしてトプカプ宮殿へと続く中庭型宮殿の系譜が誕生した。第2章では、一六―一七世紀のトプカプ宮殿を題材とし、そこでの儀礼と空間の使われかたを分析することで第二中庭、閣議の間、上奏の間が中心的な儀礼空間となっていた点を確認した。ここでの儀礼と空間のありかたは、創建当初の規定を遵守し続ける固定化されたものではなく、必要に応じて相当の変更が随時おこなわれる動的なものであったことが明らかとされた。

ムラト二世のエディルネ旧宮殿では、カプクル軍団が参加する中庭での謁見儀礼が最重要な宮廷儀礼となっていた。定期的に開催される中庭での謁見儀礼は、カプクル軍団にスルタンの健全ぶりを示して、彼らと食事を共にする場であるとともに、外国使節が来訪すれば接見し、また宰相らが御前会議で国事を論じて嘆願を受けつけるなど、さまざまな機能が内包されたものであった。ところがイスラーム世界の君主は自ら御前会議に参加して臣下からの嘆願を受けるのが一般的だが、既にムラト二世の時代からスルタンはここに参加しなくなっており、儀礼におけるスルタンのプレゼンスは低下していた。メフメト二世が晩年に定めたカーヌーンナーメの最大の狙いは、このようなスルタンの孤絶化をいっそう推し進めるため、反抗的なカプクル軍団との定期的な謁見儀礼を廃止することであった。

この結果として、メフメト二世のトプカプ宮殿では新たな建物が創出されていった。エディルネ旧宮殿では中庭と内廷のみの比較的簡素な構造であった宮殿空間は、カーヌーンナーメ制定後のトプカプ宮殿では閣議の間・上奏の間・ハスオダを備えて、分化し複雑化する宮廷儀礼に対応するものへと変容していった。スルタンが参加しなくなったカプクル軍団との謁見儀礼は、わずかに年二回の祝祭時や即位時にのみ開催されるようになった。あるいはスルタンとの謁見に訪れる外国使節に対する特別なパフォーマンスへと変容していったのである。

このように宮廷儀礼の中心的な舞台となるオスマン朝の主宮殿は、一五世紀初頭に中庭空間を導入することで大きな転機を迎える一方で、その周辺に展開する建造物と儀礼は刻々と移り変わった。さらに本書後半では、主宮殿の外へと目をむけることで、オスマン朝が異なる空間形態の宮殿群を各地に建設していたことを論じた。

第3章では、個別の宮殿における空間分析を離れ、より都市的なスケールで宮廷活動の実態を論じた。ここではイルハン朝やサファヴィー朝の事例から、イスラーム世界の宮殿の第四類型を生み出したいわゆる「遊牧王権」において複数都市間の移動、郊外の庭園・牧地の利用、冬営地と夏営地の滞在という三つの共通する宮廷のあり方を指摘した。

これに年代記等から分析した一五世紀後半から一六世紀前半にかけてのオスマン朝の事例を照らし合わせることで、オスマン宮廷の「首都」に対する態度が浮かび上がる。メフメト二世は自ら征服したイスタンブルを首都化する明確な意図を有しており、一四五〇年代末に首都復興の目処が立つと旧都エディルネではなく新都イスタンブルでの滞在を選択するようになった。冬営地と夏営地を往来する宮廷移動の形態はもはやここには存在しない。いったんはトプカプ宮殿を宮廷儀礼のおこなわれる主宮殿に定めることで、より定住を志向した王権の形態が選択されたかにみえる。

ところが後継者のバヤズィト二世とセリム一世の時代になると、この状況に揺り戻しが生じた。両スルタンは相当期間エディルネに滞在し、外国使節の接見など宮廷儀礼もエディルネ新宮殿でおこなわれた。イスタンブルのトプカプ宮殿は、君主が常在し宮廷儀礼が開催されなければいけない場所ではなかったのである。イスタンブルとエディルネという二つの都の間を宮廷が移動する、実質的には複都制に近い状況がこの時期には存在していた。

さらに宮廷の台所台帳などの記録をみると、メフメト二世も含めたスルタンはそもそも都市内の宮殿を離れ、長期間都市外の牧地に滞在していたことも判明する。宮廷儀礼と宮殿空間を規定したメフメト二世のカーヌーンナーメにはまったくその姿を現さないこれらの場は、主宮殿とともにオスマン宮廷の活動拠点を構築し、時には祝宴も開催される儀礼空間だったのである。ルーム・セルジューク朝やサファヴィー朝などの諸王朝が慣習としていた牧地滞在とその儀礼的活用は、オスマン朝にも程度の差こそあれ受け継がれていたと考えられるのである。

再び征服直後のイスタンブルに視線を転じると、トプカプ宮殿のような主宮殿や、都市外の庭園・牧地とはまた異なる宮殿類型が存在していたことがわかる。第4章で論じたイスタンブル旧宮殿である。イスタンブル再建の過程で、二つの宮殿が相前後して建設された理由については、今日まで明確な解答が与えられていなかった。限られた文献・絵画史料を悉皆的に検討することで、イスタンブル旧宮殿の機能と空間構造に関する考察をおこなった結果、ここは創建当初よりスルタンの私的なハレムが置かれる宮殿として計画されていたこと、そのため政治的機能はほとんど付与されず外廷である儀礼用中庭が存在しなかったことが明らかとなる。一五世紀当時オスマン領内の主要都市にはスルタンと家族が一時滞在する、中庭を備えない小規模な宮殿が建設されており、トプカプ宮殿と同時期に建設されたイスタンブル旧宮殿も同様のものであった。広場に面する高層建造物を備えた宮殿のあり方は、一五世紀以前のアナトリアで一般的だった都市内部の小規模な宮殿形式を彷彿とさせるものである。カプクル軍団との謁見儀礼のため、一五世紀になってエディルネ旧宮殿やトプカプ宮殿には儀礼用中庭が付され、外廷と内廷がセットになる宮殿が創出された一方で、「スルタンのすまい」としての宮殿は内廷のみを有したそれ以前の空間類型を継承し、別に独立した宮殿として造営されていたのである。

最後に第5章では、一六世紀末から一七世紀初頭にかけて、スルタンと宮廷が頻繁に利用したユスキュダル宮殿とダウト・パシャ宮殿を中心とした、イスタンブル近郊の離宮・庭園群の機能と空間の考察をおこなった。これら近郊の庭園はかつてアナトリアに存在した郊外庭園の系譜に連なるものであり、スルタンが行楽目的で一時的に滞在する施設であると解釈されてきたが、年代記史料の分析からは数か月間に及ぶ長期滞在の事例も確認される。宗教的な祝祭など、かつてのカプクル軍団とスルタンとの謁見儀礼の名残をとどめる最重要の宮廷儀礼は、トプカプ宮殿の外廷たる第二中庭で開催される必要があり、離宮に滞在中のスルタンもその都度帰都する必要があった。だが滞在が長期化し、上奏や謁見などの業務に支障が生じたため、ダウト・パシャ宮殿にはトプカプ宮殿の内廷にあった上奏の間に相当する儀礼空間が整備されていった。単なる行楽地という次元を超えて、郊外の宮殿は徐々に政治的な性格も帯びていったのである。

これに加えて離宮のあるユスキュダルとダウト・パシャの平原では、遠征軍の出征前に大規模な祝祭がおこなわれるようになった。イスタンブルでの都市儀礼は、「馬の広場」など市内中心部で開催されるものに加えて、エユプ・モスクでの帯剣式とそれに付随するパレードなど、郊外の空間を用いるものがあった。パレードと祝祭がセットとなるユスキュダルとダウト・パシャでの儀礼は後者に属するものであり、一六世紀後半以降軍事指導者としてのスルタンの性格が薄れるのに反比例して、出陣が儀礼的に演出されていったのである。その際宮殿に近い平原が舞台となったことは、都市郊外における宮殿の戦略的配置をうかがわせるものである。

2　オスマン朝の宮殿像再構築と今後の課題

現在までトプカプ宮殿を中心に論述された前近代オスマン朝の宮殿像は、本書での考察結果をふまえてより多様で複雑な存在としての姿を現した。ここで再び序章でのべたイスラーム世界の宮殿建築四類型を参照すれば、オスマン朝の宮殿群には三つの宮殿類型が内在していた。主宮殿となったトプカプ宮殿は中央集権国家体制に対応する、アッバース朝の中庭を中心とする第二類型を継承するものであったが、その受容はコンスタンティノープル征服以前のエディルネにおいて始まっていた。スルタンのすまいとなったのは、イスタンブル旧宮殿のような都市内部の宮殿で、これは一五世紀以前のアナトリアにあった都市型の第三類型に属する。最後にみたイスタンブル近郊の離宮は、ポストモンゴル期に普及した第四類型に該当する。オスマン朝の宮殿には単一の空間モデルは存在せず、あたかも地層が積み重なっていくように多様な宮殿形態が堆積されていき、切り取った部分によってさまざまな様相をみせるのである。

オスマン朝の宮殿群とは、時代ごとに輪切りにされた、ある種硬直化した四つの類型を超えるものであった。そしてさらに重要なのが、宮殿の目的と機能に応じて空間が自在に選択・変容され、王権儀礼の舞台として活用されていたという事実である。同心円状的構造をもつオスマン朝の組織と空間構造は、トプカプ宮殿がその中心となる一方で、外側に広がる空間にもさまざまな拠点が設けられた。宮殿群は支配の要として、帝国各所に造営されていった。トプカプ宮殿は儀礼の舞台として最も重要なものであったが、その空間は必要に応じて変更が加えられ、またそれ以外の宮殿もさまざまに利用されて権力構造の一端を担ったのである。

本書は主にオスマン朝の宮殿にとって形成期ともいうべき一五世紀から一六世紀前半をおもな考察の対象とし、それ以降の展開は第5章で触れるにとどめた。一六世紀後半以降は郊外において離宮の造営が進むのに並行して、皇太后や大宰相など、新たな権力階層が邸宅を建設し、政治の舞台として用いるようになる。オスマン王家の宮殿以外に、イスタンブルの内外に出現したこれらの建物の性格は、今後別に分析される必要がある。

また本書では詳細を言及しなかったエディルネ新宮殿の分析も、とくにトプカプ宮殿との比較の観点から重要である。同様に、マニサやアマスヤなど皇子たちが赴任した都市における宮殿群の考究も、史料的制約は大きいものの、地方におけるオスマン朝の宮殿の実態を示すさらなる可能性を秘めたものであるといえる。

西北アナトリアの一侯国だったオスマン朝が世界帝国へと成長を遂げて統治システムを構築していく過程は、統治の中心でありオスマン王権のシンボルともなる宮殿建築群が形成されていく歴史でもあった。建築史・都市史の観点からその複雑な姿を読み解いていくことにより、中近東とイスラームの建築文化のみならず、歴史と社会のありようを理解することも可能になるだろう。

一七世紀以降オスマン朝とヨーロッパ諸国との力関係は逆転し、文化的にも西洋化の影響は不可避になった。とくに宮殿と宮廷は、ヨーロッパからの影響の最前線にさらされ、一九世紀になるとボスポラス海峡沿いには次々と西洋風の宮殿が建設されるようになる。ヨーロッパの建築様式が普遍化し、世界を覆い尽くしていく波から、のちのオスマン朝の宮殿も逃れることができなかったのである。本書が対象とした時代とは、オスマン建築がイスラーム建築というひとつの体系の中で発展を遂げた最後の局面であった。

補論　トルコ建築史・都市史研究史

1　研究紹介の範囲

研究紹介に入る前に、ここで取り扱う時代と地域の範囲について言及しておきたい。今日のトルコ共和国の国土は大部分がアナトリアとよばれるアジア側に位置している。しかしながら一六世紀半ばのオスマン朝の版図は北はハンガリー、南はエジプトにまで及んでおり、「トルコ」の建築は現在の国境をはるかに超える領域に分布している。また一一世紀に中央アジア方面からテュルク系の遊牧集団がアナトリアに流入するまでは、周知のようにこの地を統治していたのはビザンツ帝国であり、トルコ共和国内には数多くのビザンツ建築が現存している。さらに遡れば、人類最古の集落遺跡といわれるチャタル・ホユク遺跡からヒッタイトの遺構、ミレトスのようなエーゲ海岸のギリシア植民都市に至るまで、ありとあらゆる民族・時代に属する都市・建築が残されたのが今日のトルコ共和国というフィールドなのである。また民族主義的傾向を持つ研究者はテュルク族の故地である中央アジアの建築と都市ですら、「トルコ建築史・都市史」の範疇に含めてしまうこともある。

これらすべてをカバーする研究史紹介をおこなうことは到底筆者の能力の及ぶところではないので、ここでは本書が対象とするトルコ共和国内の前近代オスマン朝期の建築・都市に関する研究を中心に紹介する。またトルコ建築史・都市史に関する文献・研究ではトルコ語とオスマン語に始まり、英語・仏語・独語・伊語など多岐にわたる言語が用いられており、そのすべてを網羅することも不可能である。ここではトルコ語と英語による研究を中心に、日本における研究の動向も交えながら紹介していきたい。

2　建築史

オスマン期の著述・研究

前近代オスマン朝の建築家たちは古い建物を調べ、また自らの建築理論を言語化しようとすることは稀であった。この点、ルネサンス以降に西洋建築史研究が興隆したのとは様相を異にする。わずかに一六―一七世紀の宮廷建築家であったスィナーンの自伝［Crane and Akin 2006］や、メフメト・アーの伝記［Crane 1987］が残るが、これらも自らの建築作品リスト、あるいは偉人伝の趣きが強い。

それに代わるものとして、オスマン朝の知識人たちによる都市の建造物の来歴を淡々と記した著述群がある。残念ながらアラブ地域に比べると、オスマン人たちは地誌、あるいは都市誌を執筆することは少なく、都市史研究のうえでは大きな障害となっている。それでも一七世紀には大旅行家エヴリヤ・チェレビーが現れて、都市内部の社会集団までを叙述した浩瀚な旅行記を残している［Evliya Çelebi 1996–2007］。また一八世紀のアイヴァンサライーの『モスクの園』［Ayvansarayi 2001］、一九世紀シュクリーの『テッケ（修道場）集成』［Şükri 1980］のように、イスタンブル内の建物別のリストがつくられた。一九世紀以降にはラーイフの『イスタンブルの鏡』［Râif 1996］やアルセヴェンの『古きガラタとその建造物』[Arseven 1989] のような都市叙述が生まれる。ただしこれらはいずれも建築、あるいは都市総覧の趣きが強く、本格的な研究とは言い難い。後述するように、そこにあるものをすべて記述する著述手法は現代のトルコ人研究者にも受け継がれているように感じられる。

初めてオスマン人の手によってオスマン(あるいはトルコ)建築史が書かれたのは一八七三年のことである。同年ウィーンで開催された万博に合わせて出版された『オスマン建築様式』[Gündoğdu *et al.* 2010] は歴代スルタンが建設した宗教施設の概覧と図面を含んだものであり、簡易なものであるとはいえ建築史研究の嚆矢であったと評価できる。同書は一八八三年に開学された美術学校で教科書としても採用されている。

また二〇世紀初頭にはドイツ人建築家で美術史家のグルリットがイスタンブルを調査し、その際に描かれた図面や写真類の成果は大著『コンスタンティノープルの建造物』[Gurlitt 1907] に掲載されている。スイス人でガラタサライ高校の教師だったマンブーリーはイスタンブルの古建築に関するガイドブックを著した [Mamboury 1924]。

共和国初期の研究動向

一九二三年にトルコ共和国が成立すると、建築史研究はいっそう盛んになった。初期(—一九五〇年代)の研究者たちはおおむね三つの集団に区分することができる。

第一の集団を形成したのがトルコ在住の外国人研究者たちである。オスマン朝末期から引き続いて、共和国初期には文明開化時の日本同様に多数のお雇い外国人学者がイスタンブル大学やアンカラ大学などの教育機関に奉職した。この中にはウィーン大学美術史研究所所長だったストルツィゴウスキーの門下であるディエツ(イスタンブル大学、一九四三—一九四八)やオットー・ドーン(アンカラ大学、一九五四—一九六七)が含まれる。両者は共に美術史学科が開設される際に招聘されたトルコ美術史のパイオニアであり、今日トルコの美術史・建築史研究の大御所たちはたいてい彼らの薫陶を受けている。ただしディエッとオットー・ドーンはトルコ建築史というよりは、イスラーム美術史の枠内で捉えられるべき研究者である。日本と異なり、トルコでは欧米同様に建築史と美術史の境界が不明確であり、とくに美術史研究者が建築史研究をおこなうケースは今日でも多々みられる。また一九三一年にはフランス・アナトリア研究所がイスタンブルに開設され、初代の所長となったガブリエルが古都ブルサやアナトリアの古建築の調査をおこなっている [Gabriel 1931–34]。

また第二の集団として、在野の研究者たちの存在を忘れてはならない。一九三〇年代から地方では郷土史研究の機運が高まり、郷土史・建築史・都市史が一体となったような著作の出版が始められた。ウルチャイの『マニサの宮殿と王子の墓廟』[Uluçay 1941] やコンヤルの『記念建造物と碑文から見たコンヤ史』[Konyalı 1964]、ペレメジの『エディルネ史』[Peremeci 1939] のようなトルコ中西部の主要都市に関する著作が有名である。史料の扱いなどには問題がある場合が多いが、地方史研究においては未だにその価値は失われていない。またこのグループの中には、『エディルネ宮殿』を著したオスマン [Osman 1957] や、イスタンブルに関する一連の研究のあるユンヴェルのような [Ünver 1995–96]、軍医出身で医学史研究もおこなう一方で、都市や建築についての著述もおこなった歴史研究者たちも含めることができるだろう。彼らの手法はオスマン朝時代の地誌などでも好んで用いられた悉皆的な記述をベースとしており、今日のわれわれの目から見ると史料批判や考察の不在などの点に難がある。

第三の分類には二〇世紀初頭に建築家ケマレッティン・ベイのもとで建築修復の修行をおこなったチェティンタシュ、ユルゲン、アイヴェルディらがいる。彼らはいずれも建築家としての教育を受けた研究者であり、中でもアイヴェルディは卓越した一連の初期オスマン朝建築研究を残している [Ayverdi 1966; Ayverdi 1972; Ayverdi 1973–74]。アイヴェルディの死後はユクセルがその事業を継承し一六世紀半ばまでの重要建造物を網羅するシリーズとなった [Yüksel 1983; Yüksel 2004]。詳細な図面に加えて、アイヴェルディは文献史料も用いた考察をおこなっており、現在に至るまでその価値は失われていない。同じくアイヴェルディによる、バルカン半島のオスマン建築に関するシリーズもあり、こちらも便利である［Ayverdi 1977; Ayverdi 1981; Ayverdi 1982］。さらにこれらすべてをまとめたものとして同じ筆者による『初期二五〇年のオスマン建築』（*İlk 250 Senenin Osmanlı Mimârisi*）［Ayverdi and Yüksel 1976］があり、全体を俯瞰するのに役に立つ。

これに加えて、美術史分野からはたとえば先述のアルセヴェンが『トルコ美術史』（*Türk Sanatı Tarihi*）［Arseven 1954–59］を著し、またイスタンブル大学でディエツの助手だったアスラナパは概説書として後に『トルコの美術と建築』（*Turkish Art and Architecture*）［Aslanapa 1971］を完成させた。とくにアルセヴェンは「古典期」「チューリップ時代」など今日でもしばしば用いられるオスマン建築の時代区分を定義した点で重要であるが、ここでは詳しくは触れないこととする。

第二世代の研究者

以上のような創成期を経て一九五〇年代からはトルコ国内で育った、建築史を専門とする優秀な研究者が現れるようになった。国内にある主な建造物のリスト化・図面作製に一定のめどがつくとそれを整理し、学説を構築する段階に入ったのがこの時期である。中でもクバンは一九五〇年代から現在に至るまで精力的に研究活動を続ける第二世代研究者の代表である。彼の長年の研究の結実である『オスマン建築』（*Osmanlı Mimarisi*）［Kuban 2007］は今日までに書かれた最も優れた通史であり、トルコ建築史研究を志すものはまず手に取らなければならない研究であるといえる。

他にはクランやソゼン、美術史分野からは先述のアスラナパやビザンツ美術を専門とするエイジェなどの名前を挙げることができる。クランは後述する建築家スィナーンの研究［Kuran 1986］や初期オスマン朝のモスクの詳細な分析をおこない［Kuran 1968］、ソゼンには宮殿の総覧的通史研究［Sözen 1990］、元来ビザンツ時代を研究したエイジェは幅広い研究をおこないイスタンブルに関する論考［Eyice 2006］を出版した。ちなみに英語の概説書として有名でよく引用されるグッドウィンの『オスマン建築の歴史』(*A History of Ottoman Architecture*)［Goodwin 1971］が書かれたのもこの時期である。同書はオスマン朝最初期から一九世紀に至るまでをカバーし、図版も豊富なため便利ではある。しかしモスクばかりが紹介される点に加え、スィナーンを頂点として一七世紀以降はオスマン建築が衰退するとの見地に立っており、古い学説の限界を感じさせる。

これまでに紹介した第一世代から第二世代までのトルコ建築史の研究者たちは一部の例外を除けば、建築を政治・経済・社会的背景から超絶した純粋な「作品」として取り扱う傾向がある。イタリアルネサンスからの影響の有無、ハギアソフィアを代表とするビザンツ建築家らの影響の有無、あるいはトルコ民族「固有」の建築形態など、平面図や装飾など視覚的要素をもとにして、研究者たちの政治的信条に基づいたイデオロギーの戦いが繰り広げられていたともいえる。モスクのドームが遊牧民のテントを模しているトルコ的な要素であるなどとほとんど何の根拠もない主張が流布してしまうのはその一例である。

その背景として、欧米あるいは日本のように建築に関する文献史料の活用が進んでいなかった点を指摘できる。当時ワクフ文書など一部の例外を除けば、行政文書の公開は進んでおらず研究上の方法論も確立していなかった。また他の文化圏では存在する建築書、建築家の書簡、木割書、または有力諸家（官人層や豪商、豪農）の私文書類が、オスマン朝ではほとんど存在しないことも研究上の妨げとなった。これに加えて最大の原因と思われるのが、共和国期に入っておこなわれた「文字改革」の影響である。従来使用されていたアラビア文字に替わってトルコ語がラテン文字表記されるようになったため、専門教育を受けた一部の研究者らを除けば、オスマン期の史料を読むことすらできなくなってしまったのである。その結果として、研究の対象はどうしてもビジュアル面に向かってしまうこととなった。

またこれに関連して、「芸術的作品」の枠から外れてしまうバザールなどの商業施設や、給水施設などのインフラに関する研究が遅れがちなのも、モニュメント偏重の研究動向が遠因となっている考えられる。

建築タイプ別の研究　一方、この時期には初期の俯瞰的な研究から展開して、建築タイプ別の研究が現れるようになった。この中には商業施設、宮殿、ハマーム、民家研究などが含められる。

商業建築研究の定番となっているのがジェザルの著書［Cezar 1983］である。さまざまなバザールや隊商宿を豊富な図面で比較研究した本書は、いささか古くなったとはいえ依然優れている。また近年ではイスタンブルのグランドバザールに関する豪華本［Küçükerman and Mortan 2007］なども出版され商業建築に対する関心も高まってきているといえる。

宮殿研究では後述するエルデムが『キョシュクと邸宅』(*Köşkler ve Kasırlar*)［Eldem 1969–73］、『トプカプ宮殿』(*Topkapı Sarayı*)［Eldem and Akozan 1982］、『ボスポラスのヤル（臨海邸宅）』(*Boğaziçi Yalıları*)［Eldem 1993–94］などでイスタンブルにあるものを中心に多数の図面とともに紹介した。先述したソゼンの概説書もこの分類に含めることができる。モニュメント偏重の傾向から脱して、住空間への関心が向かうようになった民家研究の勃興と期を同じくする。

ハマームに関しても『イスタンブルのハマム』(*İstanbul Hamamları*)［Haskan 1995］、『イズミルのハマム』(*İzmir Hamamları*)［Ürer 2002］など一連の総覧的研究がある。また『ブルサのハマム』(*Bursa Hamamları*)［Şehitoğlu 2008］はオスマン朝ハマム一般に関する概説的な内容と豊富な参考文献一覧も含んでいて便利である。

民家研究の勃興　上記の動きに並行して、一九五〇年頃からアナトリア各地の民家に関する研究が登場するようになった。これは、モスクなどモニュメントばかりに注目が集まる従来の研究動向にアンチテーゼを突き付けるかのように、一九三〇年代からの郷土史研究の潮流を受けて盛んになったものである。考古学者だったアコクが雑誌『アルキテクト』(*Arkitekt*)に寄稿した「チャンクルの古民家」(“Çankiri'nin Eski Evleri”)[Akok 1943]などの一連の論文がその嚆矢であったといえる。

その成果をまとめ上げて、「トルコ住宅(Türk Evi)」という定義を生み出したのが建築家のエルデムである。エルデムはもともとモダニズム建築家だったが、途中で国民建築を標榜して邸宅・民家研究を始めた。彼は自分の設計上のソースとして歴史的建造物を把握しており、建築史家というよりは建築家であったと言われるが、『トルコの民家』(*Türk Evi*)[Eldem 1984-87]はエルデムの死によって未完に終わってしまったとはいえ、精密な図面を掲載した名著である。

その後、今日ユネスコ世界遺産にも登録されたサフランボルなどの中小都市の建造物にも興味が向かっていった。サフランボルに関しては建築家で写真家のギュナイによる研究『サフランボルの伝統的住居とその形成』(*Geleneksel Safranbolu Evleri ve Oluşumu*)[Günay 1981]がある。

建築家研究　建築の分類別に研究を進める手法のほかに、建築家に着目する方法も一般に建築史研究では盛んである。ところがトルコでは、一九世紀近代化の時代に至るまで建築家個人の履歴・作品はおろか名前すら伝わっていない場合がほとんどで、特定の建築家を扱ってこれを論じることは大変難しい。この点では前近代の日本と共通する面が多い。大規模なモスクやマドラサなどを設計施工していたのは宮廷建築家集団で、リーダーとなる建築家長はいたものの、基本的にチームとして活動していたためである。また在野の建築家・大工集団に関してもほとんど実態はわかっていない。

このような状況下で唯一突出して取り上げられるのがスィナーンである。一六世紀のスレイマン一世から始まり、セリム二世を経てムラト三世、メフメト三世期まで活躍して、膨大な数の公共建築を設計したと伝えられるスィナーンは、ネジプオールによれば国家的建築家として近代以降、とくにトルコ共和国成立期以降に神話化された国家的英雄であった［Neçipoğlu 2007］。スィナーン研究は枚挙に暇がないが、たとえばクバンの『スィナーンの芸術とセリミエ』（*Sinan'nın Sanatı ve Selimiye*）［Kuban 1997］やクランの『建築家スィナーン』（*Mimar Sinan*）［Kuran 1986］、エルゼンの『スィナーン』（*Sinan*）［Erzen 2004］などがある。現時点でのスィナーン研究の決定版としては、施主の社会的地位と建築デザインの詳細な分析をおこなったネジプオールの『スィナーンの時代』（*The Age of Sinan*）［Neçipoğlu 2005］を挙げておきたい。またスィナーン関連のシンポジウムも現在に至るまで多数開催され、その折々に刊行される論考集も興味深い論文を掲載している［Sönmez 1987］。

また宮廷建築家集団に関してはアフメト・レフィクの『トルコの建築家たち』（*Türk Mimarları*）［Refik 1936］、アフィヨンジュの『一七世紀における宮廷建築家工房』（*XVII. Yüzyılda Hassa Mimarları Ocağı*）［Afyoncu 2001］やイェラシモスの「一五―一六世紀オスマン建築家たち」（"15.–16. Yüzyıl Osmanlı Mimarları"）［Yerasimos 2005］がある一方で、その実態に関しては不明な点が多い。アフィヨンジュは主に総理府文書館に所蔵される任官俸給帳などの史料を用いたが、実際の活動については史料的制約もあってほとんど触れられていない。とくに一九世紀以前のまとまった図面類が発見されていないため研究が難しいのが実情である。

建設の過程については社会経済史家のバルカンが『スレイマニエ・モスクとイマーレトの建設』（*Süleymaniye Camii ve İmareti İnşaatı*）［Barkan 1972–79］において、一六世紀半ばのスレイマニエ・コンプレクス建設時の出納帳を紹介して解き明かしている。大工や石工の俸給や出身地など、当時の巨大建造物造営の際の社会的側面を明らかにした優れた研究であるといえる。

一九世紀に入ると現存する文書史料の量が飛躍的に増えるため、とくに近年建築家研究が進んでいる。たとえばトゥーラジュの『オスマン建築の西洋化時代とバルヤン一族』（*Osmanlı Mimarlığında Batılılaşma Dönemi ve Balyan Ailesi*）［Tuğlacı 1981］が一九世紀宮廷建築家として活躍したアルメニア系建築一族のバルヤン家を取り扱っている。

第三世代の登場　第二世代の研究者たちが形態比較による学説を展開する中で、一九八〇年代には新たな研究の潮流が生まれた。その代表例が本書で再三言及したネジプオールによるトプカプ宮殿に関する研究［Necipoğlu 1991］である。ネジプオールは徹底的に文献史料を渉猟し、トルコ建築史研究に新たな境地をもたらした。参照された史料はオスマン語の年代記や旅行記などのスタンダードなものに留まらず、伊語・独語・仏語・英語などによるあらゆる外国人使節の記録や、文書館に所蔵された宮廷の出納帳にまで及び圧巻である。この時期より歴史学の分野でも史料の発掘が進み徐々に史料の刊行が進んだことで、文献史料を用いた研究の環境が整備されて第三世代ともいうべき研究者が現れたのである。

第三世代の研究者として他には一五世紀の研究には征服直後のイスタンブルを論じたカフェスチオール［Kafesçioğlu 2009］、一七世紀には宮殿と宮廷の研究をおこなっているアルタン［Artan 2008］、女性パトロンの建築とのかかわりを論じたタイス＝シェンオジャク［Thys-Şenocak 2007］、一八世紀にはイスタンブルの庭園を研究したハマデー［Hamadeh 2008］、一七六六年のイスタンブル大震災後の状況を研究したマズルム［Mazlum 2011］、一九世紀にはオスマン建築における西洋のオリエンタリズムの影響を研究したサネル［Saner 1998］、建築史学の成立を扱うエルソイ［Ersoy 2007］、一九世紀後半のイスタンブルの市区改正や植民地建築に関する研究があるチェリキ［Çelik 1986］を挙げることができる。新しい世代の特徴は、トルコ国外、とくにハーヴァード大学美術建築史学部で学んだ研究者が多いことである。彼らは海外にいることで他領域・他地域の研究との交流を通して新しい方法論を学び、そして現地にいないため文献を利用する研究に向かったといえる。

また文献史料を用い、周辺領域にも目が行きとどいた研究が現れる中で、建造物単体だけでなく、カフェスチオールやチェリキの著書が扱ったような、都市全体への関心も高まってきている。後述する都市史研究の深化・成熟にともなって今後いっそうの研究の進展が期待される。

日本における研究動向　最後に日本人研究者によるトルコ建築史研究についても言及しておきたい。日本において初めて体系的にイスラーム建築史研究を紹介したのは石井昭であるが、その門下生だった谷水潤はトルコに留学し研究をおこなった。谷水と陣内秀信は共同して『トルコ都市巡礼』［陣内・谷水 1990］を執筆し日本にトルコ建築と都市を紹介している。また陣内は後に『イスラーム世界の都市空間』［陣内・新井 2002］を著しトルコに関する記述が含まれている。他には鶴田佳子が都市の市場空間の研究［鶴田 2003］をおこない、山下王世には一六世紀初頭のモスクに関する論文［山下 1999］やイスタンブルの給水施設の研究がある。またジラルデッリ青木美由紀は、日本との比較を交えながら近代建築に関する研究をおこなっている。

3　都市史

研究の現状

都市史に関しては、歴史学の林佳世子の研究史紹介があり［林 1991］、おおむね一九九〇年までの研究を網羅しているのでこちらも併せて参照されたい。本章ではそれ以降に出版されたものを重点的に紹介する。

林は、一九八〇年代にはそれまで独立した研究分野として扱われていなかった都市研究が一人立ちするようになったとして、以下の三つのジャンルに整理・分類している［林 1991: 184］。

① アナトリアの都市の発展とそのネットワークに注目した研究
② 都市の内部構造に注目した研究
③ 都市の空間的な構造に注目した研究

このうち建築学を礎とする筆者は、③の都市空間構造に関する研究を中心に紹介していきたい。ただし②の都市の内部構造と③の空間構造は密接に結びついており、内部構造に触れることも不可欠であるから、②についても適宜触れる。とくに後述するように、オスマン朝の前近代都市についての史料のほとんどは都市の内部構造に関するものであり、地図や図面など空間構造を直接読み解くことができるものは存在しないといってもよい。オスマン朝の社会に対する理解を深め、ここから逆照射する形で都市空間を読み解くという、迂遠かつ困難な作業が都市史研究者には要求されるのである。

そのため、残念ながら現在トルコでは建築史からの研究者が都市史研究に参入することはほとんどなく、社会経済史を中心とした歴史学の分野からおこなわれているのが実情である。最大の障壁となっているのはやはり史料的要因である。後述するように、オスマン朝の都市に関する史料は年代記、裁判文書、勅令集からワクフ文書に至るまで、質量ともに圧倒的であるが、その多くは文書館に所蔵されたまま未刊行のものがほとんどである。そのためある程度オスマン語を学んだうえで、さらに文書の書体と型式を習得しなければこれを読むことすら、現代のトルコ人にとっても不可能なのである。これには前述した文字改革の影響も大きい。とくに理系の「開明的」で「世俗的」な気風をもつ建築学徒たちは、概して宗教色の強い歴史研究やオスマン語そのものに忌避感を持っているため、文字資料を用いた包括的な都市史研究がなされる状況には至っていない。むしろ美術史の分野から、先述のカフェスチオールやタンマン［Tanman 1998］のような優れた研究があることは特筆に値するだろう。

総　論

まず都市に関する総論を紹介しておきたい。オスマン朝都市史研究で大きなウェートを占めるのはイスタンブルであり、関連図書の数も群を抜いている。帝都として名実ともにオスマン朝の頂点に立っていたイスタンブル関連の史料が他都市に比べれば質・量ともに圧倒的だったためである。本論でもイスタンブルに関する研究を中心に紹介する。

オスマン朝都市史研究の嚆矢としてはまずエルギンの『市政全書』(*Mecelle-i Umur-u Belediye*)[Ergin 1995]が挙げられる。イスタンブル市に奉職したエルギンは市政にまつわるさまざまな史料をここで紹介し、史料集的な価値が高い。また『トルコにおける市政の歴史的発展』(*Türkiye'de Şehirciliğin Tarihi İnkişafı*)[Ergin 1936]ではヨーロッパとトルコとの都市制度比較をおこない、後者におけるワクフ(宗教的寄進行為)と街区(マハッレ)の役割の大きさを説いた。現在に至るまで、トルコ都市史研究では都市制度研究の傾向が強いのはエルギン以来の伝統であるといえる。

都市空間を論じたものとしてはクバンの「アナトリア・トルコ都市、その歴史的発展と社会・構造的特徴における諸発展」(“Anadolu - Türk Şehri Tarihi Gelişmesi, Sosyal ve Fiziki Özellikleri üzerine Bazı Gelişmeler”)[Kuban 1968]が最初であろう。これは一九六〇年頃からのイスラーム都市研究の高まりを受けてのもので、遊牧民だったトルコ人が定住したことの重要性を強調し、都市における記念碑的建造物による空間演出の不在をのべている。同時にクバンの論文は、建築史学のみからの都市空間史へのアプローチの限界をも示してしまっている。モスクや街区(マハッレ)、庭付きの住居など、トルコの都市に普遍的なアイコンが列挙され、「トルコ都市」の類型化が図られたものの、具体的な例や図面は明示されず印象論に近い感がある。木造建築が主体で火災によって街区構造が頻繁に変わってしまう流動的なトルコの都市では、ティポロジアのような手法で空間史を説き起こすことも難しい。モスクやその付属施設などのモニュメント以外の観点から都市を語ろうとするならば、結局のところ文献に基づいて地道に空間を読み解いていくしかないのである。

近年になると、同じくクバンの『イスタンブルの都市史』(*Istanbul-An Urban History*)[Kuban 1996]やジェザルの『オスマン朝の首都イスタンブル』(*Osmanlı Başkenti İstanbul*)[Cezar 2002]など、建築史・歴史研究者もイスタンブルに関する研究を発表するようになり総論として便利である。またイェラシモスの『一四—一六世紀オスマン帝国にける旅行者』(*Les voyageurs dans l'Empire Ottoman, XIVe–XVIe siècles*)［Yerasimos 1991］は、一四—一六世紀にオスマン領を訪れたヨーロッパ人を中心とした旅行者を網羅したカタログで、個別に旅行記を参照する際の手引きになる。

イスタンブルの建築案内には『イスタンブル建築ガイド』(*Architectural Guide to Istanbul*)［Chamber of Architects of Turkey /Istanbul Metropolitan Branch 2006］があり、古代遺跡から現代建築に至るまでの重要建造物の解説と詳細な地図がついたよくできたガイド本である。同じく地図を掲載した建築紹介にはミューラー＝ヴィーナーの『イスタンブルの地勢の図解事典』(*Bildlexikon zur Topographie Istanbuls*)［Müller-Wiener 1977］があり、ビザンツ建築に主眼が置かれてはいるものの優れている。

歴史学の立場からもさまざまな研究があり、とくに近年になって加速度的に出版されている。ここですべてを紹介することは到底不可能であるから、いくつか代表的なものを紹介したい。まず日本語では、鈴木董は「征服と都市建設」［鈴木 1997］でオスマン朝初期の都市建設の諸相を俯瞰している。論集『セルジューク朝から共和国期までの都市行政』(*Selçukluldan Cumhuriyete Şehir Yönetimi*)［Özvar and Bilgin 2008］はその名のとおり、都市行政を主眼にすえた論文集ではあるが、ここに掲載されたエルゲンチの論文はトルコにおける都市史研究を概観している。エルデム、ゴフマンとマスターズの共著『東と西のはざまのオスマン都市——アレッポ・イズミル・イスタンブル』(*The Ottoman City between East and West-Aleppo, Izmir, and Istanbul*)［Eldem *et al.* 1999］は表題のとおりアレッポ・イズミル・イスタンブルの三都を取り扱った第一線の研究者たちによる研究である。ボヤルとフリートの共著『オスマン朝イスタンブルの社会史』(*A Social History of Ottoman Istanbul*)［Boyar and Fleet 2010］は宮廷と民衆、恐れと死、富など多様な視点からイスタンブルを捉えた研究であり、最新の動向を伝えるものである。他には論集『イスタンブル——都市と文明』(*İstanbul - Şehir ve Medeniyet*)［Akar 2004］も経済・社会・建築などに関する論文を多数掲載している。

史料別にみた研究

ここでは用いられる史料別に都市史研究を整理して紹介する。以下にも述べるようにオスマン期の都市に関する文献史料は質量ともに膨大であるが、種類によってまったく異なった性格を持っている。そのためどの史料を主に用いるかによって、研究の方向性はおのずと違ってくるのである。史料の発掘・整理が続けられている現段階では、横断的に史料を用いる研究は多くなく、研究者も専ら専門とする史料群から研究を組み立てる傾向にある。

紹介に入る前に史料の所在についても簡単に触れておきたい。先述したようにオスマン朝では一九世紀以前に関する私文書はほとんど存在せず、用いられる史料は公文書が中心となる。中でも中東随一の規模を誇る歴史文書館はトルコ共和国首相府オスマン文書館で、各種台帳から行政文書に至るまで一億点を超えるともいわれる膨大な史料群を有している。今日もなお発掘と整理が続けられているため、今後も新たな史料群が発見される可能性がある。以下に紹介する史料のうち、ワクフ調査台帳・検地帳・枢機勅令簿はここに所蔵される。首相府オスマン文書館に関しては林佳世子が紹介しており［林 2003］、また文書館紹介も出版されている［T. C. Başbakanlık Devlet Arşivleri Genel Müdürlüğü 2010］のでこちらを参照されたい。シャリーア法廷台帳はイスタンブル・ムフティー局附属文書館などが所蔵するが、現在ではİSAM（イスラーム研究センター）などでデジタル閲覧することができる。またイスタンブル市アタテュルク図書館もわずかながら文書を所蔵している。

ワクフ研究　都市空間研究において最も可能性を秘めているのがワクフに関する研究であるといえる。ワクフとは宗教的寄進と解釈される行為で、住居・店舗などの不動産や、現金などの動産がモスクやマドラサなどの宗教施設に寄進されたものをワクフ財という。とくにワクフ財となった不動産は都市内ではかなりの割合を占めていたと推測され、ワクフ財の分布や動向を追うことである程度都市全体を読み解くことができるのである。ワクフと都市史研究に関してはオズジャンが「オスマン都市史とワクフ」(*Osmanlı Şehirciliği ve Vakıflar*)［Özcan 2008］において言及している。

通常ワクフごと、たとえばアヤソフィア・モスクのワクフ、スレイマニエ・モスクのワクフなどにワクフ財を記した文書が作成された。またオスマン王家関係の大規模ワクフでは収支簿台帳が作成されて中央に保管されたため、かなりの点数が現存している。

さらに特殊な例としてイスタンブルのワクフに対しておこなわれた一六―一七世紀の悉皆調査がある。街区(マハッレ)ごとのワクフ寄進対象とそのワクフ財を網羅した台帳には、バルカンとアイヴェルディが刊行した『九五三(一五四六)年イスタンブルのワクフ調査台帳』(*İstanbul Vakıfları Tahrîr Defteri: 953 (1546) Târîhli*)［Barkan and Ayverdi 1970］と、ジャンタルに刊行された『一〇〇九(一六〇〇)年イスタンブルのワクフ調査台帳』(*İstanbul Vakıfları Tahrîr Defteri: 1009 (1600) Târîhli*)［Canatar 2004］がある。建築史学の立場から守田正志はこの二冊のワクフ調査台帳を丹念に読み解き、地区・街区ごとの寄進施設の偏差を解明した［守田・篠野 2006］。ワクフ財の地域的な分布分析による都市史研究の可能性を示した優れた研究である。

また前近代イスタンブルのワクフ研究を専門とする林佳世子には多くの研究がある。「一五世紀後半のイスタンブル――メフメト二世の復興策を中心に」［林 1982］と、「オスマン朝の新都イスタンブル建設」［林 1995］は征服直後のイスタンブルの再建を論じ、「一六世紀イスタンブルの住宅ワクフ」［林 1992］はその再編成の過程における不動産の動向とワクフ財源としての寄進を扱っている。また「イスラーム法の刷新――オスマン朝における新賃貸契約制度の誕生をめぐって」［林 2000］では、ワクフ商業物件の賃貸形式の考察をおこない、一六世紀後半からのワクフ運営における新たな実態を明らかにした。また永田雄三は「前近代トルコにおける地域社会の形成とワクフ制度」［永田 1985］でエーゲ地方の名家がワクフ制度を通して地方都市や周辺農村にインフラ整備をおこない、同時に自らの影響力を拡大する過程を明らかにしている。

検地帳　また首相府オスマン文書館収蔵の史料のうち、検地帳も利用できる。基本的に検地帳は地方の徴税のために作成されたものだが、都市に関する情報も含んでいる。古くはバルカンらの校訂によるブルサを中心としたヒュダーヴェンディギャール県の『ヒュダーヴェンディギャール県調査台帳』（*Hüdâvendigâr Livası Tahrir Defteri*）〔Barkan and Meriçli 1988〕があり、近年ではシリアのアレッポ地方を対象にした『アレッポ県明細調査台帳（九四三／一五三六）』（*397 Numaralı Haleb Livâsı Mufassal Tahrîr Defteri* (*943/1536*)）〔Özkılıç *et al.* 2010〕や、アナトリア南東部のアンテプに関する『アインタブ県明細調査台帳（九五〇／一五四三）』（*373 Numaralı Ayntab Livâsı Mufassal Tahrîr Defteri* (*950/1543*)）〔Özkılıç *et al.* 2000〕が刊行され、徐々に研究環境も整ってきている。台帳は街区（マハッレ）ごとの課税対象となる戸主の名前や課税額を記録しており、住民構成の分析などに用いることができる。

シャリーア法廷台帳　ワクフ台帳と並んで都市社会についての詳細な情報を提供してくれるのがシャリーア法廷台帳である。台帳はトルコ国内のみならず広くバルカンからエジプトに至るまでのオスマン領内に残っており、アクギュンドゥズによるトルコ共和国内に残存する台帳のリスト〔Akgündüz 1988–89〕はあるものの、校訂刊行作業はおろかその全体像も未だに把握されていない。もっとも近年ではイスタンブルの台帳群の一部が刊行されるなど、研究環境の整備は進んでいるといえる〔Aydın and Tak 2008〕。

シャリーア法廷台帳からは不動産売買や賃貸関係などを読み解くことができるが、他には保証人の設定や借金、遺産相続あるいは訴訟など内容は多岐にわたる。一見都市史研究に関係のなさそうな事項であっても、思いがけず研究に光を投げかけるものもあるから、常に注意を欠かさずに目を通していく必要がある史料である。

これを用いる研究者のうち、ファローキは一七世紀カイセリとアンカラの研究をシャリーア法廷台帳を用いておこない、土地売買の実態を解明している〔Faroqhi 1987〕。同様の研究は今後イスタンブルやブルサなどの都市でも可能であろう。ジェニングスの論文集『一六―一七世紀オスマン朝社会史の研究』(*Studies on Ottoman Social History in the Sixteenth and Seventeenth Centuries*)[Jennings 1999]はカイセリ、キプロス、トラブゾンのシャリーア法廷台帳を用いた社会史的見地に立った論考を含んでいる。他にはエルゲンチが街区(マハッレ)に関する研究をおこなっている[Ergenç 1984]。

またエスナフとよばれるギルド集団に関する情報もシャリーア法廷台帳に現れる。イは『一七世紀イスタンブルのギルドの力学』(*Guild Dynamics in Seventeenth-Century Istanbul*)[Yi 2004]で、一七世紀イスタンブルのエスナフを主にシャリーア法廷台帳に基づいて分析している。藤木健二は馬具工組合についての研究をおこない、馬具工組合の職場として形成されたサラチハーネ工房にも言及した[藤木 2010]。ここで取り上げられた馬具工組合が一種軍需産業であり、権力中枢と密接な関係を持っていたという点を差し引いても、ギルド集団が都市空間形成に果たした役割を示唆する興味深い研究である。エスナフと都市空間の関連については今後の研究対象となりうるであろう。シャリーア法廷台帳以外の史料を使ったギルド・社会集団研究には他にエルトゥーの『オスマン期イスタンブルの荷担人夫』(*Osmanlı Döneminde İstanbul Hammalları*)[Ertuğ 2008]など興味深いものがある。

枢機勅令簿 他に都市に関する内容を含むものに枢機勅令簿がある。枢機勅令簿は宮廷の御前会議で決定された事項を記録しており、都市の運営に言及しているものも含まれる。史料自体の性格については澤井一彰の論文[澤井 2006]を参照されたい。枢機勅令簿を用いては、古くはレフィクがイスタンブルに関係する記事の抜粋史料集[Refik 1988]を作成し、今日でもよく利用されている。また首相府オスマン文書館による刊行作業も続いており、一六世紀のものでは『枢機勅令簿5番』などが要約とともにファクシミリ出版されている。枢機勅令簿のみを用いた都市空間を考察した研究は私見の限りではないが、シャリーア法廷台帳などの他史料と併用することで新たな知見を開く可能性はある。

また同じく勅令集の一種であるアフキャーム・デフテリも一八世紀イスタンブルのものに関してはワクフや農業、商業など、テーマに沿って抜粋・刊行されている〔Tabakoğlu 1997–98〕。

地図類の刊行　また近年ではさまざまな種類のイスタンブルの地図が刊行されて研究に利用されるようになってきた。古くはアイヴェルディが一九世紀半ばに陸軍が作成したものを『一九世紀イスタンブルの地図』(*19. Asırda İstanbul Haritası*)〔Ayverdi 1958〕として刊行している。これは街路網とモスクなど主要建造物をかなり正確に記載しており、西洋の地図作製技術を導入した最初の詳細なイスタンブルの地図であるといえる。地図集では『イスタンブルの地図』(*İstanbul Haritaları*)〔Kayra 1990a〕や『イスタンブルの空間と時間』(*İstanbul- Mekânlar ve Zamanlar*)〔Kayra 1990b〕が中世コンスタンティノープル時代の都市図から二〇世紀の地図までをまとめている。

さらに二〇世紀初頭からはイスタンブルでは頻発する火災の備えとして火災保険制度が充実するようになった。この時大量に作成されたのが火災保険地図で、二一世紀に入って次々とカラー図版で出版が始まっている。ゴード〔Dağdelen 2007〕やペルヴィティッチ〔Pervititch 2000〕によるものが有名で、中でもペルヴィティッチの火災保険地図は建物の形状から建築材料、階数までわかる優れたものである。ただし地図の性格上、イスタンブル市全体をカバーするものではないことに注意を払う必要がある。なおイスタンブル市アタテュルク図書館に所蔵される地図資料に関してはカタログが出版されているのでこちらを参照されたい〔İstanbul Büyükşehir Belediyesi Atatürk Kitaplığı 1992–2004〕。

その他の史料と研究　その他にはイスタンブルの水道を研究したチェチェンによる一連の研究を挙げておきたい。とくに『ユスキュダルの水道』(*Üsküdar Suları*)〔Çeçen 1991〕や『バヤジト二世水道地図』(*II. Bayezid Suyolu haritaları*)〔Çeçen 1997〕はオスマン期の水道配管見取り図なども掲載しており、都市を俯瞰するうえでも便利な史料である。

またベハルはマハッレのイマームが作成したマハッレ管理台帳を用いて、一九世紀イスタンブルのカサプ・イリヤス・マハッレに関する研究をおこなった［Behar 2003］。マハッレ社会内部の実態についてはシャリーア法廷台帳や枢機勅令簿から垣間見える内容から構築する以外手段がなかったが、史料から街区住民の動向や職業など詳細を明らかにしたきわめて貴重なケーススタディーである。もっとも他街区に由来する同様の史料は発見されておらず、この手法を援用することは難しい。

チェラーシはイスタンブルの目抜き通りであるディーヴァーン通りを研究対象に取り上げて、通り沿いの建造物建設と都市形成について論考をおこなっている［Cerasi 2004］。モニュメントを建設してスルタンの御成道を彩るという、ヨーロッパにも通じる都市建設の手法がここで明らかにされている。

さらに地域研究では、イスタンブル周縁部に位置するユスキュダル［Kurşun 2004］とエユプ［Demirci 1997］に関するシンポジウム論文集があり、さまざまな視点から都市史研究の可能性を提示している。ユスキュダルについては郷土史研究者のコンヤルの『記念建造物と碑文から見たユスキュダル史』(*Âbideleri ve Kitâbeleriyle Üsküdar Tarihi*)［Konyalı 1976–77］があったが、近年では各種の文献史料を活用した研究が進んでいるのである。またイスタンブルの西洋近代化の中心地だったベイオールに関してはジェザルの『一九世紀のベイオール』(*XIX. Yüzyıl Beyoğlusu*)［Cezar 1991］がある。

地方における研究　さらに建築史の民家研究とも関連することではあるが、近年イスタンブル、あるいはアンカラなどの大都市以外の地方都市を中心とした研究が現れ始めている。背景にはトルコの教育熱の高まりを受けて地方都市に総合大学の新設が相次ぐことと、それに伴った建築・都市計画系学科の急増がある。高等教育の場が全国に広がり、その結果として教員と学生たちが地元の建築と都市に興味を持って調査が進んだのである。

例を挙げると、アナトリア南東部シリア国境の小都市キリスを扱った『キリス文化総覧』(*Kilis Kültür Envanteri*)［Bebekoğlu and Tektuna 2008］や、同じく南東部のビトリスの民家についての『ビトリスの民家』(*Bitlis Evleri*)

［Sayan and Öztürk 2001］、アナトリア中部の集落ベイパザルに関する『ベイパザルにおけるトルコ時代の建造物』（*Beypazari'nda Türk Devri Yapıları*）［Bozkurt 2004］などがある。また都市計画の立場からはアルーの『トルコ都市』（*Türk Kenti*）［Arû 1998］があり、地方都市を図面から分析して類型化を図っているものの、説得力を欠いている。

多くは民家の悉皆調査であり考察には乏しいが、膨大な数の図面と写真は今後の研究の基盤となるものであろう。大都市に比べると開発が進まず、歴史的建造物や都市構造がよく保存された地方都市・集落を調査する意味は大きい。中でも『キリス文化総覧』は街区全体にわたる連続平面図など、トルコでは珍しい緻密で包括的な研究成果を掲載している。印象論や都市の断片のみを捉えておこなわれてきたトルコの都市空間研究が、このような成果を受けてより発展していくことが今後望まれる。

あとがき

本書は二〇一三年に東京大学に提出した博士論文をベースとして、大幅に加筆修正を加えたものである。刊行までには多くの方々のご支援のもと、完成に至った。とくに博士論文を審査していただき、ご指導ご鞭撻を賜った五人の先生方に、この場を借りてまずお礼を申し上げたいと思う。

指導教官である東京大学建築学科の伊藤毅先生には平素からの熱心なご指導のみならず、さまざまな研究会やワーキンググループに参加させていただき、まことに恵まれた研究環境を与えていただいた。先生からは都市史研究の切れ味の鋭さを学んだ。また同じく建築学科の藤井恵介先生、加藤耕一先生からは、月例研や授業で建築史研究の基礎を学び、博士論文の審査でもさまざまなご指摘をいただいた。両先生には深く感謝の気持ちを捧げたい。

さらに東京大学東洋文化研究所に所属されていた鈴木董先生には、建築出身のまったくの門外漢を温かくオスマン語史料読解のゼミに迎え入れていただき、ご指導を賜った。オスマン語の基礎を教えていただいた先生には、オスマン史学にとどまらない博識ぶりに圧倒されっぱなしであった。オスマン史分野からは、林佳世子先生にも審査に加わっていただいた。とくに先生が専門とされる近世オスマン朝の都市史について多くをご指導くださり、また博士論文執筆後には日本学術振興会特別研究員として東京外国語大学に受け入れていただいた。

思えば高校の図書館の書架に置かれた『千一夜物語』をなにげなく手にとって読み出したことが、イスラーム世界に興味を持つようになったきっかけであった。さまざまな説話の中でも、アッバース朝期のバグダードで繰り広げられる華麗な都市生活は、日本とも西洋とも異なる魅力をたたえたもので、高校生の私を魅了してやまなかった。今から考えれば、オリエンタリズムにどっぷりと染め上げられた物語をきっかけとして中東研究の道に進んだのはまことにお恥ずかしい限りなのだが、無味乾燥な受験生生活にあって、バグダードの街角や塀の奥に秘された数々の庭園は妖しい光彩を放っていたのであった。建築や都市の歴史に対する興味は、この頃から芽生えていった。

大学入学後はとりあえず語学の勉強をと思い、アラビア語の学習を始めたが、時間割の関係で中断してしまった時に出会ったのがトルコ語だった。空き時間になにげなくとったトルコ語の授業で教鞭をとっていらっしゃったのが三沢伸生先生で、先生のオーラと、折に触れてお話される現地の事情に引き付けられて、いつのまにか私はこの研究の世界に足を踏み入れることになった。トルコ研究へと導いていただいた三沢先生にもとくに感謝したい。

建築学科に進んでから、卒業論文と修士論文のご指導を賜ったのは鈴木博之先生であった。急逝された先生には、残念ながら本書を献呈することは叶わなかった。修士の時に留学を決意した際には温かく送り出していただき、毎月のメールでの報告に対するご返信では、たくさんの励ましをいただいたことを懐かしく思い出す。

学部在籍中にはそのほかにもたくさんの先生方にご指導を賜った。歴史研究の面白さを大学で最初に教えていただいたのは、日本中世史を専門とされる義江彰夫先生であった。先生のゼミでは佐藤雄基氏、片倉鎮郎氏ら同じく歴史研究を志す友人と出会う機会を得た。本郷に進学後は羽田正先生のゼミに参加して、中東世界の歴史を史料から読み解いていく面白さを学んだ。さらに桝屋友子先生からはイスラーム美術の美を、深見奈緒子先生からはイスラーム建築の基本をご指導いただいた。

修士課程の交換留学制度を利用して、アンカラの中東工科大学への留学に旅立ったのは二〇〇四年九月のことである。まずはトルコ語を学び、図面でのみ知る建築をとにかく見て回りたいという一心であった。右も左もわからぬまま出発するような状況だったが、幸い留学先ではよき師と友人たちにも恵まれ、すぐに充実した留学生活を送ることができた。オミュル・バクレル先生、アリ・ウザイ・ペケル先生には授業とゼミに参加させていただき、トルコ本国の研究に触れるとともに、留学後も勉強を続ける上での温かい励ましをいただいた。友人のなかでは、とりわけアスル・ジャンバル・オズデミル氏に、トルコ語の会話練習に忍耐強くつきあっていただいたことのお礼を申し上げたい。またアンカラ大学日本語学科の杉山剛氏には、トルコ生活での全面的なサポートを賜った。

オスマン帝国の華やかな薫りをとどめるイスタンブルとは違って、荒涼たるアナトリアの大地の真っただ中にあるアンカラは決して見所満載の都市というわけではなかったから、留学中は暇を見つけてはバスに乗って各地の史跡を回る日々を送った。アンカラを拠点としてアナトリア高原を中心に調査したため、結果的にオスマン朝ではなく、ルーム・セルジューク朝時代の建築に関心をもつようになった。とりわけベイシェヒル湖畔に佇むクーバーダバード宮殿に大きな魅力を感じ、羽田正先生の遊牧都市論の影響も受けて、移動する宮廷と宮殿に関する修士論文を執筆するに至った。このとき大塚修氏と小笠原弘幸氏は、わざわざ史料の購読会を主宰してくださり、原典史料の読み解きかたを一から教えていただいた。修士論文の内容の一部は本書の第3章にも反映されている。

博士課程に進学後は、ルーム・セルジューク朝の宮殿建築がどのようにオスマン朝に受容されたかを研究するつもりで、再び二〇〇八年から平和中島財団から奨学金をいただいてイスタンブル工科大学に留学した。当初は日本人研究者であれば誰もが一度は足を運ぶ首相府オスマン文書館で調査をおこない、トプカプ宮殿誕生以前、つまり本書の第1章と第4章で考察した宮殿群に関する史料を発掘する予定であった。ところがいくらカタログを繰ってみても、当時の図面類はおろか、一五—一六世紀の宮殿建築に関する文書はほとんど見当たらず、オスマン語の文書のみから初期オスマン朝の宮殿史を構築することが実質的に不可能であることを思い知らされた。そんな途方に暮れる留学生活の中で出会ったのが、エディルネ旧宮殿である。明らかにそれ以前の宮殿空間とは異質な、そしてトプカプ宮殿の祖型となったこの宮殿の存在に気がついたとき、ようやく研究を展開させる糸口をつかめた気がした。本書の第1章は、なかば空振りに終わった文書館での調査の苦い思い出と新発見の高揚感が入り混じった、私にとって感慨深いものである。同時に一七世紀以降飛躍的に増える修復関連の文書史料から、当時の宮殿建築を復元することが今後の私の課題でもある。

イスタンブル工科大学では受け入れ教員となっていただいたトゥルグト・サネル先生からも多大なるご支援を受けた。大学の建築史研究室では、他にもギュル・ジェプハーネジギル氏をはじめとするスタッフの方々との交流があり、実り多い留学生活を送ることができた。またチャーハン・ケスキン氏やカーン・サー氏とは時にチャイ、時にラクを酌み交わしながら議論を楽しんだ。また学外では、オスマン史研究のイルハン・シャーヒン先生にはさまざまなアドバイスを賜った。

二〇一〇年の帰国後は、陣内秀信先生をはじめとする建築学会の都市史小委員会に参加し、多くの先生方からご指導を賜った。また、東辻賢治郎氏、初田香成氏、早坂由美子氏、守田正志氏ら学内外の建築史・都市史研究の仲間たちから多くの刺激を受けて自らの研究の糧としてきた。

さらに、オスマン史をはじめとする東洋史の諸先生・諸先輩・友人たちにも研究上の多くのご指摘・ご指導をいただいた。秋葉淳先生、江川ひかり先生、近藤信彰先生には発表の機会をいただき、髙松洋一先生には文書セミナーなどで厳しくも温かくご教導いただいた。このほか永田雄三先生には研究会などで貴重なご意見を賜り、また、上野雅由樹氏、奥美穂子氏、今野毅氏、澤井一彰氏、佐々木紳氏、長谷部圭彦氏、岩本佳子氏、山下真吾氏にもいろいろとご教示いただいた。さらにここには到底書き上げられないほどの多くの方々からのご厚意とご支援のもと、本書を上梓することができた。

なお、本書は平成二八年度科学研究費助成事業（研究成果公開促進費）の助成を得て出版に至った。刊行にあたってご尽力いただいた東京大学出版会編集部の神部政文氏にも感謝の念を申しのべたい。また同じく編集部の山本徹氏にも温かい励ましをいただいた。

最後に、私事ながらいつもかたわらで励ましてくれる妻松山恵と、人生をいっそう彩り豊かなものにしてくれた息子岳に本書を捧げて、擱筆することとしたい。

二〇一六年六月　駒場の図書館にて

川本　智史

初出一覧

序　章　新稿。

第1章　「エディルネ旧宮殿の成立と空間構成——前近代オスマン朝の首都性の研究（その2）」（『日本建築学会計画系論文集』六七八号、日本建築学会、二〇一二年九月）を改稿。

第2章　新稿。

第3章　「一三世紀アナトリアにおける王朝儀礼とその空間的特質——年代記の考察を通してみたルーム・セルジューク朝期の建築文化」（『日本建築学会計画系論文集』六三七号、日本建築学会、二〇〇九年三月）ならびに「一五—一六世紀オスマン朝の首都とイスタンブルの宮殿群——前近代オスマン朝の首都性の研究（その1）」（『日本建築学会計画系論文集』六五四号、日本建築学会、二〇一〇年八月）を大幅に改稿。

第4章　「一五—一六世紀のイスタンブル旧宮殿の研究」（『建築史学』六四号、建築史学会、二〇一五年三月）を改稿。

第5章　新稿。

結　び　新稿。

補　論　「学会展望　トルコ建築史・都市史」（『建築史学』五八号、建築史学会、二〇一二年三月）を改稿。

著者紹介
1981年　前橋市生まれ，北海道育ち
2004年　東京大学工学部建築学科卒
2013年　東京大学大学院工学系研究科博士課程修了．博士（工学）
現　在　日本学術振興会特別研究員（東京外国語大学）

主要著書・論文
『イスラム建築がおもしろい！』（共著，彰国社，2010年）
「エディルネ旧宮殿の成立と空間構成――前近代オスマン朝の首都性の研究（その2）」（『日本建築学会計画系論文集』679, 2012年）
「15–16世紀のイスタンブル旧宮殿の研究」（『建築史学』64, 2015年）
"Courtyards and Ottoman mosques in the 15th and 16th centuries: Symbolism, mimesis and demise" (*A|Z ITU Journal of the Faculty of Architecture, 12* (2), *2015*)

オスマン朝宮殿の建築史

2016年8月26日　初　版

［検印廃止］

著　者　川本智史《かわもとさとし》

発行所　一般財団法人　東京大学出版会
代表者　古田元夫
153-0041 東京都目黒区駒場4-5-29
http://www.utp.or.jp/
電話　03-6407-1069　Fax　03-6407-1991
振替　00160-6-59964

印刷所　株式会社理想社
製本所　誠製本株式会社

© 2016 Satoshi Kawamoto
ISBN 978-4-13-066856-9　Printed in Japan

JCOPY〈㈳出版者著作権管理機構 委託出版物〉
本書の無断複写は著作権法上での例外を除き禁じられています．複写される場合は，そのつど事前に，㈳出版者著作権管理機構（電話 03-3513-6969, FAX 03-3513-6979, e-mail: info@jcopy.or.jp）の許諾を得てください．

人名索引

あ 行

アーシュクパシャザーデ　Âşık Paşazâde　86, 104, 151
アイヴェルディ　Ayverdi, E. H.　15, 166
アクオザン　Akozan, F.　15
アクシェムセッティン　Akşemseddîn　222
アタソイ　Atasoy, N.　153, 154
アッバース1世　'Abbâs I　125, 126
アッバース2世　'Abbâs II　126
アブー・アイユーブ　Abū Ayyūb　222
アブデュルカーディル　'Abdülḳâdir　217
アフメト（バヤズィト2世の子）　Aḥmed　146
アフメト1世　Aḥmed I　209, 219, 223
アフメト2世　Aḥmed II　89, 155
アリモンド，アルヴィゼ　Arimondo, Alvise　144
アルタン　Artan, T.　246
アレル　Arel, A.　111
アンジョレッロ，ジョヴァン・マリア　Angiolello, Giovan Maria　101, 169, 174, 176, 182, 183, 188, 193
イスハーク・パシャ（メフメト2世の宰相）　İsḥâḳ Paşa　103
イスマーイール1世　Ismā'īl I　125
イブラヒム（メフメト1世の宰相）　İbrâhîm　57
イブラヒム・パシャ（スレイマン1世の宰相）　İbrâhîm Paşa　77
イブラヒム・パシャ（メフメト3世の宰相）　İbrâhîm Paşa　214, 218
イブン・アルスガイル　Ibn Al-Sughayr　42, 43, 86, 87, 89
イブン・ケマル　İbn Kemâl　→ケマルパシャザーデ
イブン・バットゥータ　Ibn Battuta　34, 38, 41, 42, 43, 44, 62, 122
イブン・ビービー　Ibn Bībī　128, 131
ヴァヴァッソーレ　Vavassore, G. A.　166, 170, 171, 173, 175, 176, 178, 181, 183, 185
ヴィットゥーリ，アントニオ　Vitturi, Antonio　118
ウズン・ハサン　Uzun Ḥasan　141
ウズンチャルシュル　Uzunçarşılı, İ. H.　30, 85, 94
ヴラド3世　Vlad III　103
エイユビー・エフェンディ　Eyyubî Efendi　84
エヴリヤ・チェレビー　Evliyâ Çelebî　44, 45, 48, 164, 166, 168, 174, 186, 203
エメジェン　Emecen, F.　133, 146
エルデム　Eldem, S. H.　15, 76, 211
エルドアン　Erdoğan, M.　203
エルトゥールル　Erṭûğrul　5
オズジャン　Özcan, T.　252
オスマン　Osman, R.　5, 15
オスマン2世　Osmân II　107, 223
オゼル　Özer, M.　15
オルジェイトゥ　Öljeitü　124
オルチュ　Oruç Beğ　33, 134, 138, 141, 143, 150
オルハン　Orhan　42, 86, 122

か 行

カイカーウス1世　Kaykāvus I　128
カイクバード1世　Kayqubād I　36, 127, 128, 129, 131, 132
ガザン　Ghāzān　124
カナエ，フィリップ　Canaye, Philippe　206
カフェスチオール　Kafesçioğlu, Ç.　178
カラテケ　Karateke, H.　85, 225
カラマーニー・メフメト・パシャ（メフメト2世の大宰相）　Ḳaramânî Meḥmed Paşa

108
キョプリュリュ・ムスタファ・パシャ Köprülü Mustafa Paşa 84
ギル，ピエール Gilles, Pierre 174
クバン Kuban, D. 9, 11–14
クラヴィホ Clavijo 62, 64, 65, 67, 70, 153
クリトヴロス Kritovoulos 134, 166, 168, 173
グレロ Grelot, Guillaume Joseph 209
ケマルパシャザーデ Kemalpaşazade 134, 141, 143, 151, 167, 181, 183, 188
→イブン・ケマル
ゲリボルル・ムスタファ・アリ Gelibolulu Mustafa Âlî 167, 186, 187
ゲルラッハ Gerlach, Stephan 209, 223
ケンペル Kaempfer, E. 126
コヴェル Covel, J. 152
コチ・ベイ Koçi Beğ 106
コッホ Koch, E. 68
後藤裕加子 126
コルクト（バヤズィト2世の子） Ḳorḳut 139
コンスタンティヌス1世 Constantinus I 1, 171

さ 行

サヌート Sanuto, M. 157, 158
サフィーイェ Ṣafîye 214
サフィー1世 Ṣafī 126
サンダース Sanders, P. 23
ジェム Cem 8, 108, 139
シャー・ジャハーン Shāh Jahān 68
ジュスティニャン，ニコロ Zustignan, Nicolò 144
シルトベルガー Schiltberger , Johann 32
スィナーン Sinân 30, 44, 209
鈴木董 161
スルタン・バルクーク（マムルーク朝君主） Barqūq 42, 86
スルタン・ムハンマド（アイドゥン侯国） Muḥammad 39
スレイマーン（サファヴィー朝君主） Suleimān 126
スレイマン・パシャ（チャンダルル家） Süleymân Paşa 40
スレイマン1世 Süleymân I 7, 8, 77, 82, 85, 88, 106, 108, 146, 153, 165, 170, 174, 186, 203, 205, 214, 216, 217
スレイマン2世 Süleymân II 155
セチュキン Seçkin, N. 11–13
セラーニキー Muṣṭafa Selânikî 213, 215, 217, 223, 224
セリム1世 Selîm I 8, 63, 93, 108, 123, 133, 139, 146, 155, 205, 232
セリム2世 Selîm II 205, 209
セリム3世 Selîm III 94, 95
ゼン，ピエトロ Zen, Pietro 205
ソラクザーデ Ṣolaḳzâde 105, 134, 142, 146

た 行

タイス＝シェンオジャク Thys-şenocak, L. 246
ダウト・パシャ（バヤズィト2世の大宰相） Dâvud Paşa 210
タシュキョプリュザーデ Taşköprüzâde 42, 43
タフール，ペロ Tafur, Pero 206
タンイェリ Tanyeli, U. 11–13, 69
チリアコ・ダンコーナ D'Ancona, Ciriaco 30, 54–56, 112, 188
デ・カンピ，ヤコモ de' Campi , Jacomo 189
→デ・プロモントリオ，ヤコポ
デ・フォルリーノ，ベネディクト de Fourlino, Benedicto 47, 58
デ・プロモントリオ，ヤコポ de Promontorio, Iacopo 100, 103, 169, 174, 188
→デ・カンピ，ヤコモ
ティムール Tīmūr 6, 32, 64–66, 70, 121, 153, 230
ディルガー Dilger, K. 30, 106
テヴキー・アブドゥルラフマーン・パシャ

Tevkîʻî ʻAbdurraḥmân Paşa　84
テズジャン　Tezcan, B.　9
デニー　Denny, W.　185
デュラン＝ゲディ　Durand-Guédy, D.　122
ドゥ・ラ・ブロキエール，ベルトランドン　de la Broquière, Bertrandon　30, 42, 47, 53–58, 87, 92, 95, 101, 103–105, 138, 142, 188, 193, 230
ドゥカス　Doukas　33, 57, 134, 168, 173, 174
トゥルスン・ベイ　Tursun Beğ　99, 167, 174, 190
ドーソン　D'Ohsson, Mouradgea　85, 94, 164
ドーン，オットー　Otto-Dorn, K.　239

な　行

ニコロ・ジュスティニャン　144
ネジプオール　Necipoğlu, G.　10, 14, 15, 17, 19, 20, 23, 29, 30, 69, 76, 77, 100, 102, 104–107, 115, 154, 166, 169, 187, 191, 202, 205, 206, 221, 227
ネシュリー　Neşrî　86, 107, 167, 174, 189

は　行

バーバーイー　Babaie, S.　22, 23, 67, 105
バービンガー　Babinger, F.　30
バーブル　Bâbur　66, 67
バカラック　Bacharach, J. L.　17, 18, 35, 59
ハマデー　Hamadeh, S.　207
バヤズィト（メフメト1世の宰相）　Bayezid　8, 57, 151
バヤズィト1世　Bayezid I　6, 32, 42, 45, 64, 86, 87, 138, 192, 223
バヤズィト2世　Bayezid II　8, 93, 104, 108, 123, 133, 139, 140, 142–146, 148, 150, 155, 165, 167, 176–179, 181, 192, 195, 203, 210, 232
バルカン　Barkan, Ö. L.　245, 252, 253
ピーコック　Peacock, A. C. S.　130
ヒエロソリミターノ，ドメニコ　Hierosolimitano, Domenico　118
ヒュッレム　Ḫürrem　165
ビルギジオール　Bilgicioğlu, B.　166, 181–183
ヒレンブラント　Hillenbrand, R.　17, 67
ファローキー　S. Faroqhi　221
フィリップ3世（ブルゴーニュ公）　Philippe III　47
フォスコロ，アンドレア　Foscolo, Andrea　144
フォン・ハーフ　von Harff, Arnold　192, 193
フリート　Fleet, K.　221
ブルーム　Bloom, J. M.　20
ブルハーヌッディーン　Burhânuddîn　32
ヘザルフェン・ヒュセイン・エフェンディ　Hezarfen Hüseyin Efendi　84
ベルガー　Berger, A.　166, 167, 170–173, 175
ペンザー　Penzer, N. M.　76
ホジャ・サアデッティン　Hoca Saʻd'ed-dîn　134, 146
ボヤル　Boyar, E.　221
ボン，オッタヴィアーノ　Bon, Ottaviano　93

ま　行

マトラクチュ・ナスーフ　Maṭrakçı Naṣûḥ　170, 176, 180, 181, 183–185
マヌエル2世　Manuel II　62, 138
マフムート・パシャ（メフメト2世の大宰相）　Maḥmûd Paşa　103
ミハイロヴィッチ，コンスタンティン　Mihailović, Konstantin　102, 108
ミューラー＝ヴィーナー　Müller-Wiener, W.　208
ミラー　Miller, B.　76
ムーサー・チェレビー（バヤズィト1世の子）　Mûṣâ　32, 44, 45, 57
ムスタファ（バヤズィト1世の子）　Muṣṭafa　134
ムスタファ（メフメト2世の子）　Muṣṭafa　151

ムスタファ（メフメト4世の子） Muṣṭafa 152
ムスタファ2世 Muṣṭafa II 155
ムスタファ3世 Muṣṭafa III 94
ムスル Muslu, C. Y. 30, 55, 56, 63
ムハンマド（預言者） Muḥmmad 16, 222, 223
ムムジュ Mumcu, A. 106
ムラト・パシャ（アフメト1世の大宰相） Murâd Paşa 218
ムラト1世 Murâd I 6, 31, 44, 45, 52, 86
ムラト2世 Murâd II 6, 7, 33, 34, 53–56, 59, 70, 71, 98, 102, 105, 107, 110–112, 117, 138, 139, 142, 161, 162, 193, 206, 231
ムラト3世 Murâd III 83, 209, 223, 224
ムラト4世 Murâd IV 209
メナヴィーノ，ジョヴァン・アントニオ Menavino, Giovan Antonio 169, 174, 179, 182, 183, 186, 188
メフメト（アイドゥン侯国） Meḥmed 39
メフメト・パシャ（メフメト3世の宰相） Meḥmed Paşa 215
メフメト1世 Meḥmed I 6, 32–34, 44–46, 57, 70, 71, 87, 104, 107, 138, 139
メフメト2世 Meḥmed II 2, 7, 8, 11–14, 23, 24, 29–31, 53, 54, 71, 75–78, 81, 82, 88, 98, 99, 101–106, 108, 109, 111, 112, 114–117, 121
メフメト3世 Meḥmed III 213, 215–217, 224, 226, 227
メフメト4世 Meḥmed IV 84, 89, 152, 155, 210
メフメト6世 Meḥmed VI 93
メルヴィル Melville, Ch. 125, 126
モーラン Maurand, Jérome 208

や 行

ヤフシー・ハーン（カラスィ侯国） Yaḫşī Ḫān 39
ユースフ・ベク（カラマン侯国） Yūsuf Beğ 38
ユンヴェル S. Ünver 111
米林仁 33, 70, 71

ら 行

ラバト N. Rabbat 63
リマトレス，フアン Rimatres, Juan 54
ルスカロピエ，ピエール Lescalopier, Pierre 206
ルドヴィコ・バルドリン Ludovico Valdrin 144

事項索引

さ 行

た 行

な 行

は 行

ま　行

や　行

ら　行

参考文献

1. 史　料

(1) 外国語史料

Angiolello, Giovan Maria. 1982. *Viaggio di Negroponte*, Vicenza.

Anonymous (Turan, O., ed.) 1954. *Tarihî Takvimler*, Ankara.

Anonymous (Giese F., ed. and trans.) 1922–1925. *Die altosmanischen anonymen Chroniken Tevārīh-i Âl-i 'Othmān*, 2 vols., Breslau and Leipzig.

Anonymous (Azamat, N., ed.) 1992. *Anonim Tevârîh-i Âl-i Osman-F. Giese neşri-*, İstanbul.

Anonymous (Cengiz H. E. and Yücel, Y., eds.) 1992. "Rûhî Târîhi." *Belgeler*, 14/18, 359–472.

Âşık Paşazâde (Yavuz, K. and Saraç M. A. Y., ed.) 2007. *Tevârîh-i Âl-i Osmân*, İstanbul.

Ayvansarâyî Hüseyîn Efendi, Alî Sâtı' Efendi and Süleyman Besîm Efendi (Galitekin, A. N., ed.) 2001. *Hadîkatü'l-Cevâmi' -İstanbul Câmileri ve Diğer Dını-Sivil Mi'mârî Yapılar*, İstanbul.

Barkan, Ö. L. (ed.) 1979. "İstanbul Saraylarına ait muhasebe defterleri", *Belgeler*, 9, 187–280.

Bon, Ottaviano (Withers, J., trans. and Goodwin, G., introduced and annotated) 1996. *The Sultan's Seraglio -An Intimate Portrait of Life at the Ottoman Court*. London.

D'Ancona, Ciriaco (Bodnar, Ed. W., ed. and trans.) 2003. *Later Travels*. Cambridge, MA & London.

De Clavijo, Ruy Gonzales (Le Strange, G., trans.) 1928. *Embassy to Tamerlane (1403–1406)*, London.

——— (Estrada, F. L., ed.) 1999. *Embajada a Tamorlán*, Madrid.

De la Broquière, Bertrandon (Schefer, Ch., ed.) 1892. *La voyage d'Outremer de Bertrandon de la Broquière*, Paris.

De la Broquière (Arda, İ., trans.) 2001. *Denizaşırı Seyahati*, İstanbul.

——— (Basso, H., trans.) 2010. *Le Voyage d'Orient -Espion en Turquie*, Toulouse.

De Promontorio, Iacopo (Babinger, F., ed.) 1957. "Die Aufzeichnungen des Genuesen Iacopo de Promontorio de Campis über den Osmanenstaat um 1475." *Sitzungsberichte/Bayerische Akademie der Wissenschaften, Philosophisch-Histo-*

rische Klasse, 8.
D'Ohsson, Mouradgea 2001[1787–1790]. *Tableau général de l'empire ottoman*, 2nd ed., 7 vols., Istanbul.
Doukas (Magoulias, H. J., trans.) 1975. *Decline and Fall of Byzantium to the Ottoman Turks*, Detroit.
Evliyâ Çelebi (Kahraman, S. A. and Dağlı, Y., eds.) 1996–2007. *Evliyâ Çelebi Seyahatnâmesi*, 10 vols., İstanbul.
Eyyubî Efendi (Özcan, A., ed.) 1997. *Eyyubî Efendi Kānûnnâmesi*, İstanbul.
Gelibolulu Mustafa Âlî (Şentürk, M. H., ed.) 2003. *Künhü'l-Aḫbâr*, Ankara.
Gerlach, Stephan 1674. *Stephan Gerlachs des aeltern Tage-Buch*, Franckfurth am Mayn.
——— (Noyan, T., trans.) 2007. *Türkiye Günlüğü*, 2 vols., İstanbul.
Grelot, Guillaume Joseph. 1680. *Relation nouvelle d'un Voyage de Constantinople*, Paris.
Gültekin, O. (ed.) 2010. *İstanbul Kadı Sicilleri Üsküdar Mahkemesi 17 Numaralı Sicil (H. 956–963/M. 1549–1556)*, İstanbul.
Gyllius, Petrus (Ball, J. trans.) 1729. *The Antiquities of Constantinople*, London.
Haydar Çelebi. 1264–1265. "Rûznâme." In Ferîdûn Bey (ed.), *Münşeat*, 1 vol., İstanbul, 458–500.
Hezarfen Hüseyin Efendi (İlgürel, S., ed.) 1998. *Telhîsü'l-Beyân fî Kavânîn-i Âl-i Osmân*, Ankara.
Hierosolomitano, Domenico (Austin, M. J. L., trans.) 2001. *Domenico's Istanbul*, Warminster, Wiltshire.
Hoca Sa'de'd-dîn. 1280. *Tacü't-tevârîh*, 2 vols., İstanbul.
Hoca Sadettin Efendi (Parmaksızoğlu, İ., trans.) 1974–79. *Tacü't-tevarih*, 5 vols., Ankara.
Ibn Bībī. 1956. *El-Evāmirü'l-'Alā'iyye Fī'l-Ūmuri'l-'Alā'iyye*, Ankara.
——— (Lugal, N. and Erzi, Adnan S., eds.) 1957. *El-Evāmirü'l-'Alā'iyye Fī'l-Umuri'l-'Alā'iyye*, Ankara.
——— (Öztürk, M., trans.) 1996–1997. *El Evamirü'l-ala'iye Fil-umuri'l-ala'iye (Selçuk Name)*, 2 vols., Ankara.
——— 2011. *Al-avāmir al-'alā'iyah fī al-umūr al-'alā'iyah: ma'rūf bih tārīkh-i Ibn Bībī*, Tehrān.
Ibn Hâcer (İnalcık, Ş., trans.) 1948. "İbn Hâcer'de Osmanlı'lara dair Haberler." *Ankara Üniversitesi Dil ve Tarih-Coğrafya Fakültesi Dergisi*, 6, 189–195, 349–358, 517–529.
İbn Kemâl (Turan, Ş., ed.) 1991. *Tevârîh-i Âl-i Oṣmân*, 7 vol., Ankara.
——— (Uğur, A., ed.) 1997. *Tevârîh-i Âl-i Oṣmân*, 8 vol., Ankara.
İnalcık, H. (ed.) 2012. *The survey of Istanbul 1455 -The Text, English Translation,*

Analysis of the Text, Documents, İstanbul.
Iorga, N. (ed.) 1915. *Notes et extraits pour servir à l'histoire des croisades au XVe siècle*, vol. 4, Bucarest.
Kritovoulos of Imbros (Riggs, C., trans.) 1954. *History of Mehmet the Conqueror by Kritovoulos (1451–1467)*, Princeton.
Malipiero, Domenico. 1843. "Annali Veneti dall'anno 1457 al 1500 del Senatore Domenico Malipiero." *Archivio Storico Italiano*, 7/1.
Ménage, V. L. (ed.) 1976. "Edirne'li Rûhî'ye atfedilen Osmanlı Tarihinden İki Parça." In *Ord. Prof. İsmail Hakkı Uzunçarşılı'ya Armağan*, 311–333.
Menavino, Giovantonio. 1548. *I cinque libri della legge, religione, et vita de' Turchi et della corte, & d'alcune guerre del Gran Turco*, Firenze.
Mihailović, Konstantin (Soucek, S., ed. and Stolz, B., trans.) 2011. *Memoirs of a Janissary*, Princeton.
Naṣûhü's-Silâḥî (Yurdaydın, H. G., ed.) 1976. *Beyân-ı Menâzil-i Sefer-i 'Irâḳeyn-i Sulṭân Süleymân Ḫân*, Ankara.
Neşri, Mehmed (Unat, F. R. and Köymen, M. A., eds.) 1995 [1949–1957]. *Kitâb-ı Cihan-nümâ*, 3rd ed., 2 vols., Ankara.
Oruç Beğ (Öztürk, N., ed.) 2008. *Oruç Beğ Tarihi*, İstanbul.
Özcan, A. (ed.) 2003. *Fatih Sultan Mehmed Kānunnâme-i Âl-i Osman (Tahlil ve Karşılaştırmalı Metin)*, İstanbul.
Pertusi, Agostino (ed.) 1976. *La Caduta di Constantinopoli*, 2 vols., Roma and Milano.
Predelli, R. (ed.) 1876–1914. *I Libri Commemoriali della Republica di Venezia*, 10 vols., Venezia.
Rûhî Edirnevî (Cengiz, H. E. and Yücel, Y., eds.) 1992. "Rûhî Târîhi." *Belgeler*, 14, 359–472.
Sanuto, Marino (Fulin, R., ed.) 1969–1970 [1879–1903]. *I Diarii di Marino Sanuto*, 2nd ed., 58 vols., Bologna.
Scalamonti, F. (Mitchell, C. and Bodnar, E. W., eds.) 1996. *Vita Viri Clarissimi et Famosissimi Kyriaci Anconitani-Transactions of the American Philosophical Society*, vol. 86, pt. 4, Philadelphia.
Schiltberger, Johann (Telfer, J. B., trans.) 1879. *The Bondage and Travels of Johann Schiltberger*, London.
Selânikî Mustafâ Efendi (İpşirli, M., ed.) 1999. *Târîh-i Selânikî*, 2 vols., Ankara.
Spandugino, Teodoro. 1890. "De la Origine delli imperatori ottomani, ordini de la corte, forma del guerreggiare loro, religione, rito et costumi de la natione." In C. Sathas (ed.), *Documents inédito relatifs à l'histoire de la Grèce*, vol. 9, Paris, 138–261.
——— (Nicol, D. M., ed.) 1997. *On the origin of the Ottoman Emperors*, Cam-

bridge.
Tafur, Pero (Letts, M., ed.) 1926. *Travels and Adventures* (*1435–1439*), London.
Taşköprüzâde. 1287. *Târîḥ-i Sâf*, İstanbul.
Tevkîʻî ʻAbdurraḥmân Paşa. 1331. "Tevki'î Abdurrahman Paşa Kanunnâmesi." *Milli Tetebbu'lar Mecmu'ası*, 1/3, 497–544.
——— (Bilge, S. M., ed.) 2011. *Osmanlı Devleti'nde Teşrifat ve Törenler - Tevkīʻî ʻAbdurraḥmân Paşa Kānûn-Nâmesi*, İstanbul.
Thiriet, F. (ed.) 1958–1961. *Règestes des délibérations du Sénat de Venise concernant la Romanie*, 3 vols., Paris.
ʻAbdülkādir Efendi (Yılmazer, Z., ed.) 2003. *Topçular Kâtibi ʻAbdülkādir Efendi Tarihi*, 2 vols., Ankara.
Turan, O. (ed.) 1954. *Tarihî Takvimler*, Ankara.
Tursun Bey (Tulum, A. M., ed.) 1977. *Târîh-i Ebü'l-Feth*, İstanbul.
Ünver, A. S. (ed.) 1952. *Fâtih sultan Memed'in Ölümü ve Hâdiseleri üzerine bir Vesika*, İstanbul.
Von Harff, Arnold (Von Groote, E., ed.) 1860. *Die Pilgerfahrt des Ritters Arnold von Harff*, Cöln.
——— (Letts, M., trans.). 1967 [1946]. *The Pilgrimage of Arnold von Harff*, 2nd ed., Nendeln.

(2) 日本語史料

イブン・バットゥータ 1998.『大旅行記 3』(家島彦一訳) 平凡社.
——— 1999.『大旅行記 4』(家島彦一訳) 平凡社.
クラヴィホ 1967.『チムール帝国紀行』(山田信夫訳) 桃源社.
サービー 2003.『カリフ宮廷のしきたり』(谷口淳一, 清水和裕監訳) 松香堂.

2. 研究文献

(1) 外国語研究文献

Alikılıç, D. 2004. *İmparatorluk Seremonisi -Osmanlı'da Devlet Protokolü ve Törenler*, İstanbul.
Anhegger, M. 1986. *Topkapı Sarayı'nda Padişah Evi* (*Harem*), İstanbul.
Arel, A. 1996. "Cihannüma Kasrı ve Erken Osmanlı Saraylarında Kule Yapıları Hakkında." In Ahunbay, Z. *et al.* (eds.), *Prof. Doğan Kuban'a Armağan*, İstanbul, 99–116.
Arık, R. 2000. *Kubad Abad: Selçuklu saray ve çinileri*, İstanbul.
——— 2002. "Selçuklu Saray ve Köşkleri." In Kuban, D. (ed.), *Selçuklu Çağında Anadolu Sanatı*, İstanbul, 256–257.
Artan, T. 1994. "Eski Saray." *DBİA*, 3, 204–205.
——— 2012 "Alay Köşkü yakınlarında Bâbiâli'nin oluşumu ve Süleymaniye'de bir

sadrazam sarayı." In Eldem E. *et al.* (eds.), *Bir Allame-i Cihan: Stefanos Yerasimos (1942–2005)*, İstanbul, 73–140.
Asher, C. 1993. "Sub-imperial Palaces: Power and Authority in Mughal India." *Ars Orientalis*, 23, 281–302.
Aslanapa, O. 1971. *Turkish Art and Architecture*, London.
Atasoy, N. 2000. *Otağ-ı Hümayun -The Ottoman Imperial Tent Complex*, İstanbul.
——— 2004. "Ottoman Garden Pavilions and Tents." *Muqarnas*, 21, 15–19.
——— 2005. *Osmanlı Bahçeleri ve Hasbahçeler*, İstanbul.
——— 2012. *İbrahim Paşa Sarayı*, Ankara.
Aysu, Ç. 1994. "Çengelköy." *DBİA*, 2, 485.
Ayverdi, E. H. 1966. *Osmanlı Mi'mârîsinin İlk Devri: Ertuğrul, Osman, Orhan Gazîleri, Hüdavendigâr ve Yıldırım Bâyezîd 630–805 (1230–1402)*, İstanbul.
——— 1973–74. *Osmanlı Mi'mârîsinde Fatih Devri 855–886 (1451–1481)*, 2 vols., İstanbul.
Babinger, F. 1949. "Meḥmed's II., des Eroberers, Geburtstag." *Oriens*, 2, 1–5.
——— 1961. "Angiolello, Giovanni Maria." *Dizionario Biografico degli Italiani*, 3, Roma, 275–278.
——— (Hickman, W. C., ed. and Manheim, R., trans.) 1978. *Mehmed the Conqueror and His Time*, Princeton.
Bacharach, J. L. 1991. "Administrative Complexes, Palaces, and Citadels-Changes in the Loci of Medieval Muslim Rule." In Abou-El-Haj, R. A. and Preziosi, D. (eds.), *Ottoman City and Its Part*, New Rochelle, NY., 111–128.
Başar, F. 2006. "Mustafa Çelebi, Düzme." *DİA*, 31, 292–293.
Bertelè, T. 1932. *Il Palazzo degli ambasciatori di Venezia a Constantinopoli e le sue antiche memorie*, Bologna.
Berger, A. 1994. "Zur sogenannten Stadtansicht des Vavassore." *Istanbuler Mitteilungen*, 44, 329–355.
——— 1997. "Regionen und Straßen im frühen Konstantinopel." *Istanbuler Mitteilungen*, 47, 349–414.
——— 2000. "Streets and Public Spaces in Constantinople." *Dumbarton Oaks Papers*, 54, 161–172.
Beydilli, K. 2013. "Yeniçeri." *DİA*, 43, 450–462.
Bier, L. 1993. "The Sasanian Palaces and Their Influence in Early Islam." *Ars Orientalis*, 23, 57–66.
Bilgicioğlu, B. 2009. "Sarây-ı Atîk-ı Âmire." *DİA*, 36, 122–125.
Blair, S. 1993. "The Ilkhanid Palace." *Ars Orientalis*, 23, 239–248.
Bloom, J. M. 1993. "The *Qubbat al-Khaḍrā'* and the Iconography of Height in Early Islamic Architecture."*Ars Orientalis*, 23,135–141.
Bostan, H. and Karakaya, E. 2012. "Üsküdar." *DİA*, 42, 364–372.

Boyar, E. and Fleet, K. 2010. *A Social History of Ottoman Istanbul*, Cambridge.

Cezar, M. 1963. "Osmanlı Devrinde İstanbul'da Yangınlar ve Tabii Âfetler." *Türk San'atı Tarihi Araştırma ve İncelemeleri*, 1, 327–349.

——— 1977. *Anadolu Öncesi Türklerde Şehir ve Mimarlık*, İstanbul.

——— 2002. *Osmanlı Başkenti İstanbul*, İstanbul.

Conan, M. (ed.) 2007. *Middle East Garden Traditions: Unity and Diversity*, Washington D.C.

Denny, W. 1970. "A Sixteenth-century Architectural Plan of Istanbul." *Ars Orientalis*, 8, 49–63.

Dilger, K. 1967. *Untersuchungen zur Geschichte des osmanischen Hofzeremoniells im 15. und 16. Jahrhundert*, München.

Durand-Guedy, D. (ed.) 2013. *Turko-Mongol Rulers, Cities and City Life*. Leiden and Boston, MA.

Duri, A. A. 1965. "Dîwân." EI^2, 2, 323–337.

Eldem, S. H. 1969. *Köşkler ve Kasırlar*, 2 vols., İstanbul.

Eldem, S. H. and Akozan, F. 1982. *Topkapı Sarayı*, İstanbul.

Emecen, F. 1989. *XVI. Asırda Manisa Kazâsı*, Ankara.

——— 2009. "Selim I." *DİA*, 36, 407–414.

Emecen, F. 2011. *Osmanlı Klasik Cağında Hanedan -Devlet ve Toplum*, İstanbul.

Erdoğan, M. 1958. "Osmanlı Devrinde İstanbul Bahçeleri." *Vakıflar Dergisi*, 4, 149–182.

Eyice, S. 1994a. "Dâvut Paşa Sarayı." *DİA*, 9, 45–48.

——— 1994b. "Dâvut Paşa Sarayı." *DBİA*, 3, 8–9.

Faroqhi, S. 1994. "Crisis and Change, 1590–1699." In İnalcık, H. and Quataert, D. (eds.), *An Economic and Social History of the Ottoman Empire*, 2 vol., Cambridge, 411–636.

Fleischer, C. H. 1986. *Bureaucrat and Intellectual in the Ottoman Empire -The Historian Mustafa Âli*, Princeton, NJ.

Fuess, A. 2011. "Between *dihlīz and dār al-'adl*: Forms of outdoor and indoor royal representation at the Mamluk court in Egypt." In Fuess, A. and Hartung, J. (eds.), *Court Cultures in the Muslim World: seventh to nineteenth centuries*, Abingdon and New York, 149–167.

Gabriel, A. 1928. "Les étapes d'une campagne dans les deux 'Irak -D'après un manuscrit turc du XVIe siècle." *Syria*, 9, 328–349.

Golombek, L. and Wilber, D. 1988. *The Timurid Architecture of Iran and Turan*, 2 vols., Princeton, NJ.

Golombek, L. 1995. "The Garden of Timur: New Perspectives." *Muqarnas*, 12, 137–147.

Gökbilgin, M. 1965. "Edirne." EI^2. 2, 683–686.

——— 2007 (1952). *XV. ve XVI. Asırlarda Edirne ve Paşa Livası*, 2nd ed., İstanbul.

Goodwin, G. 1971. *A History of Ottoman Architecture,* London.

Gronke, M. 1992. "The Persian Court between Palace and Tent: From Timur to 'Abbas I." In Golombek, L. and Subtelny, M. (eds.), *Timurid Art and Culture: Iran and Central Asia in the Fifteenth Century*, Leiden, New York and Köln, 18–22.

Hillenbrand, R. 2000. *Islamic Architecture*, Edinburgh (paperback edition).

Imber, C. 1990. *The Ottoman Empire 1300–1481*, Istanbul.

İnalcık, H. 1987 (1954). *Fatih Devri üzerinde Tetkikler ve Vesikalar I*, 2nd ed., Ankara.

——— (Itzkowitz, N. and Imber, C., trans.) 1973. *The Ottoman Empire- The Classical Age 1300–1600*, New Rochelle, NY.

İpşirli, M. 1993. "Cumâ Selamlığı." *DİA*, 8, 90–92.

——— 1998. "Elci." *DİA*, 11, 3–15.

Kafesçioğlu, Ç. 2009. *Constantinoplis/ Istanbul -Cultural Encounter, Imperial Vision, and the Construction of the Ottoman Capital*, University Park, PA.

——— 2013. "The Visual Arts." In Faroqhi, S. and Fleet, K. (eds.), *The Cambridge History of Turkey*, vol.2, Cambridge, 457–547.

Kançal-Ferrari, N. 2005. *Hansaray -Kırım'dan Kalan Miras*, İstanbul.

——— 2009. "Türk-Osmanlı Saray Literatürü (12.-20. Yüzyıl)." *Türkiye Araştırmaları Literatür Dergisi*, 7/13, 205–240.

Karateke, H. T. 2004. *Padişahım Çok Yaşa! -Osmanlı Devletinin Son Yüz Yılında Merasimler*, İstanbul.

——— 2005. "Legitimizing the Ottoman sultanate: A Framework for Historical Analysis." In Karateke, H. T. and Reinkowski, M. (eds.), *Legitimizing the Order -The Ottoman Rhetoric of State Power*, Leiden, 1–52.

——— 2007. *An Ottoman Protocol Register -Containing Ceremonies from 1736 to 1808: BEO Sadaret Defterleri 350 in Prime Ministry Ottoman State Archives, Istanbul*, Istanbul.

Kastritsis, D. J. 2007. *The Sons of Bayezid: Empire Building and Representation in the Ottoman Civil War of 1402–13*, Leiden and Boston, MA.

Keskin, M. Ç. 2014 "Çağdaş Kaynaklarda Ankara Savaşı Sonrası Bursa Sarayı'nın Yağmalanması." *Belleten*, 128/283, 891–906.

Kiel, M. 1994. "Dimetoka." *DİA*, 9, 306.

Koch, E. 1994. "Diwan-i 'Amm and Chihil Sutun: The Audience Halls of Shah Jahan." *Muqarnas*, 11, 143–165.

Konyalı, İ. H. 1942. *İstanbul Abidelerinden: İstanbul Sarayları*, İstanbul.

Kuban, D. 1996. *Istanbul -An Urban History*, Istanbul.

——— (ed.) 2002. *Selçuklu Çağında Anadolu Sanatı*, İstanbul.
——— 2010. *Istanbul -an urban history Byzantion, Constantinopolis*, Istanbul (Revised Edition).
Lewis, B. 1965. "Dîwân-ı Humâyûn." *EI*², 2, 337–339.
Massigon, L. 1978. "al-Khawarnaḳ." *EI*², 4, 1133.
Masson, M.E. and Pugachenkova, G. A. (Rogers, J. M., trans.) 1978. "Shakhri Syabz pri Timere i Ulug Beke ("Shahr-i Sabz from Tīmūr to Ūlūgh Beg") - I." *Iran: Journal of the British Institute of Persian Studies*, 16, 103–126.
Melville, Ch. 1993. "From Qars to Qandahar: The itineraries of Shah 'Abbas I (995–1038/1587–1629)." In Calmard, J. (ed.), *Etudes Safavides*, Paris and Tehran, 195–224.
Miller, B. 1931. *Beyond the Sublime Porte*, New Haven.
Mumcu, A. 2007. *Divan-ı Hümayun*, Ankara.
Murphey, R. 2002. "Yeñi čeri." *EI*², 11, 322–331.
Muslu, C. Ü. 2014. *The Ottomans and the Mamluks*, New York.
Müller-Wiener, W. 1977. *Bildlexikon zur Topographie Istanbuls: Byzantion-Konstantinupolis-Istanbul bis zum Beginn des 17. Jahrhunderts*, Tübingen.
——— 1988. "Das Kavak Sarayı -Ein verlorenes Baudenkmal Istanbuls." *Istanbuler Mitteilungen*, 38, 363–376.
——— (Sayın, Ü. trans.) 2001. *İstanbul'un Tarihsel Topografyası*, İstanbul.
Naumann, R. and Naumann, E. 1976. *Takht-i Suleiman*, München.
Necipoğlu, G. 1991. *Architecture, Ceremonial, and Power -The Topkapı Palace in the Fifteenth and Sixteenth Centuries*, Cambridge, MA and London.
——— 1993a. "An Outline of Shifting Paradigms in the Palatial Architecture of the Pre-Modern Islamic World." *Ars Orientalis*, 23, 3–24.
——— 1993b. "Framing the Gaze in Ottoman, Safavid, and Mughal Palaces." *Ars Orientalis*, 23, 303–342.
——— 1997. "The Suburban Landscape of Sixteenth-century Istanbul as a Mirror of Classical Ottoman Garden Culture." In Petruccioli, A. (ed.), *Gardens in the Time of the Great Muslim Empires*, Leiden, 32–71.
Northedge, A. 1993. "An Interpretation of the Palace of the Caliph at Samarra (dar al-khilafa or jawsaq al-khaqani)." *Ars Orientalis*, 23, 143–170.
Nutku, Özdemir. 1972. *IV. Mehmet'in Edirne Şenliği*, Ankara.
O'Kane, B. 1993. "From Tents to Pavilions: Royal Mobility and Persian Palace Design." *Ars Orientalis*, 23, 247–268.
Osman, R. (Ünver, S., ed.) 1957. *Edirne Sarayı*, Ankara.
Otto-Dorn, K. 1969. "Bericht über die Grabung in Kobadabad 1966." *Archäologischer Anzeiger*, 84/4, 438–506.
Öz, T. 1965. "Edirne Yeni Sarayında Kazı ve Araştırmalar." In *Edirne -Edirne'nin*

600. Fethi Yıldönümü Armağan Kitabı, Ankara, 217–222.
Özcan. A. 1994. "Dâvud Paşa Sahrası." *DİA*, 9, 44–45.
——— 2001. "Kapıkulu." *DİA*, 24, 347–349.
——— 2002. "Kılıç Alayı." *DİA*, 25, 408–410.
Özer, M. 2014. *Edirne Sarayı (Saray-ı Cedîd-i Âmire) -Kısa bir değerlendirme*, İstanbul.
Peirce, L. P. 1993. *The Imperial Harem -Women and Sovereignty in the Ottoman Empire*, New York and Oxford.
Queller, D. E. 1973. "The development of Ambassadorial Relazioni." In Hale, J. R. (ed.), *Renaissance Venice*, London, 174–196.
Rabbat, N. 1993. "Mamluk Throne Halls: *Qubba* or *Iwān*?" *Ars Orientalis*, 23, 201–218.
Runciman, S. 1980. "The Country and Suburban Palaces of the Emperors." In Laiou-Thomadakis, A. E. (ed.), *Charanis Studies -Essays in Honor of Peter Charanis*, New Brunswick, 219–228
Redford, S. 1993. "Thirteenth-century Rum Seljuq Palaces and Palace Imager." *Ars Orientalis*, 23, 219–236.
Roxburgh, D. 2009. "Ruy González de Clavijo's Narrative of Courtly Life and Ceremony in Timur's Samarqand, 1404." In Brummett, P. (ed.), *The 'Book' of Travels: Genre, Ethnology, and Pilgrimage, 1250–1700*, Leiden, 113–58.
Sakaoğlu, N. 2002. *Tarihi, Mekânları, Kitabeleri ve Anıları ile Saray-ı Hümayun -Topkapı Sarayı-*, İstanbul.
Sanders, P. 1994. *Ritual, Politics and the City in Fatimid Cairo*, Albany, NY.
Sarre, F. (Uzluk Ş., trans.) 1989. *Konya Köşkü*, Ankara.
Seçkin, N. 1998. *Topkapı Sarayı'nın Biçimlenmesine Egemen olan Tasarım Gelenekleri üzerine bir Araştırma (1453–1755)*, Ankara.
Sevin, N. A. 2002. "İlk Osmanlı Sarayları ve Topkapı Sarayı." *Türkler*, 12, 204–210.
Sözen, M. *Devletin Evi Saray*, İstanbul: 1990.
Subtelny, M. E. 2007. *Timurids in Transition -Turko-Persian Politics and Acculturation in Medieval Iran*, Leiden and Boson, MA.
Tanyeli, U. 1988. "Anadolu-Türk Saray Mimarlığının Evrimi Üzerine Gözlemler (12.-16. Yüzyıl)." *Topkapı Sarayı Müzesi Yıllık*, 3, 181–210.
Tezcan, B. 2010. *The Second Ottoman Empire -Political and Social Transformation in the Early Modern World*, Cambridge.
Uluçay, Ç. 1941. *Manisa'daki Sarây-î Âmire ve Şehezadeler Türbesi "849 H-1296 H"*, İstanbul.
——— 2001 [1980]. *Padişahların Kadınları ve Kızları*, 4th ed., Ankara.
Uzunçarşılı, İ. H. 1984 (1937) *Anadolu Beylikleri ve Akkoyunlu, Karakoyunlu Devletleri*, 3rd ed., Ankara.

——— 1988a[1948]. *Osmanlı Devletinin Merkez ve Bahriye Teşkilâtı*, 3rd ed., Ankara.

——— 1988b[1945]. *Osmanlı Devletinin Saray Teşkilâtı*, 3rd ed., Ankara.

——— 1988c[1948]. *Osmanlı Devleti Teşkilâtından Kapukulu Ocakları I*, 3rd ed., Ankara.

Ülgen, A. 1999. "Osmanlı Saray, Kasır ve Köşkleri." *Osmanlı*, 10, 400–428.

Ünver, S. 1953. *Edirnede Fatih'in Cihannümâ Kasrı*, İstanbul.

——— 1995. "Fatih Sarayı Mutbak Defterleri ve Bize Öğrettikleri." In Ünver, S., *İstanbul Risaleleri*, 3, İstanbul, 155–191

Vryonis, S. Jr. 1991. "Byzantine Constantinople and Ottoman Istanbul -Evolution in a Millennial Imperial Iconography." In Bierman *et al.* (eds.), *The Ottoman City and its Parts: Urban Structure and Social Order*, New Rochelle, NY, 13–52.

Winter, I. J. 1993. ""Seat of Kingship"/ "A Wonder to Behold" The Palace as Construct in the Ancient Near East." *Ars Orientalis*, 23, 27–55.

Yerasimos, S. 1991. *Les voyageurs dans l'Empire Ottoman, XIVe-XVIe siècles: bibliographie, itineraires et inventaire des lieux habites*, Ankara.

Yılmaz, Y. 2004. "Edirne Sarayı." *Milli Saraylar*, 2, 27–40.

Yılmazer, Z. 1988. "Abdülkadir Efendi, Topçular kâtibi." *DİA*, 1, 233–234.

Yüksel, İ. A. 1983. *Osmanlı Mimârîsinde II. Bâyezid, Yavuz Selim Devri (886–926/1481–1520)*, İstanbul.

(2) 日本語研究文献

今澤浩二 1990.「アンカラ会戦前史——十四世紀末のアナトリアをめぐる諸情勢」『史學雑誌』99–3，309–344.

——— 2013.「オスマン朝初期における宰相制の展開」『オリエント』56/2，65–82.

小笠原弘幸 2014.『イスラーム世界における王朝起源論の生成と変容』刀水書房.

奥美穂子 2013.「オスマン帝国における 1582 年祝祭のプログラム復元——「王の祝祭」にみるイスタンブル都市社会の一断面」『比較都市史研究』32/1，33–57.

小倉泰 1999.『インド世界の空間構造——ヒンドゥー寺院のシンボリズム』春秋社.

加藤和秀 1999.『ティームール朝成立史の研究』北海道大学図書刊行会.

川口琢司 2012.「ティムールの冬営地と帝国統治・首都圏」『史學雑誌』122/10，1–38.

——— 2014.『ティムール帝国』講談社.

川本智史 2013.「13 世紀アナトリアにおける王朝儀礼とその空間的特質——年代記の考察を通してみたルーム・セルジューク朝期の建築文化」『日本建築学会計画系論文集』637，697–702.

——— 2012.「エディルネ旧宮殿の成立と空間構成——前近代オスマン朝の首都性の研究（その二）」『日本建築学会計画系論文集』678，2211–2217.

——— 2010.「一五 - 十六世紀オスマン朝の首都とイスタンブルの宮殿群——前近代オスマン朝の首都性の研究（その一）」『日本建築学会計画系論文集』654，2055–2061.

——— 1997.「ティムール朝とその後——ティムール朝の政府・宮廷と中央アジアの輝き」『岩波講座世界歴史 11　中央ユーラシアの統合』（樺山紘一編）岩波書店，147–176.
後藤裕加子 2014.「サファヴィー朝後期のシャーの移動と「統治の都」」『人文研究』64/2, 29–57.
小山皓一郎 1990.「オスマン朝初期の「御前会議」（Divan-ı Hümayun）について」『イスラム世界』33–34，1–22.
櫻井康人 2009.「15 世紀前半の聖地巡礼記に見る十字軍・イスラーム・ムスリム観——後期十字軍再考（3）」『ヨーロッパ文化史研究』10，53–100.
佐々木紳 2014.『オスマン憲政への道』東京大学出版会.
澤井一彰 2012.「1509 年のイスタンブル大地震とその後の復興——「この世の終わり」と呼ばれた大震災」『歴史学研究』898，154–162.
——— 2015.『オスマン朝の食糧危機と穀物供給——16 世紀後半の東地中海世界』山川出版社.
杉山正明 2004.『モンゴル帝国と大元ウルス』京都大学学術出版会.
鈴木董 1993.『オスマン帝国の権力とエリート』東京大学出版会.
——— 1995.『食はイスタンブルにあり——君府名物考』NTT 出版.
——— 1997.『オスマン帝国とイスラム帝国』東京大学出版会.
ハキーム，ベシーム・S. 1990.『イスラーム都市——アラブのまちづくりの原理』（佐藤次高監訳）第三書館.
羽田正 1987.「メイダーンとバーグ——シャー・アッバースの都市計画再考」『橘女子大学研究紀要』14，318–336.
——— 1990.「「牧地都市」と「墓廟都市」——東方イスラーム世界における遊牧政権と都市建設」『東洋史研究』49–1，1–29.
——— 2002.「東方イスラーム世界の形成と変容」『新版世界各国史九　西アジア史 II　イラン・トルコ』（永田雄三編）山川出版社，180–228.
濱田正美 1984.「トルコ」『アジア歴史研究入門第 4 巻　内陸アジア・西アジア』（島田虔次他編）同朋舎出版，661–703.
林佳世子 1988.「「メフメト二世のワクフ文書」群成立」『日本中東学会年報』3–2，74–109 .
——— 1992.「十六世紀イスタンブルの住宅ワクフ」『東洋文化研究所紀要』118，237–262.
——— 1995.「オスマン朝の新都イスタンブル建設」『講座イスラーム世界三　世界に広がるイスラーム』（板垣雄三監修，堀川徹編）栄光教育文化研究所，305–346.
——— 2008.『オスマン帝国 500 年の平和』講談社.
深見奈緒子 2013.『イスラーム建築の世界史』岩波書店.
布野修司（編）2003.『アジア都市建築史』昭和堂.
——— 2006.『曼荼羅都市——ヒンドゥー都市の空間理念とその変容』京都大学学術出版会.

ペンザー，N. M. 1992.『トプカプ宮殿の光と陰』（岩永博訳）法政大学出版局.
本田実信 1991.『モンゴル時代史研究』東京大学出版会.
間野英二 1998.『バーブル・ナーマの研究　III』松香堂.
——— 2001.『バーブル・ナーマの研究 IV』松香堂.
守田正志（他）2008.「『イスタンブル・ワクフ調査台帳』にみる 16 世紀後半のイスタンブルのワクフの実態と都市構造の変容——オスマン朝初期におけるイスラーム都市の史的研究　2」『日本建築学会計画系論文集』624，479-485.
山田邦和 2015.「複都制と移動王権」『鷹陵史学』41，31-43.
米林仁 1977.「オスマン・オルハン時代の軍事集団——オスマン朝初期年代記を中心に」『史朋』7，1-24.
——— 1982.「オスマン朝初期のベイレルベイリク制——アナドル・ベイレルベイの設置時期をめぐって」『アジア・アフリカ言語文化研究』24，133-180.
楼慶西 2008.『中国歴史建築案内』（高村雅彦監訳）TOTO 出版.

補論参考文献

1. 外国語文献

Afyoncu, F. 2001. *XVII. Yüzyılda Hassa Mimarları Ocağı*, Ankara.

Ahmet Refik. 1936. *Türk Mimarları: Hazine-i Evrak Vesikalarına göre*, İstanbul.

——— 1988[1914]. *Onuncu Asr-ı Hicrî'de İstanbul Hayatı* (*961–1000*), 2nd ed., İstanbul.

——— 1988[1931]. *Onbirinci Asr-ı Hicrî'de İstanbul Hayatı* (*1000–1100*), 2nd ed., İstanbul.

——— 1988[1931]. *Onikinci Asr-ı Hicrî'de İstanbul Hayatı* (*1100–1200*), 2nd ed., İstanbul.

——— 1988[1931]. *Onüçüncü Asr-ı Hicrî'de İstanbul Hayatı* (*1200–1255*), 2nd ed., İstanbul.

Akar, Ş. K. 2004. *İstanbul- Şehir ve Medeniyet*, İstanbul.

Akgündüz, A. 1988–89. *Şeri'ye Sicilleri*, 2 vols., İstanbul.

Akok, M. 1943. "Çankırı'nın Eski Evleri." *Arkitekt*, 7–8, 142–153.

Arseven, C. E. 1989. *Eski Galata ve Binaları*, İstanbul.

——— 1954–59. *Türk Sanatı Tarihi, menşeinden bugüne kadar: mimarî heykel, resim, süsleme ve tezyinî sanatlar*, 3 vols., İstanbul.

Artan, T. 2008. "A book of kings produced and presented as a treatise on hunting." *Muqarnas*, 25, 299–330.

Arû, K. A. 1998. *Türk Kenti*, İstanbul.

Aslanapa, O. 1971. *Turkish Art and Architecture*, London.

Aydın, B. and Tak, E. (eds.) 2008. *Üsküdar Mahkemesi 1 Numaralı Sicil* (*H. 919–927/M. 1513–1521*), İstanbul.

Ayvansarâyî Hüseyîn Efendi, Alî Sâtı' Efendi and Süleyman Besîm Efendi (Galitekin, A. N., ed.) 2001. *Hadîkatü'l-Cevâmi'-İstanbul Câmileri ve Diğer Dınî-Sivil Mi'mârî Yapılar*, İstanbul.

Ayverdi, E. H. (ed.) 1958. *19. Asırda İstanbul Haritası*, İstanbul.

——— 1966. *Osmanlı Mi'mârîsinin İlk Devri: Ertuğrul, Osman, Orhan Gazîleri, Hüdavendigâr ve Yıldırım Bâyezîd 630–805* (*1230–1402*), İstanbul.

——— 1972. *Osmanlı Mi'mârîsinde Çelbi ve II. Sultan Murad Devri 806–855* (*1403–1451*), İstanbul.

——— 1973–74. *Osmanlı Mi'mârîsinde Fatih Devri 855–886* (*1451–1481*), 2 vols.,

İstanbul.
——— 1977. *Avrupa'da Osmanlı Mimârî Eserleri, Romanya, Macaristan*, 2 vols., İstanbul.
——— 1981. *Avrupa'da Osmanlı Mimârî Eserleri, Yugoslavya*, 2 vols., İstanbul.
——— 1982. *Avrupa'da Osmanlı Mimârî Eserleri, Bulgaristan, Yunanistan, Arnavutluk*, 3 vols., İstanbul.
Ayverdi, E. H. and Yüksel, İ. A. 1976. *İlk 250 Senenin Osmanlı Mimârîsi*, İstanbul.
Barkan, Ö. L. (ed.) 1972–79. *Süleymaniye Cami ve İmareti İnşaatı*, 2 vols., Ankara.
Barkan, Ö. L. and Ayverdi, E. H. 1970. *İstanbul Vakıfları Tahrîr Defteri: 953 (1546) Târîhli*, İstanbul.
Barkan, Ö. L. and Meriçli, E. 1988. *Hüdâvendigâr Livası Tahrir Defterleri I*, Ankara.
Bebekoğlu, S. and Tektuna, M. 2008. *Kilis Kültür Envanteri*, Ankara.
Behar, C. 2003. *A Neighborhood in Ottoman Istanbul*, Albany, NY.
Boyar, E. and Fleet, K. 2010. *A Social History of Ottoman Istanbul*, Cambridge.
Bozkurt, T. 2004. *Beypazarı'ndaki Türk Devri Yapıları*, Ankara.
Canatar, M. 2004. *İstanbul Vakıfları Tahrîr Defteri: 1009 (1600) Târîhli*, İstanbul.
Cerasi, M. 2004. *The Istanbul Divanyolu: a Case Study in Ottoman Urbanity and Architecture*, Würzburg.
Cezar, M. 1983. *Typical Commercial Buildings of the Ottoman Classical Period and the Ottoman Construction System*, Istanbul.
——— 1991. *XIX. Yüzyıl Beyoğlusu*, İstanbul.
——— 2002. *Osmanlı Başkenti İstanbul*, İstanbul.
Chamber of Architects of Turkey/Istanbul Metropolitan Branch. 2006. *Architectural Guide to Istanbul*, 4 vols., Istanbul.
Crane, H. (ed.) 1987. *Risâle-i Mi'mariyye: an Early-seventeenth-century Ottoman Treatise on Architecture*, Leiden & New York.
Crane, H. and Akin, E. (eds.) 2006. *Sinan's Autobiographies: Five Sixteenth-century Texts*, Leiden & Boston.
Çeçen, K. 1991. *Üsküdar Suları*, İstanbul.
——— 1997. *II. Bayezid Suyolu Haritaları*, İstanbul.
Çelik, Z. 1986. *The Remaking of Istanbul-Portrait of an Ottoman City in the Nineteenth Century*, Seattle, WA and London.
Dağdelen, İ. (ed.) 2007. *Charles Edouard Goad'ın İstanbul Sigorta Haritaları*, İstanbul.
Demirci, İ. (ed.) 1997. *I. Eyüp Sultan Sempozyumu Tebliği*, İstanbul.
Eldem, E. *et al.* 1999. *The Ottoman City between East and West-Aleppo, Izmir, and Istanbul*, Cambridge.

Eldem, S. H. 1969–73. *Köşkler ve Kasırlar*, 2 vols., İstanbul.
——— 1984–87. *Türk Evi*, 3 vols., İstanbul.
——— 1993–94. *Boğaziçi Yalıları*, 2 vols., İstanbul.
Eldem, S. H. and Akozan, F. 1982. *Topkapı Sarayı*, İstanbul.
Ergenç, Ö. 1984. "Osmanlı Şehrindeki "mahalle"nin İşlev ve Nitelikleri üzerine." *Osmanlı Araştırmaları*, 4, 69–78.
Ergin, O. N. 1936. *Türkiye'de Şehirciliğin Tarihî İnkişahı*, İstanbul.
——— 1995 [1914–1922]. *Mecelle-i Umur-u Belediye*, 2nd ed., 9 vols., İstanbul.
——— Ersoy, A. 2007. "Architecture and the Search for Ottoman Origins in the Tanzimat Period." *Muqarnas*, 24, 79–102.
Ertuğ, N. 2008. *Osmanlı Döneminde İstanbul Hammalları*, İstanbul.
Erzen, J. 2004. *Sinan*, Ankara.
Evliyâ Çelebi (Kahraman, S. A. and Dağlı, Y., eds.) 1996–2007. *Evliyâ Çelebi Seyahatnâmesi*, 10 vols., İstanbul.
Eyice, S. 2006. *Tarih Boyunca İstanbul*, İstanbul.
Faroqhi, S. 1987. *Men of Modest Substance: House Owners and House Property in Seventeenth-Century Ankara and Kayseri*, Cambridge.
Gabriel, A. 1931–34. *Momuments turcs d'Anatolie*, 2 vols., Paris.
——— 1958. *Une capitale turque: Brousse*, 2 vols., Paris.
Goodwin, G. 1971. *A History of Ottoman Architecture*, London.
Gurlitt, C. 1907. *Die Baukunst Konstantinopels*, Berlin.
Günay, R. 1981. *Geleneksel Safranbolu Evleri ve Oluşumu*, Ankara.
Gündoğdu, R. *et al.* (eds.) 2010. *Osmanlı Mimarisi-Usûl-i Mi'mârî-i Osmânî*, İstanbul.
Hamadeh, S. 2008. *The City's Pleasures -Istanbul in the Eighteenth Century*, Seattle, WA.
Haskan, M. N. 1995. *İstanbul Hamamları*, İstanbul.
İstanbul Büyükşehir Belediyesi Atatürk Kitaplığı. 1992–2004. *Harita Kataloğu*, 4 vols., İstanbul.
Jennings, R. 1999. *Studies on Ottoman Social History in the Sixteenth and Seventeenth Centuries*, Istanbul.
Kafesçioğlu, Ç. 2009. *Constantinoplis/ Istanbul -Cultural Encounter, Imperial Vision, and the Construction of the Ottoman Capital*, University Park, PA.
Kayra, C. (ed.) 1990a. *İstanbul Haritaları -Ortaçağdan Günümüze*, İstanbul.
——— 1990b. *İstanbul -Mekânlar ve Zamanlar*, İstanbul.
Konyali, İ. H. 1964. *Âbideleri ve Kitabeleri ile Konya Tarihi*, Konya.
——— 1976–77. *Âbideleri ve Kitâbeleriyle Üsküdar Tarihi*, 2 vols., İstanbul.
Kuban, D. 1968. "Anadolu- Türk Şehri Tarihî Gelişmesi, Sosyal ve Fizikî Özellikleri üzerine Bazı Gelişmeler." *Vakıflar Dergisi*, 7, 53–73.

——— 1996. *Istanbul -An Urban History*, Istanbul.

——— 1997. *Sinan'nın Sanatı ve Selimiye*, İstanbul.

——— 2007. *Osmanlı Mimarisi*, İstanbul.

——— (Mill, A. trans.) 2010. *Ottoman Architecture*, Woodbridge.

Kuran, D. 1968. *The Mosque in Early Ottoman Architecture*, Chicago and London.

——— 1986. *Mimar Sinan*, İstanbul.

Kurşun, Z. (ed.) 2004. *Üsküdar Sempozyumu I*, 2 vols., İstanbul.

Küçükerman, Ö. and Mortan, K. 2007. *Kapalıçarşı*, İstanbul.

Mamboury, E. 1924. *İstanbul: Rehber-i Seyyahîn*, İstanbul.

Mazlum, D. 2011. *1766 İstanbul Depremi: Belgeler Işığında Yapı Onarımları*, İstanbul.

Mehmed Râif (Kut, G. and Aynur, H., eds.). 1996. *Mir'ât-ı İstanbul*, İstanbul.

Müller-Wiener, W. 1977. *Bildlexikon zur Topographie Istanbuls: Byzantion-Konstantinupolis-Istanbul bis zum Beginn des 17. Jahrhunderts*, Tübingen.

Necipoğlu, G. 1991. *Architecture, Ceremonial, and Power -The Topkapı Palace in the Fifteenth and Sixteenth Centuries*, Cambridge, MA and London.

——— 2005. *The Age of Sinan —Architectural Culture in the Ottoman Empire*, Princeton, NJ.

——— 2007. "Creation of a National Genius." *Muqarnas*, 24, 141–183.

Osman, R. (Ünver, S., ed.) 1957. *Edirne Sarayı*, Ankara.

Özcan, T. 2008. "Osmanlı Şehirçiliği ve Vakıflar." In Özvar, E. and Bilgin, A. (eds.), *Selçukludan Cumhuriyete Şehir Yönetimi*, İstanbul, 113–128.

Özkılıç, A. *et al.* (eds.) 2010. *397 Numaralı Haleb Livâsı Mufassal Tahrîr Defteri (943/1536)*, 2 vols., Ankara.

Özkılıç, A. *et al.* (eds.) 2000. *373 Numaralı Ayntab Livâsı Mufassal Tahrîr Defteri (950/1543)*, Ankara.

Özvar, E. and Bilgin, A. (eds.) 2008. *Selçukludan Cumhuriyete Şehir Yönetimi*, İstanbul.

Peremeci, O. N. 1939. *Edirne Tarihi*, İstanbul.

Pervititch, J. 2000. *Jacques Pervititch Sigorta Haritalarında İstanbul*, İstanbul.

Saner, T. 1998. *19. Yüzyıl Osmanlı Mimarlığında Oryantalizm*, İstanbul.

Sayan, Y. and Öztürk, Ş. 2001. *Bitlis Evleri*, Ankara.

Sönmez, Z. (ed.) 1987. *Mimar Sinan Dönemi Türk Mimarlığı ve Sanatı Bildiri Özetleri*, İstanbul.

Sözen, M. 1990. *Devletin Evi Saray*, İstanbul.

Şehitoğlu, E. 2008. *Bursa Hamamları*, İstanbul.

Tabakoğlu, A. (ed.) 1997–98. *İstanbul Ahkâm Defterleri*, 9 vols., İstanbul.

Tanman, B. 1998. "Kılıç Kuşanma Törenlerinin Eyüp Sultan Külliyesi ile Yakın Çevresine Yansıması." In *II. Eyüp Sultan Sempozyumu Tebliği*, İstanbul, 76–93.

T.C. Başbakanlık Devlet Arşivleri Genel Müdürlüğü. 2010. *Başbakanlık Osmanlı Arşivi Rehberi*, Ankara.

T.C. Başbakanlık Devlet Arşivleri Genel Müdürlüğü Osmanlı Arşivi Daire Başkanlığı. 1994. *5 Numaralı Mühimme Defteri* (*973/1565–1566*), 2 vols., Ankara.

Thys-Şenocak, L. 2007. *Ottoman Women Builders -The Architectural Patronage of Hadice Turhan Sultan*, Aldershot and Burlington.

Tuğlacı, P. 1981. *Osmanlı Mimarlığında Batılılaşma Dönemi ve Balyan Ailesi*, İstanbul.

Uluçay, M. Ç. 1941. *Manisa'daki Sarây-î Âmire ve Şehezadeler Türbesi "849 H-1296 H"*, İstanbul.

Ünver, S. 1995–96. *İstanbul Risaleleri*, 5 vols., İstanbul.

Ürer, H. 2002. *İzmir Hamamları*, Ankara.

Yerasimos, S. 1991. *Les voyageurs dans l'Empire Ottoman, XIVe-XVIe siècles: bibliographie, itineraires et inventaire des lieux habites*, Ankara.

——— 2005. "15.-16. Yüzyıl Osmanlı Mimarları: Bir Prosopografya Denemesi." In Ağır, A. *et al.* (eds.), *Afife Batur'a Armağan*, İstanbul, 37–62.

Yi, E. 2004. *Guild Dynamics in Seventeenth-Century Istanbul*, Leiden and Boston, MA.

Yüksel, İ. A. 1983. *Osmanlı Mimârîsinde II. Bayezid, Yavuz Selim Devri 886–926* (*1481–1520*), İstanbul.

——— 2004. *Osmanlı Mimârîsinde Kānûnî Sultan Süleyman Devri 926–974* (*1520–1566*), İstanbul.

Zâkir Şükrî (Tayşı, M. S. and Kreiser, K., eds.) 1980. *Die Istanbuler Derwischkonvente und ihre Scheiche* (*Mecmu'a-i Tekaya*), Freiburg.

2. 日本語文献

澤井一彰 2006.「トルコ共和国総理府オスマン文書館における「枢機勅令簿 Mühimme Defteri」の記述内容についての諸問題——16 世紀後半に属する諸台帳を事例として」『オリエント』49/1, 165–184.

陣内秀信・谷水潤（編）1990.「トルコ都市巡礼」『Process Architecture』93.

陣内秀信・新井勇治（編）2002.『イスラーム世界の都市空間』法政大学出版局.

鈴木董 1997.『オスマン帝国とイスラム世界』東京大学出版会.

鶴田佳子 2003.「トルコのバザール空間と広場」『トルコ・イスラーム都市の空間文化』（浅見泰司編）山川出版社, 8–21.

永田雄三 1985.「前近代トルコにおける地域社会の形成とワクフ制度」『西と東と　前嶋信次先生追悼論文集』（慶應義塾大学東洋史研究室編）汲古書院, 137–159.

林（山本）佳世子 1982.「15 世紀後半のイスタンブル——メフメト二世の復興策を中心に」『お茶の水史学』25, 1–18.

林佳世子 1991.「トルコ」『イスラム都市研究［歴史と展望］』（羽田正・三浦徹編）東京大学出版会，163–216.
——— 1992.「16 世紀イスタンブルの住宅ワクフ」『東洋文化研究所紀要』118，237–282.
——— 1995.「オスマン朝の新都イスタンブル建設」『講座イスラーム世界 3　世界に広がるイスラーム』（板垣雄三監修）悠思社，305–346.
——— 2000.「イスラーム法の刷新——オスマン朝における新賃貸契約制度の誕生をめぐって」『岩波講座世界歴史 14　イスラーム・環インド洋世界——16–18 世紀』（樺山紘一他編）岩波書店，169–191.
——— 2003.「トルコ共和国総理府オスマン文書館所蔵文書（アジアにおける在地固有文書解)」『史資料ハブ——地域文化研究　東京外国語大学大学院地域文化研究科 21 世紀 COE プログラム「史資料ハブ地域文化研究拠点」(Journal of the Centre for Documentation & Area-transcultural studies)』1，128 -135.
藤木健二 2010.「オスマン朝下イスタンブルのサラチハーネと馬具工組合——同職組合の集合的店舗・工房に関する一考察」『西南アジア研究』73，52–70.
守田正志・篠野志郎 2006.「『メフメト 2 世のワクフ文書』および『1546 年付けイスタンブル・ワクフ調査台帳』にみる 15～16 世紀イスタンブルの都市構造——オスマン朝初期におけるイスラーム都市の史的研究　1」『日本建築学会計画系論文集』600，253–260.
——— 2008.「『イスタンブル・ワクフ調査台帳』にみる 16 世紀後半のイスタンブルのワクフの実態と都市構造の変容——オスマン朝初期におけるイスラーム都市の史的研究　2」『日本建築学会計画系論文集』624，479–485.
山下王世 1999.「メフメト二世・バイェズィト二世期のイスタンブルにおけるモスク建築に関する研究——モスクへ改修されたビザンティン教会堂との接点について」『建築史学』32，2–37.